西南政法大学荣休教授文库

编辑委员会

西南政法大学荣休教授文库

国际反倾销法理论与实务

赵学清／著
李群 张婷／校

法律出版社
LAW PRESS·CHINA

作者简介

赵学清 西南政法大学教授、博士生导师，曾任西南政法大学法学二系主任、校学位评定委员会委员、校学术委员会委员、重庆市首批学术技术带头人、全国人大代表、重庆市政协常委、重庆市政协法制委员会副主任、重庆市人大常委会立法咨询委员，兼任中国WTO法研究会副会长、重庆市法学会国际经济法专业委员会副会长、重庆市经济法研究会副会长、中国国际经济贸易仲裁委员会和重庆仲裁委员会仲裁员等职。

在涉外经济法、国际经济法、经济法的理论与实践领域取得重大成就。先后公开发表有重要影响的学术论文30多篇，出版教材、专著、译著、工具书20余部，其中《涉外经济法要论》《国际反倾销法的理论与实践》《行政法词典》分别获省部级二等奖。承担或完成了国家和省部级重点研究项目《比较工业产权研究》《私人企业法律问题研究》《水污染防治法律问题研究》，主持和起草《中华人民共和国合同法》中的委托合同、居间合同、行纪合同，参与论证和审议了《中华人民共和国产品质量法》《中华人民共和国专利法》《中华人民共和国高等教育法》等国家立法11项。受重庆市政府委托或指派，参与了大量的涉外项目谈判和国际经贸纠纷处理。

出版说明

群山逶迤，两江回环，巍巍学府，屹立西南。值此西南政法大学70华诞之际，法律出版社与西南政法大学合作隆重推出“西南政法大学荣休教授文库”，以兹呈现西南政法大学的学术履程与薪火传递，为校庆献礼。

推出本文库旨趣有二：

一是辑录法学研究文献。改革开放初期，法治彰显，学术重振，西南政法大学的教授们推出了一系列研究成果，以学者特有的担当作为为中国法学学科建设作出了应有的贡献，展示了时代的学术光华，呈现了时代的法治理想。时光荏苒，岁月如梭，其中不少优秀著作现已成珍稀版本。为了发掘记录这些教授们为中国法学所作的历史贡献，并为当今法学研究提供难得的源流文献，我们携手西南政法大学一致决定，将这些珍贵作品再版推出，并在再版时以原貌重现。我们认为，存其真璞，乃愈加凸显其历史价值与现实意义。

二是学术溯源中重新发现。学史以明智，鉴往而知来。当代人读当代，具有鲜活的现实价值；当代人读历史，亦有积极的现实意义。回顾来时的路，我们倍加珍视当今。从学术史中我们可以发现新的学术亮点、找寻新的发展脉络、解读新的学术底蕴。本文库的出版，即可视为对西南政法大学学术发展史进行梳理的一次有意义的尝试。

70年，在人类历史长河中只是短暂的一瞬间，但在这不平凡的70年里，法学前辈们筚路蓝缕、以启山林，披荆斩棘、铸就辉煌。倡行中国特色社会主义法治，建设社会主义法治国家，是推进法治中国建设的目标，也是中国法学学者的使命。希望本文库的出版能在实现法治中国的征途中激励继往者开启新时代中国法治建设的新篇章。

最后，谨向本文库的作者和西南政法大学致以崇高敬意和真诚谢意。

法律出版社学术·对外出版分社

2020年7月7日

总　序

“群山逶迤，两江回环；巍巍学府，屹立西南……”

2020年9月，西南政法大学(简称西政)将迎来建校70华诞。孕育于烟雨山城的西政一路爬坡过坎，拾级而上，演绎出而今的枝繁叶茂、欣欣向荣。

“西南政法大学荣休教授文库”以集中出版的方式体现了我校学术的传承与创新。它既展示了西政从原来的法学单科性院校转型为“以法学为主，多学科协调发展”的大学后所积累的多元化学科成果，又反映了学有所成的西政校友心系天下、回馈母校的拳拳之心，还表达了承前启后、学以成人的年轻西政人对国家发展、社会进步、人民福祉的关切与探寻。

我们衷心地希望，“西南政法大学荣休教授文库”的出版能够获得学术界对于西政学术研究的检视与指引，能够获得教育界对于西政人才培养的考评与建言，能够获得社会各界对于西政长期发展的关注与支持。

70年前，在重庆红岩村的一个大操场，西南人民革命大学的开学典礼隆重举行。西南人民革命大学是西政的前身，1950年在重庆红岩村八路军办事处旧址挂牌并开始招生，出生于重庆开州的西南军政委员会主席刘伯承兼任校长。1953年，以西南人民革命大学政法系为基础，在合并当时的四川大学法学院、贵州大学法律系、云南大学法律系、重庆大学法学院和重庆财经学院法律系的基础上，西南政法学院正式成立。中央任命抗日民族英雄、东北抗日联军第二路军总指挥、西南军政委员会政法委员会主任周保中将军为西南政法学院首任院长。1958年，中央公安学院重庆分院并入西南政法学院，使西政既汇聚了法学名流，又吸纳了实务精英；既秉承了法学传统，又融入了公安特色。由此，学校获誉为新中国法学教育的“西南联大”。

20世纪60年代后期至70年代，西南政法学院于“文革”期间一度停办，老一辈西政人奔走呼号，反对撤校，为保留西政家园不屈斗争并终获胜利，为后来的“西政现象”奠定了基础。

20世纪70年代末，面对“文革”等带来的种种冲击与波折，西南政法学院全体师生和衷共济，逆境奋发。1977年，经中央批准，西南政法学院率先恢复招生。1978年，经国务院批准，西南政法学院成为全国重点大学，是司法部部属政法院校中唯一的重点大学。也是在70年代末，刚从“牛棚”返归讲坛不久的老师们，怀着对国家命运的忧患意识和对学术事业的执着虔诚，将只争朝夕的激情转化为传道授业的热心，学生们则为了弥补失去的青春，与时间赛跑，共同创造了“西政现象”。

20世纪80年代，中国的法制建设速度明显加快。在此背景下，满怀着憧憬和理想的西政师生励精图治，奋力推进第二次创业。学成于80年代的西政毕业生们，成为今日我国法治建设的重要力量。

20世纪90年代，西南政法学院于1995年更名为西南政法大学，这标志着西政开始由单科性的政法院校逐步转型为“以法学为主，多学科协调发展”的大学。

21世纪的第一个十年，西政师生以渝北校区建设的第三次创业为契机，克服各种困难和不利因素，凝心聚力，与时俱进。2003年，西政获得全国首批法学一级学科博士学位授予权；同年，我校法学以外的所有学科全部获得硕士学位授予权。2004年，我校在西部地区首先设立法学博士后科研流动站。2005年，我校获得国家社科基金重大项目(A级)“改革发展成果分享法律机制研究”，成为重庆市第一所承担此类项目的高校。2007年，我校在教育部本科教学工作水平评估中获得“优秀”的成绩，办学成就和办学特色受到教育部专家的高度评价。2008年，学校成为教育部和重庆市重点建设高校。2010年，学校在“转型升格”中喜迎60周年校庆，全面开启创建研究型高水平大学的新征程。

21 世纪的第二个十年，西政人恪守“博学、笃行、厚德、重法”的西政校训，弘扬“心系天下，自强不息，和衷共济，严谨求实”的西政精神，坚持“教学立校，人才兴校，科研强校，依法治校”的办学理念，推进学校发展取得新成绩：学校成为重庆市第一所教育部和重庆市共建高校，入选首批卓越法律人才教育培养基地（2012 年）；获批与英国考文垂大学合作举办法学专业本科教育项目，6 门课程获评“国家级精品资源共享课”，两门课程获评“国家级精品视频公开课”（2014 年）；入选国家“中西部高校基础能力建设工程”院校，与美国凯斯西储大学合作举办法律硕士研究生教育项目（2016 年）；法学学科在全国第四轮学科评估中获评 A 级，新闻传播学一级学科喜获博士学位授权点，法律专业硕士学位授权点在全国首次专业学位水平评估中获评 A 级，经济法教师团队入选教育部“全国高校黄大年式教师团队”（2018 年）；喜获第九届世界华语辩论锦标赛总冠军（2019 年）……

不断变迁的西政发展历程，既是一部披荆斩棘、攻坚克难的拓荒史，也是一部百折不回、逆境崛起的励志片。历代西政人薪火相传，以昂扬的浩然正气和强烈的家国情怀，共同书写着中国高等教育史上的传奇篇章。

如果对西政发展至今的历史加以挖掘和梳理，不难发现，学校在教学、科研上的成绩源自西政精神。“心系天下，自强不息，和衷共济，严谨求实”的西政精神，是西政的文化内核，是西政的镇校之宝，是西政的核心竞争力；是西政人特有的文化品格，是西政人共同的价值选择，也是西政人分享的心灵密码！

西政精神，首重“心系天下”。所谓“天下”者，不仅是六合八荒、四海九州，更是一种情怀、一种气质、一种境界、一种使命、一种梦想。“心系天下”的西政人始终以有大担当、大眼界、大格局作为自己的人生坐标。在西南人民革命大学的开学典礼上，刘伯承校长曾对学子们寄予厚望，他说：“我们打破旧世界之目的，就是要建设一个人民的新世界……”而后，从化龙桥披荆斩棘，到歌乐山破土开荒，再到渝北校区新建校园，几代西政人为推进国家的民主法治进程矢志前行。正是在不断的成长和发展过程中，西政见证了新中国法学教育的涅槃，有人因此称西政为“法学黄埔军校”。其实，这并不仅仅是一个称号，西政人之于共和国的法治建设，好比黄埔军人之于那场轰轰烈烈的北伐革命，这个美称更在于它恰如其分地描绘了西政为共和国的法治建设贡献了自己应尽的力量。岁月经年，西政人无论是位居“庙堂”，还是远遁“江湖”，无论是身在海外华都，还是立足塞外边关，都在用自己的豪气、勇气、锐气，立心修德，奋进争先。及至当下，正有愈来愈多的西政人，凭借家国情怀和全球视野，在国外高校的讲堂上，在外交事务的斡旋中，在国际经贸的商场上，在海外维和的军营里，实现着西政人胸怀世界的美好愿景，在各自的人生舞台上诠释着“心系天下”的西政精神。

西政精神，秉持“自强不息”。“自强不息”乃是西政精神的核心。西政师生从来不缺乏自强传统。在20世纪七八十年代，面对“文革”等带来的发展阻碍，西政人同心协力，战胜各种艰难困苦，玉汝于成，打造了响当当的“西政品牌”，这正是自强精神的展现。随着时代的变迁，西政精神中“自强不息”的内涵不断丰富：修身乃自强之本——尽管地处西南，偏于一隅，西政人仍然脚踏实地，以埋头苦读、静心治学来消解地域因素对学校人才培养和科学研究带来的限制。西政人相信，“自强不息”会涵养我们的品性，锻造我们的风骨，是西政人安身立命、修身养德之本。坚持乃自强之基——在西政，常常可以遇见在校园里晨读的同学，也常常可以在学术报告厅里看到因没有座位而坐在地上或站在过道中专心听讲的学子，他们的身影折射出西政学子内心的坚守。西政人相信，“自强不息”是坚持的力量，任凭时光的冲刷，依然能聚合成巨大动能，所向披靡。担当乃自强之道——当今中国正处于一个深刻变革和快速转型的大时代，无论是在校期间的志愿扶贫，还是步入社会后的承担重任，西政人都以强烈的责任感和实际的行动力一次次证明自身无愧于时代的期盼。西政人相信，“自强不息”是坚韧的种子，即使在坚硬贫瘠的岩石上，依然能生根发芽，绽放出倔强的花朵。

西政精神，倡导“和衷共济”。中国司法史上第一人，“上古四圣”之一的皋陶，最早提倡“和衷”，即有才者团结如钢；春秋时期以正直和才识见称于世的晋国大夫叔向，倾心砥砺“共济”，即有德者不离不弃。“和衷共济”的西政精神，指引我们与家人美美与共：西政人深知，大事业从小家起步，修身齐家，方可治国平天下。“和衷共济”的西政精神指引我们与团队甘苦与共：在身处困境时，西政举师生、校友之力，攻坚克难。“和衷共济”的西政精神指引我们与母校荣辱与共：沙坪坝校区历史厚重的壮志路、继业岛、东山大楼、七十二家，渝北校区郁郁葱葱的“七九香樟”“八零花园”“八一桂苑”，竞相争艳的“岭红樱”“齐鲁丹若”“豫园”月季，无不见证着西政的人和、心齐。“和衷共济”的西政精神指引我们与天下忧乐与共：西政人为实现中华民族伟大复兴的“中国梦”而万众一心；西政人身在大国，胸有大爱，遵循大道；西政人心系天下，志存高远，对国家、对社会、对民族始终怀着强烈的责任感和使命感。西政人将始终牢记：以“和衷共济”的人生态度，以人类命运共同体的思维高度，为民族复兴，为人类进步贡献西政人的智慧和力量。这是西政人应有的大格局。

西政精神，着力“严谨求实”。一切伟大的理想和高远的志向，都需要务实严谨、艰苦奋斗才能最终实现。东汉王符在《潜夫论》中写道：“大人不华，君子务实。”就是说，卓越的人不追求虚有其表，有修养、有名望的人致力于实际。所谓“务实”，简而言之就是讲究实际，实事求是。它排斥虚妄，鄙视浮华。西政人历来保持着精思睿智、严谨求实的优良学风、教风。“严谨求实”的西政精神激励着西政人穷学术之浩瀚，致力于诚实、扎实的学术训练，致力于对知识弄通弄懂，致力于对学习、对生活的精益求精。“严谨求实”的西政精神提醒西政人在任何岗位上都秉持认真负责的耐劳态度，一丝不苟的耐烦性格，把每一件事都做精做细，在处理各种小事中练就干大事的本领，于精细之处见高水平，见大境界。“严谨求实”的西政精神，要求西政人厚爱、厚道、厚德、厚善，以严谨求实的生活态度助推严谨求实的生活实践。“严谨求实”的西政人以学业上的刻苦勤奋、学问中的厚积薄发、工作中的恪尽职守赢得了教育界、学术界和实务界的广泛好评。正是“严谨求实”的西政精神，感召着一代又一代西政人举大体不忘积微，务实效不图虚名，博学笃行，厚德重法，历经创业之艰辛，终成西政之美誉！

“心系天下，自强不息，和衷共济，严谨求实”的西政精神，乃是西政人文历史的积淀和凝练，见证着西政的春华秋实。西政精神，在西政人的血液里流淌，在西政人的骨子里生长，激励着一代代西政学子无问西东，勇敢前行。

“西南政法大学荣休教授文库”的推出，寓意着对既往办学印记的总结，寓意着对可贵西政精神的阐释，而即将到来的下一个十年更蕴含着新的机遇、挑战和希望。当前，学校正处在改革发展的关键时期，学校将坚定不移地以教学为中心，以学科建设为龙头，以师资队伍建设为抓手，以“双一流”建设为契机，全面深化改革，促进学校内涵式发展。

世纪之交，中国法律法学界产生了一个特别的溢美之词——“西政现象”。应当讲，随着“西政精神”不断深入人心，这一现象的内涵正在不断得到丰富和完善；一代代西政校友，不断弘扬西政精神，传承西政文化，为经济社会发展，为法治中国建设，贡献出西政智慧。

是为序。

西南政法大学校长、教授、博士生导师

教育部高等学校法学类专业教学指导委员会副主任委员

2020 年 6 月 1 日

本书整理说明

本书原写作于 1994 年,正值关贸组织乌拉圭谈判行将结束,向世界贸易组织过渡之际,也是我国为复关作最后努力,首次颁布《对外贸易法》,并将反倾销制度纳入国内立法之时。原书对当时的国际反倾销制度和实践做出了较为全面的梳理、比较和分析,并结合当时中国所面临的反倾销问题和制度构建进行了睿智的探讨,尤其是对反倾销制度贸易保护实质的根源的深刻揭示和据实分析,无论在研究视野还是研究方法上无疑具有非常重要的理论价值和实践指导意义。26 年来,随着国际经济贸易格局的发展演变,在 WTO 多边贸易体制下,国际反倾销制度和实践不断发展,为反倾销理论和实践注入了更加丰富的内容,然而反倾销制度措施作为贸易保护工具的实质从未改变,我国在国际反倾销领域所遭遇的不公正待遇问题仍然存在。面对当下国际经济治理体制的变革和多边贸易体制面临的挑战,中国提出"人类命运共同体"理念和"一带一路"倡议,贸易保护措施的实施和规制更成为维护国际经济贸易秩序的重要问题,对反倾销等制度和实践需要进行进一步的反思和总结。由此,重温原书对国际反倾销制度历史演变的有关分析总结,体会作者在实践观察和理论分析方面的思想之光,对当下国际反倾销制度研究无疑具有重要的参考价值。基于原书特定的历史背景,为了客观反映国际反倾销制度的研究发展状况,实际展现作者的研究构思，所以本书基本保持了原书的内容和结构。又鉴于原书出版以来有关制度和实践出现了更新变化，本书通过注释对后续有关新问题和制度修改做了必要的说明，并在附录资料中作相应补充。

本书的整理工作由西南政法大学国际法学院教师李群、张婷承担。

目　录

第一章　导　论

第一节　国际贸易与贸易保护主义

一、国际贸易——商品的跨国流动

国际间的经济交往主要是两种类型:一种是资本的流动,另一种是商品的流动。资本流动通常以国际投资形式进行,即一个国家或者地区的资本持有者将其资本投放到其他国家或地区的资本输出活动。国际投资活动中的资本,泛指货币、机器设备、生产物料、运输工具、有价证券、工业产权和专有技术等。商品流动一般借助于国际贸易方式实现。

国际贸易有广义和狭义之分。在狭义上,国际贸易仅指不同国家或地区间的商品交换活动。传统的国际贸易只是一种货物买卖关系,并不包括技术、劳务的跨国交换,在这个意义上,也可以将狭义的国际贸易称为"有形贸易"(Visible Trade)。随着国际经济交往的日益频繁和扩大,不同国家或地区间的经济交往形式更加多样化,在当今国际贸易活动中,不同国家或地区交易的对象不仅是有形商品,而且还包括技术、劳务等无形商品。正因为如此,有的学者将技术交易、劳务交易统称为"无形贸易"(Invisible Trade)。现代国际贸易较之传统国际贸易,其范围更加广泛,包括有形贸易和无形贸易,其交易的方式表现为货物买卖、技术贸易、国际服务贸易,因此,广义上的国际贸易,是指不同国家或地区之间进行的商品、劳务、技术的交换活动。

发端于20世纪初的反倾销法主要调整有形商品的倾销行为,因而本书所称的国际贸易采用狭义概念。

二、贸易保护主义

如果说在经济上西方资本主义国家经历了自由竞争和垄断资本主义两个发展阶段,那么在贸易政策方面,西方资本主义国家也经历了自由贸易和贸易保护主义两个阶段。

在资本主义自由竞争时期,为了寻求过剩产品的销售市场,西方资本主义国家竭力鼓吹和推行自由贸易政策,并在当时风靡世界。自由贸易政策(Free Trade Policy),一般是指国家在对外贸易中采取自由放任不加干涉、允许商品自由输出输入、提倡商品在国际市场上自由竞争的政策。实行自由贸易政策的国家通常对进出口业务既不给予特别的优惠照顾,也不设置各种形式的障碍,而是让进出口厂商在自由竞争中进行交易。然而,当资本主义进入垄断阶段,完全自由贸易已不复存在,西方资本主义国家已给自由贸易注入了浓厚的贸易保护主义色彩,采用各种贸易限制性措施构筑贸易壁垒。当今西方发达国家奉行的自由贸易政策,实际上并非在传统自由贸易轨道上同步运行,而是在一定范围内、一定条件下和一定程度上放宽了某些贸易限制。任何一个西方发达国家均没有放弃贸易限制措施,贸易壁垒依然存在。因此,西方发达国家所鼓噪的贸易自由化,只不过是一种有限的贸易自由。

自第二次世界大战后到20世纪80年代末,世界上主要贸易国的贸易政策发生了重大变化。其显著标志莫过于贸易保护主义的抬头,非关税壁垒取代关税壁垒已成为推行贸易保护主义的重要工具。

所谓贸易保护政策,主要是指一国或地区通过关税、进出口限制、外汇管制、出口优惠等各种措施,限制或阻止外国商品的进口和扩大本国商品的出口,以达到保护本国市场和扶持本国产业的目的。

各种贸易限制措施如同一座座大坝、一道道壁垒高墙,阻碍着商品的自由流动,已成为促进和发展国际贸易的严重障碍。

各种贸易限制措施是贸易保护主义的具体化,综观各国所实施的贸易限制措施，主要有下列几种：

（一）关税壁垒

一国为保护本国产品在国内市场上的竞争力，对进口商品征收高额关税，以阻止或减少外国商品的进口。

对进口商品征收高额关税，是实施贸易保护最常见和有效的手段。关贸总协定制定以来，一直致力于削减和消除阻碍国际自由贸易的关税壁垒。在关税问题上，关贸总协定确立的原则主要有：关税为唯一的保护手段、关税的减让和约束、互惠原则，无条件最惠国待遇原则等。这些原则对于削减和消除关税壁垒，具有十分重要的意义。

世界贸易组织成立之前，关贸总协定经历了 8 个回合的谈判，关税减让几乎是关贸总协定每一回合谈判的主要内容。削减和消除关税壁垒，一直是关贸总协定致力实现国际自由贸易的重要任务。经过各缔约方的不懈努力，关税作为唯一的保护手段和关税削减工作取得了较大进展。乌拉圭回合谈判结束时，关贸总协定中的发展中国家，其加权平均关税下降到 13%左右，而美国、日本、法国、德国等 9 个西方主要工业国家，其市场上制成品的加权平均关税已从关贸总协定成立时的 40%左右下降到 4.7%。世界贸易组织继承了关贸总协定宗旨，在未来的多边贸易谈判中，减少关税壁垒仍然是国际贸易谈判的重要议题。

（二）非关税壁垒

在国际贸易中，除关税以外的所有限制外国商品进口的措施皆为非关税壁垒。非关税贸易限制措施种类繁多，据不完全统计，当前已超过 1000 种，但基本上可以分为直接非关税贸易限制和间接非关税贸易限制两大类。

1. 直接非关税贸易限制

直接非关税贸易限制，即一国对进口商品直接在数量或金额上采取限制措施，从而迫使出口国“自愿”减少出口。诸如进口限额、进口许可证制度、海关估价等，均为直接非关税贸易限制。例如，美国对纺织品、农产品和原料产品实行进口配额。其中，纺织品是美国使用进口配额最频繁的部门，美国一般采用双边协议配额，由进口国与出口国协商进口种类及数量，以此实施进口限制。①

2. 间接非关税贸易限制

间接非关税贸易限制，即一国对进口商品不直接采用数量或金额限制，而是采用其他制约进口的间接措施，以实现限制进口的目的。间接非关税限制措施的内容及范围非常广泛，主要有产品质量和技术规格、安全标准、卫生检疫规则、反补贴、反倾销措施等。例如，一国规定产品质量和技术规格，可解释是基于保护消费者健康和安全，保护环境等正当理由。但一国针对外国商品作出复杂、严格的规定，甚至对同类商品实行内外有别的双重标准，势必导致外国商品难以符合要求，从而限制外国商品进口。在这种情况下，这些技术性规定，就成为严重的非关税贸易保护壁垒。

反倾销、反补贴、保障措施（以下简称“两反一保”）是在世界贸易组织法律体制下确立的专门规范，具有贸易救济功能，所以，一般又将“两反一保”专门列为贸易救济措施。由此，贸易救济措施构成一类特殊的非关税贸易壁垒。

三、非关税壁垒与反倾销法

自第二次世界大战结束以来，在众多调整国际贸易关系的国际条约、国际公约和国际协定中，影响较大的应首推《关税与贸易总协定》（General Agreement on Tariffs and Trade，GATT），简称关贸总协定。

关贸总协定及其派生的有关法律文件中，对反倾销问题有明确的规定。关贸总协定将反倾销纳入其规则范围，是基于下列两点原因：其一，倾销是一种不公平贸易做法，不符合公平自由贸易规则，因而应予以禁止；其二，由于不少国家相继强化了反倾销立法，反倾销措施的滥用已对国际贸易产生了消极影响，因而有必要将反倾销法的适用，限制在一定范围内。然而，反倾销法从其产生之初，就带有浓厚的贸易保护主义色彩。从一定意义上讲，反倾销法与贸易保护是一对孪生姊妹，反倾销法本身实际上是作为一种贸易保护措施出现的。

① 编者注：根据世界贸易组织的《纺织品与服装协议》第 2 条第 6 款、第 8 款规定，在 1995 年 1 月 1 日至 2004 年 12 月 31 日的过渡期内，进口国分三个阶段逐步取消所有数量限制，最终实现纺织品贸易自由化，即从 2005 年起，纺织业迎来“无配额时代”。

进入 20 世纪 80 年代以来，由于西方发达国家经济不景气的连带效应，经济发展滞缓，贸易保护主义日益盛行，反倾销立法趋于完备和严厉。在这种情势下，西方发达国家将反倾销法作为实行贸易保护的重要武器，频繁采用反倾销措施，限制进口、保护本国产业已达到历史上的顶峰，从而导致国际反倾销争讼案急剧上升，加剧了国家间的贸易摩擦。

在一定意义上，反倾销措施的滥用与贸易保护主义并无多大实质的区别。反倾销措施的频繁采用与贸易保护势力的日益增长总是同步发展的。因此，规范反倾销行为，进一步明确反倾销措施的适用条件及范围，乃是建立和维护国际贸易新秩序、削减非关税贸易保护壁垒、促进国际贸易发展的重大课题。

第二节 倾销——两种价格比较

一、倾销的界定标准

倾销(Dumping)，原意为抛弃自己不需要的东西。从国际贸易角度讲，倾销是出口商在国外市场廉价抛售其商品。早在 1776 年，亚当·斯密在其《国富论》中就对倾销问题有所论述。然而，最早将倾销作为商业政策性名词提出，是在英国 1903 年至 1904 年间的关税辩论会上，当时就有人指责外国商人为了击败英国国内纸张工业，以减价纸张在英国市场上销售。美国独立初期，为保护其新兴工业，也曾反对来自英国的倾销产品。而在 19 世纪末，英国等欧洲国家也指责外国的食糖倾销。随着国际贸易的发展，倾销成为一种常见现象，开始普遍化。

(一)倾销在经济上的含义

倾销，在西方经济学界是一个易引起争议的问题。对其具体含义的解释，也是众说纷纭，见仁见智，颇具歧义。

美国哈佛大学教授塔斯克认为：倾销是以一种较低价格将货物销售于国外，而以另一种较高的价格将货物出售给国内购买者。[①] 换言

---

① Tussig: *Principle of Economics*, Vol. 1, p. 207.

之,倾销表现为货物的国内销售价高于国外销售价。

英国经济学家马歇尔则认为,凡是以低于成本价格销售其货物以击败其他国家工业的行为,称为倾销。[①]

英国学者格里高斯采用列举方式,将倾销概括为4种行为,凡有下列4种行为之一的,应为倾销:(1)以低于外国市场价格销售货物的行为;(2)以外国竞争者难以抵抗的价格销售货物的行为;(3)以较国内市场价格为低的价格在国外销售货物的行为;(4)卖方以无利可图的价格销售其货物的行为。

综观上列各家之说,均有其各自的缺陷,充其量是对倾销的表象注释,尚不足以揭示倾销的内在属性。揭示倾销本质特征,较为确切反映倾销内涵的解释,当推20世纪初叶,经济学家雅各布·瓦伊纳(Viner)对倾销定义的表述:"倾销是同一商品在不同市场之间的价格歧视。"按照西方经济学理论,倾销是一种价格歧视。它通常表现为对相同或类似商品在出口国或原产地国卖高价,而在外国市场则卖低价。在国际贸易中,公平价格应当是以成本费用为基础,按照正常的交易渠道和方式,通过平等、公平竞争形成的。如果相同或类似商品的销售价不同,不是以不同的成本费用为基础形成的,或者商品的成本费用不同而销售价则相同,应当视为是价格歧视。价格歧视不仅包括以不同价格向相互竞争的购买者出售相同或类似商品,而且还包括以不同的价格向相互不是竞争对手的买主销售相同或类似商品。

在市场经济条件下,平等的待遇和条件,是市场经济的基本准则之一。而价格歧视则扭曲了平等待遇和条件,背离了公平竞争原则,是一种不公平的贸易行为。

(二)倾销在法律上的含义

尽管各国反倾销法对倾销有不同的规定或解释,然而国际普遍接受或认可的概念,是《关税与贸易总协定》第6条关于倾销的规定。按照《关税与贸易总协定》的规定,所谓倾销,是指"一国产品以低于正常

---

① Marshall: *Industry and Trade*, p. 157.

价值的办法挤入另一国贸易内”,[1]即一国产品以低于正常价值的水平进入另一国流通领域的行为。

关贸总协定并不一般反对倾销,而是把“对某一缔约国领土内已建立的某项工业造成重大损害或重大损害威胁,或者对某一国内工业的建立产生严重障碍”的倾销,纳入其规范范畴,如果出现关贸总协定规定的倾销行为,进口国可以对其采取反倾销措施。

为了执行关贸总协定第6条的规定,1967年有关缔约方在日内瓦订立的《关于执行关税及贸易总协定第6条的协定》即《反倾销守则》(1967)进一步统一了倾销含义,即“如果一项产品按通常贸易做法,从一国出口到另一国的出口价格比在出口国消费的相似产品的可比价格低,即以低于正常价值进入另一个国家的商业,这种产品被视为倾销”。[2]

“乌拉圭回合最后文件案文”中的《反倾销协议》再一次明确和重申了反倾销问题。

按照关贸总协定第6条和《反倾销守则》(1967)第2条(1)规定:

产品以低于它的正常价值挤入进口国的贸易内,系指从一国向另一国出口的产品价格。一般以下列两种情况作为衡定依据:

(1)低于相同产品在出口国用于国内消费时在正常情况下的可比价格;或

(2)如果没有这种价格,低于:

A. 相同产品在正常贸易情况下向第三国出口的最高可比价格;或

B. 产品在原产国的生产成本加合理的推销费用和利润。

但对每一具体事例的销售条件的差异、赋税的差异以及影响价格可比性的其他差异,必须予以适当考虑。

(三)简短的结论

倾销是一种价格差异。界定倾销的基本标准是两种价格比较,即产品的出口价格与正常价值的比较。如果在外国市场销售的产品,其

---

① 张慧龙编著:《欧美反倾销法对策》,吉林科学技术出版社、香港万里书店1993年版,第11页。

② 《反倾销守则》第5条第1款。

出口价格低于正常价值,则可认定为倾销;反之,则不构成倾销。在国内外有关反倾销法的论著中,对倾销定义的表述不尽一致。有人认为,“倾销是制造商或出口商以低于本国市场的销售价格或原生产成本向另一国出口产品的行为”。[①] 也有人认为,“倾销是产品以低于出口国或生产地的市场价格在国外市场销售的行为”。[②] 还有人认为,所谓倾销是指一国的产品以低于正常价值的水平进入另一国的流通领域的做法。[③]

事实上,在浩瀚的反倾销法论著中,对倾销定义的表述,远远不止上述几种,但无论采用何种释义形式,均没有超越“产品的出口价格与正常价值之比较”的含义模式。由此可见,产品的出口价格与正常价值比较,是界定倾销的唯一正确方式。

进一步发掘倾销的内涵,寻求贴近于反倾销现实的倾销定义,遵循关贸总协定及《反倾销守则》(1967)的规定,似乎不难得出如下结论:所谓倾销,是指产品以出口价格低于正常价值的销售行为。出口价格低于正常价值的销售行为,是认定倾销的法律依据及标准,也是采取反倾销措施的前提条件之一。

二、倾销类型

倾销是一种复杂的经济现象,倾销的目的及动机、持续时间的长短及对经济的影响,也是有所差异的。按不同的标准或从不同的角度,可以将倾销分为不同的类型。

(一)按倾销的目的及动机分类

1. 保持竞争地位的倾销

指由于市场竞争激烈,企业为了维持和扩大产品在市场上的占有份额,不惜采用减价销售其商品。

---

① 《中国律师》1993 年第 8 期,笑梅、宁弘。(编者注:原著注释,因年代久远无法查询具体文章。)

② 《律师世界》1991 年第 4 期,李伟民、孙建文。(编者注:原著注释,因年代久远无法查询具体文章。)

③ 沈达明、冯大同编著:《国际贸易法新论》,法律出版社 1989 年版,第 483 页。

2. 销售过剩产品的倾销

指生产厂商由于生产过剩，产品大量积压而国内市场的容量已趋饱和。在这种情况下，生产厂商为了维持其生产能力及规模，维持其在国内市场上的价格水平，不惜在国外市场廉价销售其过剩产品。

3. 开辟和占领市场的倾销

指生产厂商基于长期的经济发展战略，需要开辟新的海外市场或占领市场，从而采用低于正常价格的销售方式。

4. 维持规模生产的倾销

通过规模性生产产生规模性效益，是跨国公司的主要生产经营方式和成功的奥秘。生产厂商在继续保持国内市场价格和份额的条件下，同时在国外市场大量销售其低价产品，这样不仅可以维持规模性生产，而且可以产生规模性效益，这是国际上较为流行的一种做法。

（二）按倾销时间长短的分类

按倾销持续时间的长短区分倾销的类型，是国际上著名的反倾销理论家雅各布·瓦伊纳（Joob Viner）创立的分类方法。据此，可将倾销分为下列几类：

1. 偶发性倾销（Sporadic Dumping）

偶发性倾销又称突发性倾销，是指在短时间内，偶然的或临时性的倾销。例如，出口商为了尽快处理掉库存产品，加快资金周转，短时间内低价抛售库存产品。从倾销动机看，出口商并无掠夺海外市场的主观故意，一般是出于销售库存产品的目的；从倾销时间看，倾销持续的期限较短；从倾销方式及特征看，偶发性倾销通常是一种散乱、不规则和突发的倾销行为。

对偶发性倾销的危害，国际上存在不同的观点。雅各布·瓦伊纳认为这类倾销无足轻重，对经济的负面影响不大。然而，大多数经济学家认为，偶发性倾销对进口国经济造成的危害是巨大的，甚至造成灾难性后果。因为偶发性倾销的不规则性、突发性，会给进口国正常的经济生活和经济秩序带来巨大的冲击波，其产生的负面效应较之其他倾销形式可能更大。《反倾销守则》（1967）采纳了后一种观点，对偶发性倾销作出了专门规定。

2. 短期倾销(Short-run or Intermittent Dumping)

短期倾销亦称间歇性倾销,是指在一定时期内,出口商按照确定的出口销售策略和目标,有计划、有步骤地进行系统、稳定的倾销。短期倾销的通常做法是,以击败竞争对手、占领市场为目的,先低价销售商品,待将竞争对手挤出海外市场后再提价,以挽回先期低价销售的损失,即以暂时的损失换取以后的高额利润。短期倾销具有时间的阶段性、周期性或间歇性特点,其击败竞争对手、占领市场的倾销动机是显而易见的。因而,国际上普遍认为,短期倾销具有掠夺海外市场的意图,应当采取反倾销措施。

3. 长期倾销(Long-run or Continuous Dumping)

长期倾销又称连续倾销或持续性倾销,是指长期、持续性地以低于正常价值的价格出口销售。从理论上讲,生产厂商无法维持长期、持续的低价销售,但是在形成规模性生产条件下,只要产品的平均售价超过平均生产成本费用,能够维持生产,长期倾销是可能实现的。在当前国际贸易活动中,跨国公司占有举足轻重的地位,其子公司及销售网络遍布全球,采用长期倾销并非鲜见。例如,美国柯达公司是世界有名的跨国大公司,其柯达彩卷在美国市场的售价为 5 美元,而在中国的销售价则为 2. 5 美元左右。自 20 世纪 80 年代初柯达彩卷打入中国市场以来,一直采用低价销售方式,已牢牢地占据了中国市场。

除了上列两种分类方式外,还可以将倾销分为商品倾销、外汇倾销、技术性倾销、第三国倾销、跨国公司倾销等。

应当指出,关贸总协定及《反倾销守则》(1967)没有将倾销分为偶发性倾销、短期倾销、长期倾销或其他类型的倾销,仅规定只要存在倾销事实,并造成进口国工业的实质性损害,进口国就可以采取反倾销措施,征收反倾销税以消除对本国工业的损害。

三、倾销对经济的影响

倾销的利弊,一直是国际经济学界和法学界长期争论不休的问题。

1. 批评反倾销法的观点

持批评意见的学者认为,国家间相互采用反倾销措施,以限制进口,保护本国工业的做法,属于贸易壁垒的范畴,它是阻碍国际贸易发

展的屏障,应当予以拆除。他们认为,倾销的利大于弊,其主要理由是:

(1)长期倾销难以维持,国际贸易活动中的倾销一般是短期性的。如果是短期倾销,则消费者获得的利益就会大于进口国工业遭受的损害。

(2)倾销有利于促进进口国市场的竞争,打破垄断,提高经济效益,最终有利于消费者。因为低价销售,可以促使生产同类产品的国内企业降低成本,提高效益。

(3)暂时性倾销符合客观规律,是国际贸易中的通行做法。就市场销售规律来讲,一项产品开始进入市场时,需要采用低价试销手段,以便测试海外市场的反映和竞争程度,从而确定比较适当的价格以及占有市场的份额。这种先期低价试销做法,应属正常,不应受到制裁。

持批评态度的学者还认为,单纯用出口价格是否低于成本的概念来确定是否“倾销”,来判定价格是否“公平”“合理”,这本身就是一个概念上的错误,它忽视了供求规律中需求一面。任何一个出口商,即便不存在掠夺的动机,仍需要根据市场的需求曲线来制定价格。很难设想,一个商品供应商不考虑市场的供需关系,不根据市场的需求曲线来调整自己商品的价格,而是用一个违背需求规律的标准——低于成本销售即等于倾销,去确定商品的价格。这种做法,是错误的。根据美国反托拉斯法的理论和实践,一个生产企业即便以低于成本的价格销售,也不一定要受到反托拉斯法的制裁。因为企业根据具体情况,在市场不景气的条件下,企业考虑固定成本已经支出,如果停产,损失可能更大,故以低于平均成本的价格出售产品,是其唯一的选择。这是一种正常的做法,因而反托拉斯法不予以制裁。然而反倾销法则没有顾及这个问题,一旦出口商以低于成本价格销售,就要采取反倾销措施,征收反倾销税。

此外,某些经济学家还认为,尽管倾销给进口国工业造成的损害可能大于进口国消费者获得的利益,但也不能说明采用反倾销措施的理由是正当的。他们主张适用关贸总协定中的“保障条款”或“免责条款”来处理倾销问题,或者强化进口国反托拉斯法(Antitrust Law)或反垄断法(Anti-monopoly Law)以制止倾销行为。

2. 赞同反倾销法的观点

对倾销持批评态度,赞同采用反倾销措施制止倾销的学者们认为,倾销对进口国、出口国或第三国造成的不良影响是显而易见的。

(1)倾销对进口国经济的不良影响。在国际贸易实践中,倾销产品大量涌入进口国,从而造成进口国相关企业开工不足,利润下降,工人失业,甚至造成相关企业的倒闭,这样的例子并不鲜见。根据美国国际贸易委员会的统计分析,如果倾销产品在进口国的市场份额增加 5 个百分点,则进口国的相关工业将会遭受 1 个百分点的损害.

美国著名的关贸总协定专家约翰·杰克逊教授认为,倾销对进口国至少存在如下三种潜在损害:第一,对进口国与倾销产品直接竞争的相似产品工业造成严重损害。首先,倾销产品对进口国相似产品工业的冲击是巨大的,其后果将导致进口国相似产品工业利润下降,半停产或停产,丧失在国内市场上的占有份额等;其次,进口国相似产品工业可能出现的增长被倾销产品剥夺。第二,对进口国其他工业造成损害。尽管进口国其他工业与倾销产品并无直接的竞争关系,但由于倾销产品价格低廉,将原准备购买其他工业品的消费者吸引转向倾销产品,从而使进口国其他工业蒙受损害。第三,对进口国消费倾销产品的工业造成损害。主要是指进口国工业用倾销产品作为原材料或零部件生产另一制成品,由于消费倾销产品的工业接受倾销产品的低价错误导向,从而扩大生产规模。一旦进口国采取反倾销措施,征收反倾销税,则难以维持扩大的生产规模,从而造成损失。

(2)倾销对出口国经济的不良影响。由于倾销企业在本国(出口国)享有特殊保护条件,即便低价出口销售,仍能从其经营中获得利润。但是对于出口国生产同类产品的其他相关企业来说,情况并非如此。首先,倾销企业一般具有一定的垄断地位,而其他企业则不具备同等的优势,这就可能导致倾销企业的产品夺走本国其他企业在国外的市场。其次,进口国使用倾销产品作为原材料生产制成品并输往第三国,这实际上成为出口国的竞争对手,也可能导致出口国缩小或丧失在第三国的市场。再次,倾销企业是以牺牲本国消费者的利益作为代价。因为倾销企业利用其在国内的优势地位,保持其产品在国内的高价。这实际上是用剥夺本国消费者利益的办法弥补其因倾销造成的损失。最后，倾销还会造成出口国资源的不合理配置，造成社会资源的浪费。

（3）倾销对第三国经济造成的不良影响。一项倾销产品在进口国市场与第三国的出口产品存在竞争，因倾销产品占据低价的优势地位，则可能导致进口国消费者对第三国产品需求减少，其市场占有份额及第三国出口商利润均会下降，这势必使第三国工业蒙受损害。正因为如此，《反倾销守则》（1967）对此作出专门规定，即第三国可以要求进口国对倾销产品展开反倾销调查。

长期以来，西方经济学界围绕倾销的利与弊，一直争论不休，从未达成共识。姑且不论倾销的利弊，从反倾销法产生、发展至今，各国逐步加强和完善反倾销立法，普遍采用反倾销措施，这已成为国际贸易活动中一大潮流。同时，更重要的在于，关贸总协定早已将反倾销问题纳入其规则范围，这充分表明，反倾销法作为贸易政策的工具，是客观存在的事实。

第二章　国际反倾销法的回顾与展望

第一节　国际反倾销法的兴起

一、反倾销法的萌发

反倾销法滥觞于19世纪末20世纪初的欧美国家。迄今已有近100年的发展历史。

反倾销法是国际贸易发展到一定阶段的产物。它是在资本主义工业迅速发展、国际贸易活动日益活跃、市场竞争更趋激烈的形势下应运而生的。

消除倾销的不公正价格造成的差异,制止倾销这种不公平贸易做法,以达到保护本国工业的目的,这是各国制定反倾销法的初衷及主旨。然而,反倾销法自产生初期带来的先天不足——贸易保护主义色彩,却使它逐渐背离了产生之初的本旨,离西方国家极力倡导的自由贸易原则越来越远。反倾销已不是抵制倾销——不公平贸易行为的法律措施,而是实行贸易保护主义的重要武器,这可能是反倾销立法先辈们未能预料到的。

在国际贸易的历史上,关税壁垒曾是贸易保护主义的重要武器,而随着关贸总协定8轮成功谈判,关税的不断减让和降低,其作用已大为削弱,代之而起的则是各种形形色色非关税贸易保护措施,反倾销法便是其中之一。毋庸讳言，在当今非关税贸易保护措施中，最常用、最严厉、最有效的贸易保护措施是反倾销法。

目前世界上共有100多个国家和地区制定了反倾销法。反倾销法源于欧美，而对国际贸易影响最大、反倾销程序最为严谨的反倾销法也不能不首推欧美。因而，追根溯源考察反倾销法的演变史，应遵循欧美反倾销法的产生、发展轨迹去探寻。

采用反倾销手段保护本国市场的最早范例，见诸1901年英国和荷兰订立的一项联合抵制食糖倾销的协议。嗣后18年间，先后有10个欧洲国家加入该协议。但是该协议的内容仅限于抵制食糖一项商品的倾销，而不涉及其他商品。然而，它却是反倾销的胚芽。

1904年加拿大执政党自由党宣布通过制定的反倾销法议案，正式以立法形式颁布反倾销法，这是世界上第一部反倾销法。该法第6条规定，外国出口商以低于其国内市场价格水平的货物在加拿大销售，如果该出口货物是加拿大所能制造或生产的相同或类似产品，则除了征收关税外，还要征收反倾销税。该法的主要特点是任意性较强，即在征收反倾销税时，不必预先证明国内工业是否因某种外国商品的倾销而受到损害。依照该法规定，由海关征收与倾销差额相当的反倾销税。其后，各国群起而效仿，相继以国内立法方式制定反倾销法。

第一次世界大战后，新西兰、日本、罗马尼亚、德国等国，采用国内立法形式，对外国商人不公平竞争行为也作出规定。根据反倾销法，这些国家的行政部门可以对以不公平贸易方式进口的产品征收一种除关税外的额外税收。由此可见，倾销与反倾销在当时的国际贸易中已成为各国关注的焦点问题。

美国在《1916年税收法》中首次规定了反倾销措施。该法第一次将倾销列为非法行为，并具有刑事处罚的色彩。按照该法规定，如果出口商出于破坏美国工业之动机及目的，以低于出口国市场实际价格的价格向美国出口，应对出口商课以罚款，并可追究出口商的刑事责任。受到损害的美国工业可以向出口商索要3倍于损害的赔偿金。该法所规定的立案标准和执法尺度在实践中难以掌握，具体操作运行难度较大，其缺陷是十分明显的。首先，按照该法规定，倾销裁决能否成立，取决于被告（出口商）是否具有限制贸易和掠夺的意图，而所谓限制贸易和掠夺的意图,却是个难以断定的模糊概念;其次,该法具有的刑事制裁性质,对实施倾销行为的外国出口商适用刑罚,必然产生司法管辖权问题,实际上也难以执行。鉴于《1916 年税收法》的缺陷和局限性,美国又制定了《1921 年反倾销法》。该法对《1916 年税收法》的有关部分作了较大的改动。其主要改动反映在下列几个方面:

1. 创立并引进了涉及反倾销法的基本概念。诸如"购买价格""出口商销售价""工业损害""外国市场价值"等。

2. 摒弃以倾销动机及目的作为判断倾销成立标准的弱点。具体表现在用"工业损害"取代"限制贸易和掠夺的意图"之概念。

3. 废除对外国出口商的刑事制裁措施,代之以课征进口商反倾销税的救济措施。

美国《1921 年反倾销法》为美国工业提起反倾销诉讼提供了有效法律依据,为美国其后的反倾销立法构筑了基本的框架。同时,它也成为各国反倾销立法的参照模式。从这个角度讲,美国《1921 年反倾销法》是现代反倾销法的雏形。

二、反倾销法的发展

第二次世界大战后,反倾销法受到各国的关注和重视,反倾销立法进入一个新的发展阶段。

尽管各国反倾销法的历史不长,但其出现之初所烙刻的贸易保护主义痕迹,随着国际贸易的发展和时间的推移愈益强烈的趋势引起各国极大的关注和担心。各国不能不承认这样一个事实:各贸易伙伴正在用反倾销法加厚贸易壁垒,而不是用反倾销措施抵制不正当的倾销行为。反倾销法实施中存在的下列问题逐渐引起各国的高度重视:

第一,各国的反倾销立法存在差异、其倾销裁决的标准和幅度各不相同,反倾销案处理程序和方法也不尽一致。虽然倾销概念有客观的限定标准,但从各国反倾销实践看,具有较大的随意性和伸缩性,这就为利用反倾销法作为贸易保护主义工具奠定了基础。

第二,反倾销措施的大量滥用,已成为阻碍国际贸易发展的严重障碍。这大概因为国际上对反倾销措施并无明确、具体、统一的适用条件及标准。

第三,反倾销措施适用的宽严程度极易受经济和政治情况的影响。在国际反倾销实践中,进口国经济发展滞缓或萧条时期,也是反倾销措施使用频率较高的时期。同时,也不能不承认反倾销措施适用的宽严程度糅合了某种政治因素。反倾销措施适用的宽严度随政治、经济形势上下波动,不能说是一种正常现象。

为了限制反倾销法的消极作用,许多国家谋求在反倾销问题上达成协议,将反倾销法的适用限制在一定范围内。经过各方努力,1947 年由 23 个国家达成了关贸总协定。该协定第 6 条对反倾销问题作了专门规定,这是世界上第一个效力涉及所有商品的反倾销的国际协定。

关贸总协定第 6 条的反倾销规则是由美国政府以其《1921 年反倾销法》为基础提出的草案修改而成。应当指出,关贸总协定第 6 条只是对反倾销的原则规定,反倾销中的许多重大问题并未具体化,特别是缺乏明确的反倾销程序规则。实际上没有消除各国在反倾销立法与实践中相互存在的较大差异。因而,关贸总协定第 6 条的反倾销规则的约束作用是十分有限的,已经不能适应国际贸易活动的新要求,

为了改进这一状况,经各国共同努力,1967 年 6 月 30 日关贸总协定成员在日内瓦讨论通过了《反倾销守则》(1967),这是一项独立的、较为完备的国际反倾销协议。《反倾销守则》(1967)是对关贸总协定第 6 条的具体化,对国际反倾销中的一系列重大问题及反倾销调查程序规定了具体标准,从而使国际反倾销法律机制更加完善。

1979 年,关贸总协定“东京回合”又对《反倾销守则》(1967)作了一定程度的修改,形成《反倾销守则》(1979),并于 1980 年 1 月 1 日起生效。

1993 年年底结束的关贸总协定“乌拉圭回合”谈判,各缔约方达成“乌拉圭回合最后文件案文”中的《关于实施 GATT 1994 第 6 条的协定》,作为世界贸易组织的《反倾销协议》。该协议进一步加强和严格了反倾销的规则和程序,规定了反规避、反倾销的措施,同时对发展中国家有若干例外规定。在反倾销规则和程序方面,协议第 2 条规定了确定低于正常价值的方法。在其新增反规避、反倾销行为的规定中,对规避反倾销行为的定义作出了具体、明确的解释。此外,该协议第 16 条对发展中国家予以特别照顾,也作了一定的规定。

1968年前,欧共体尚不存在一部统一的反倾销法。1968年欧共体接受关贸总协定《反倾销守则》(1967)的内容,颁布了《欧共体理事会关于防止来自非欧共体成员国的倾销或补贴进口产品条例》(EEC NO. 459/68),成为统一适用于所有成员的反倾销法。1973年7月17日,欧共体对1968年的反倾销法作了修改,又颁布了欧共体2011/73号条例(EEC NO. 2011/73),主要加强了欧共体委员会在反倾销调查中的功能和权力,增加了协商程序。此外,20世纪80年代后,美国也对过去的反倾销法作了多次修改,进一步强化和严格了反倾销措施、反规避行为及反倾销调查程序。

回顾国际反倾销法的产生、发展历史,其演变轨迹是由国内法到统一法,再由统一法到国内法。即从各国各自单独、隔离的国内立法,走向从内容到形式较为完备,自成体系的统一国际反倾销法;又由统一的国际反倾销法促进、深化各国的国内立法。应当强调指出,统一的国际反倾销法,主要由两部分反倾销法律规范构成:一部分是国际社会缔结的有关反倾销的国际协定、国际协议,如关贸总协定、反倾销守则、反倾销法典、反倾销协议等;另一部分是各国国内制定的反倾销法令,条例等,如1984年12月加拿大颁布实施的《特别进口措施法》,1984年美国颁布了《贸易和关税法》,1988年9月1日澳大利亚国会通过了《关税(反倾销)修改法》(Anti-dumping Amendments 1988)等。国际反倾销法的国际性规范和国内规范的有机统一,完整地构成了统一的国际反倾销法体系。

第二节 关贸总协定的反倾销法则

一、关贸总协定第6条的反倾销规则

国际上普遍认为,关贸总协定、世界银行(World Bank)和国际货币基金组织(International Monetary Fund,IMF)是调整"二战"以后世界经济贸易关系的三大支柱。关贸总协定既是一个多边贸易协定,又是一个多边贸易机构,还是一个进行多边贸易和解决国家间贸易争端的重

要场所。在“乌拉圭回合”结束后,关贸总协定由过去只调整缔约方之间关税水平和贸易关系的多边协定,发展成为既规范国际贸易关系,又规范国际服务贸易、知识产权保护等内容广泛的国际多边协定。它在国际上举足轻重的地位和作用,是国际上普遍承认的。

在关贸总协定成立之前,倾销已成为国际贸易中的一个重大问题。而各国为了保护本国工业,采用反倾销措施构筑贸易保护壁垒也引起了国际社会的关注和担心,大多数国家都希望就统一的反倾销规则达成一项协议。正是在这一背景下,1948 年 1 月 1 日生效的关贸总协定第 6 条,首次对倾销和反倾销作出了规定。

关贸总协定第 6 条的反倾销国际规则,其立法宗旨在于确认各缔约方享有采用反倾销措施抵制倾销行为的权利。根据该条的规定:“缔约方承认倾销,即一国的产品以低于该产品的正常价值被输入到另一国商业,应受到谴责。如果倾销对某一缔约方领土内已建立的工业造成了实质损害或实质损害威胁,或者实质阻碍了一项工业的建立。”“缔约方为了抵制或防止倾销,可以对任何倾销产品征收数量不超过这种产品的倾销幅度的反倾销税”。

剖析关贸总协定第 6 条的规定,其主要内容包括下列三个方面:

第一,规定了倾销的含义,即倾销是指“一国的产品以低于其正常价值被输入到另一国商业内”的销售行为。

第二,规定了反倾销措施——征收反倾销税的条件。征收反倾销税应同时具备两个条件:首先,构成倾销,即一国产品以低于其正常价值的办法进入另一国;其次,构成损害,即倾销对进口国国内工业造成重大损害,或产生重大威胁,或对进口国新建国内工业造成严重阻碍。这里的正常价值,关贸总协定解释为出口国国内市场正常交易价格、出口到第三国的可比价格、构成价格。

第三,规定了反倾销税额,即确定了征收反倾销税的税额标准——数量不超过倾销产品的倾销幅度的反倾销税。所谓倾销幅度,是指产品出口价格与正常价值之间的差额。

关贸总协定第 6 条仍是对反倾销的原则规定。许多基本概念及具体问题尚未解决,如“实质损害”的具体标准是什么,“国内工业”的含义及范围如何确定等并无具体规定,这就容易在执行过程中产生解释上的歧义和数量尺度不一。事实上,在“肯尼迪回合”前,关贸总协定还没有找到一条切实有效的解决办法,只是要求各缔约方根据关贸总协定临时适用议定书中的“祖父条款”,“在不违背其现行立法的最大限度内临时适用总协定的第二部分”。这也是各缔约方在反倾销问题上自行其是的重要原因。例如,美国和加拿大根本没有损害标准,而是对倾销案件中的损害问题进行自由裁量。

关贸总协定第 6 条对各缔约方十分有限的约束力,一个最突出的范例便是 1954 年瑞典与意大利关于尼龙袜反倾销案之争。1954 年 4 月,瑞典政府根据本国反倾销法规定,对低于法律规定的最低价格进口的意大利尼龙袜加以审查并征收反倾销税。意大利政府认为瑞典反倾销法不符合经济效益原则,歧视低成本国家的进口产品,并就此向关贸总协定提出抗议,同年 10 月 15 日瑞典政府再次修改其反倾销法,将政府确定的最低价格作为免征反倾销税的标准,凡低于固定价格的进口则依关贸总协定第 6 条的规定处理。意大利政府向总协定提出申诉。而关贸总协定的调解小组的报告则态度暧昧,模棱两可,有意回避对第 6 条进行明确的解释。① 关贸总协定第 6 条还存在其他缺陷。例如,对“相同产品”“损害威胁”等基本概念未加解释。特别是确认进口国对倾销享有采取反倾销措施的单方权利,而忽视了被指控倾销的出口商应享有的抗辩权、法律救济权等。一旦进口国不公正地认定倾销并征收反倾销税,出口商难以寻求有效的救济办法。在理论上,关贸总协定第 6 条是制止倾销——不公平的贸易做法,而实际上强调的则是保护国内工业,而不是维护国际贸易秩序。鉴于第 6 条规定的内容笼统、原则,特别是没有反倾销的程序规则,许多国家主张对采取反倾销措施应有一套有约束力的国际统一立法,应将关贸总协定第 6 条具体化。在 1967 年“肯尼迪回合”上,经过激烈辩论,包括美国在内的 18 个国家签订了一项反倾销协议——《关于执行关税及贸易总协定第 6 条的协定》,国际上普遍称为《反倾销守则》(1967),于 1968 年 7 月 1 日生效。

---

① 《国际贸易秩序》,第 116 页。(编者注:原著注释,因年代久远无法查询该书作者和出版信息。)

二、执行关贸总协定第 6 条的运作规则——《反倾销守则》(1967)

《反倾销守则》(1967)是对关贸总协定第 6 条的具体化,是具体执行总协定第 6 条的操作规则,其规定较为严谨,内容较为详尽。根据规定,参加国必须遵守该守则的规定,不得以关贸总协定中的"祖父条款"来免除其依守则承担的义务。因此,《反倾销守则》(1967)对协调和统一各国的反倾销法,具有重大意义和积极作用。该守则生效后,美国、日本等主要西方发达国家都根据该守则的原则精神对本国的反倾销法作了修改。

就法律效力而言,《反倾销守则》(1967)与关贸总协定第 6 条的最大区别在于对签字国的有关国内反倾销立法产生的效力有所不同。

关贸总协定并非自动生效,它有赖于各缔约方的立法加以贯彻实施。关贸总协定第 6 条的先天不足表现在它的"祖父条款"上。根据 1947 年《临时适用议定书》的规定,关贸总协定的第二部分(包括第 6 条)是"在不违反现行立法的最大限度内"暂时予以适用。① 这一条款被称为"现行立法条款"或"祖父条款"。

"祖父条款"最早出现在关贸总协定中,声明凡 1948 年 3 月 24 日以前制定的贸易限制国内立法将不受关贸总协定的约束。换句话讲,关贸总协定缔约方可以依据"祖父条款",在反倾销条款与国内立法发生抵触时,优先适用国内立法。正是由于缔约方援例将加入关贸总协定前的国内立法适用"祖父条款",从而使关贸总协定第 6 条的约束力大大削弱。特别是在关贸总协定生效前,西方主要工业国家的国内立法较为完备的情况下,援用"祖父条款"而排斥关贸总协定第 6 条是十分容易的。例如,在关贸总协定生效后,美国就是根据"祖父条款",仍然适用它当时的现行法,即《1921 年反倾销法》,而未贯彻关贸总协定第 6 条的规定。显而易见,美国的做法不能说违反关贸总协定,但至少削弱了关贸总协定第 6 条的普遍效力,导致各缔约方在承担关贸总协定规定的义务方面的不平衡。

---

① 关贸总协定《临时适用议定书》第 1 条第 2 款。

《反倾销守则》(1967)恰恰避免了关贸总协定第6条的先天不足——援用“祖父条款”。该守则第16条第6款规定:“接受或加入本协议的各政府应采取一切具有一般或特别性质的步骤,以保证在不迟于本协议对其生效之时起,使其本国的法律、规章和行政手续与适用于该签字方的本协议规定相一致。”这就是说,《反倾销守则》(1967)的法律效力优于签字国在反倾销方面的有关国内立法。依此规定,为贯彻实施守则,守则的签字国应修改国内立法与之一致或将守则的规定直接制定在国内法中。可见,在法律效力方面,《反倾销守则》(1967)优先于签字国的国内立法,具有普遍约束力。而关贸总协定第6条由于受到“祖父条款”的限制,从而弱化了它的约束力。

《反倾销守则》(1967)是“肯尼迪回合”的重要成果之一,也是“肯尼迪回合”关于非关税壁垒所达成的唯一的一项协议。强化关贸总协定第6条的规定,严格限制反倾销税的征收,这是制定《反倾销守则》(1967)的出发点及归宿。

《反倾销守则》(1967)的立法宗旨在于对关贸总协定第6条的实施作出必要的解释并阐明具体适用的规则,以便各缔约方在实施中保持一致性和确定性,并提供公正和公平的反倾销程序,以防止反倾销做法构成国际贸易的不合理障碍。[①]

《反倾销守则》(1967)规定了征收反倾销税的条件及程序,并对国际反倾销中某些基本概念作出必要的解释,其主要内容包括:

1. 倾销的确定。凡产品从一国向另一国出口时,产品出口价低于出口国国内用于消费的同类产品在正常交易时适用的可比价格,即为倾销。守则关于倾销的规定与关贸总协定第6条的规定基本相同,但在确定“正常价值”的选择依据时,侧重于出口国国内市场价格。

2. 对重大损害的确定。根据守则,对国内工业“重大损害”应从两方面判定:其一是倾销对进口国工业相同或类似产品国内价格的影响;其二是倾销对进口国国内产业的影响,与关贸总协定第6条比较,守则作了更具体、明确的规定。例如,在评估倾销对进口国国内市场价格及

---

① 《反倾销守则》(1967),序言。

产业的影响时，守则列举了一系列评估因素及项目：产量、销售、市场份额、利润、生产能力、投资回收、设备利用率等。

3. 倾销调查。受倾销损害的进口国生产厂商应提出书面申请。申请的内容应有充分的根据，证明存在倾销事实或造成损害或威胁，以及倾销与这种损害或威胁之间存在因果关系。《反倾销守则》(1967)没有作具体的规定和解释，而是给予各国较大的裁量余地，这也是迄今反倾销案易于成立的原因之一。

4. 价格承担。一旦出口商承诺修改价格或停止按倾销价格出口，可以在不实施临时性措施或不征收反倾销税的情况下，中止或结束诉讼。

5. 反倾销税的征收。征收反倾销税的税额可接近于倾销差额，但不得超过倾销差额。一旦损害予以弥补，进口国应立即停止征收反倾销税。

《反倾销守则》(1967)的上述内容，充分表明守则强化了关贸总协定第6条的规定，对征收反倾销税作了严格的限制，有利于维护关贸总协定的自由贸易原则。

由于《反倾销守则》(1967)具有高于签字国国内反倾销立法的效力，1970年，关贸总协定秘书处曾对守则的实施情况作了检查。18个签字国中除捷克斯洛伐克(前)当时尚无这方面立法外，欧共体6国、加拿大、日本、瑞典、瑞士、芬兰、英国、南斯拉夫(前)均作了新的立法，丹麦、挪威、希腊虽未作新的立法，但其原有立法，符合关贸总协定的规定。

《反倾销守则》(1967)对于不同类型的国家，其作用可能有所不同。在反倾销实践中，发达国家在多数情况下常以守则为依据，限制进口，推行贸易保护主义；发展中国家则利用守则的规定抵制发达国家的商品倾销行为，并在其出口遇到反倾销诉讼时，利用守则规定的程序，进行充分、有效的抗辩，采取维护自己合法权益的救济措施。由此可见，《反倾销守则》(1967)是反映不同国家利益的产物。

第三节 欧共体和美国的反倾销立法

一、美国的反倾销立法

在国际反倾销法体系中,美国的反倾销立法具有十分重要的地位,对国际反倾销法的形成发展具有不容忽视的作用。在一定意义上,美国的反倾销法是现代国际反倾销法的雏形。关贸总协定第6条的反倾销规则,就是以美国政府根据《1921年反倾销法》提出的草案蓝本而制定的。

美国反倾销法的产生,有其一定的经济原因和历史背景。第一次世界大战结束后,欧洲工业的恢复给美国的工业带来了严重的威胁。当时美国的威尔逊政府对其化学染料工业的生存极为关切,因为该工业部门已成为德国染料制造商进攻的目标。当时的美国商务部在向国会提出的报告中指出:"欧洲染料制造商使用的手段对我们美国人并不陌生。当美国制造商生产一种染料进行大量销售,欧洲制造商就突然将其价格下降到大大低于国内生产成本的水平。这样,美国制造商很快就会被迫停止生产该种染料。对于我们欧洲竞争者所采取的这种不公平竞争手段,我们片刻也不能忍受了,那些无视美国法律的人应对这一现实负责。"1915年美国当时的商务部长在给参议院的信中指出:"只有采取法律措施防止外国垄断者对美国市场的控制,才能保证染料部门适应我国目前和将来的发展。一些大的制造商已通知本部,我们所需要的不是改变关税,而是要使外国垄断者同美国厂商一样服从美国法律。"在这里,美国政府将外国厂商以低于其国内生产成本水平的价格,在美国市场销售其染料制成品视为是一种不公平的竞争手段,并要对此采取法律措施。正是在这种背景下,美国制定了《1916年税收法》。

美国《1916年税收法》,第一次把倾销列为非法行为。该法明确规定,禁止"任何人将直接或协助从任何外国进口的货物,以大大低于实际市场价格或该货物生产国主要市场批发价格,在美国市场进行普遍的、系统的销售，以图摧毁或伤害美国工业或有碍于美国任何工业的建立，或抑制、垄断美国同类货物任何方面的商业贸易”。美国税法的这一规定，实际上成为其后关贸总协定第 6 条、《反倾销守则》（1967）、其他国家反倾销立法有关“倾销”“倾销损害”等基本概念的基础或原型。

根据美国《1916 年税收法》，对违反该法的倾销行为，可以课处 5000 美元的罚款，或判处 1 年以下的监禁，或者二者兼施。这表明美国《1916 年税收法》带有刑事制裁的性质。该法还规定，任何人如因他人违反税收法致使其商业、财产蒙受损失，则可提起诉讼，要求赔偿 3 倍的损失并承担律师费用。美国《1916 年税收法》自出台之初，就是通过限制价格水平的手段来保护本国生产者的利益，具有浓厚的贸易保护主义色彩，对其后的国际贸易产生了很大的影响。

美国《1916 年税收法》实施不到 3 年，1919 年美国国会对该法进行了审议，认定该法对保护美国工业未奏实效。美国当时的关税委员会在其提出的一项报告中，对《1916 年税收法》提出以下抨击：“……1916 年法案在许多方面甚为失策，而加拿大的反倾销法却是成功的。因为美国法律只是制裁那些‘普遍、系统进口’的外国货物，而且这种进口必须是意图极力伤害或摧残、阻碍本国工业的建立，或对进口该种货物的商业贸易进行垄断才予以制裁。很明显，根据该法案的大部分文字，即便并非完全不可能，必然对违法者难以定罪。因此，也就难以达到它的目的。”

当时的美国关税委员会的报告批评《1916 年税收法》的主要论点是，该法没有成为一个有效保护美国工业的法案。这就意味着，美国的反倾销立法开始发生重大变化，即从原具有的反托拉斯、反垄断性质转向贸易保护主义轨道。

在批评《1916 年税收法》的浪潮中，当时的关税委员会成员之一，报告的作者卡尔帕逊（W. Culbertson）认为，《1916 年税收法》的重大缺陷在于：该法只针对三种倾销行为中的一种，即仅对“目的在于伤害、摧毁或阻碍美国工业建立”的倾销作出规定。过分强调倾销的“掠夺性”动机，既不利于对倾销行为采取反倾销措施，也不利于有效地保护美国国内工业。

卡尔帕逊在其提出的“战时战后的贸易政策”的报告中，把倾销归纳为下列3种类型：

(1)为解决产品过剩，在国际贸易中间歇性地进行廉价推销；

(2)以低于本国市场价格在美国销售部分产品作为外国工业的一贯政策，以维持工厂完全开工；

(3)进行不公平的削价，其目的在于伤害、推毁或阻碍美国工业的建立。

卡尔帕逊指出："美国《1916年税收法》只是针对第三种类型的倾销，它对前两种倾销对美国工业造成的损害却无任何规定。"

1921年，美国国会参照加拿大反倾销法对反倾销立法进行修改，重新制定了《1921年反倾销法》。该法对完善美国其后的反倾销立法产生了重大影响。该法确定了由行政机构依行政程序立案调查审理反倾销案的原则，规定了倾销和损害的标准，并授权由财政部长负责下达征收反倾销税。《1921年反倾销法》与《1916年税收法》比较，其重大变化及主要特点还有：一方面摒弃了"限制贸易的意图"，即抛弃了以掠夺性的主观动机认定倾销的概念，代之以"工业损害"作为认定倾销的标准；另一方面废止刑事处罚措施和3倍赔偿金的规定，以征收反倾销税取代了民事和刑事制裁，从而奠定了现代国际反倾销法的基础。

《1921年反倾销法》标志着美国的反倾销立法从过去的反托拉斯性质转向贸易保护的开始，是美国反倾销立法的新开端。

二、美国的新反倾销法

《1921年反倾销法》通过后，美国又多次修改反倾销法。1930年美国国会通过了《1930年关税法》，将《1921年反倾销法》作为《1930年关税法》第七章，但《1921年反倾销法》并未废止，而是一直保留到1979年。20世纪70年代后，美国有进一步强化反倾销立法的趋势，并以《1974年贸易法》为起点。

《1974年贸易法》对《1921年反倾销法》作了修改。其修改或补充的内容主要有：

(1)以"国际贸易委员会"(International Trade Commission，ITC)取代关税委员会，主要负责对反倾销和反补贴案件进行调查并对是否对美国工业造成损害作出决定；

（2）规定了“购买价格”“出口商品销售价格”等概念及确定方法；

（3）对跨国公司倾销问题作出新规定；

（4）确定反倾销机关作出决定的期限；

（5）对低于公平价值销售的决定也可以提交司法审查；

（6）对计划经济国家输往美国的产品，如何确定其价格是否低于其公平价格的问题作了补充规定。

关贸总协定“东京回合”以后，为了实施“东京回合”签订的关税协议及其他非关税协定，美国通过了《1979 年贸易协定法》，其第一章废除并取代了《1921 年反倾销法》。该法在下列几个问题上对反倾销法作了重要的修改或补充：

（1）将过去的“损害”标准，修改为对国内工业损害须达到实质性程度，并规定了判定是否达到“实质性损害”须考虑的因素；

（2）在反倾销调查程序方面，对各阶段规定了时间限制，以防止无限期拖延反倾销调查案件的审理；

（3）规定低于公平价值和损害的决定同时进行；

（4）把确定被指控为倾销产品价格的责任从财政部移归商务部负责。[1]

美国强化反倾销立法，还反映在《1984 年贸易与关税法》中。在反倾销问题上，该法新增加了“累积性规定”。所谓累积性规定，又称“进口累加”（Cumulation），主要是指承认损害性进口可能来自几个国家，因而要求国际贸易委员会在作出损害决定时，将所有不公平贸易国家的进口数量累积在一起加以考虑。

美国在反倾销立法方面，较新且全面的贸易法应是《1988 年综合贸易与竞争法》。有关反倾销问题的规定，主要有下列几个方面：

（1）第三国倾销，美国可以要求第三国采取反倾销行为；

（2）虚假外国市场的处理；

（3）多次违反反倾销法的产品加快审查；

（4）将国内农产品原料生产商作为农业加工业的组成部分；

（5）反倾销适用于“等同于销售的租赁”；

---

① 美国《1979 年贸易协定法》第 773（c）节。

(6)有关重大损害威胁考虑因素的新规定;

(7)有关反倾销机关披露资料的规定;

(8)非市场经济国家反倾销的特别规定。

《1988年综合贸易与竞争法》是对美国贸易政策的一次改革,特别是对非市场经济国家适用反倾销法的有关条款作了一些变动,规定了非市场经济国家产品的市场价值的计算方法。该法第1336节专设有关中国的条款,主要包括下列3点内容:

(1)新的导向对中国市场政策和价格结构的影响以及市场价格和世界价格之间的关系;

(2)美国贸易法实践能适应中国经济日益增长的市场导向的程度;

(3)美国反倾销法在适用于像中国这种向更加市场导向经济过渡的外国可能需作哪些变动。

《1988年综合贸易与竞争法》有关非市场经济国家的规定,尽管并不意味着美国政府对非市场经济国家的反倾销做法有了实质性转变,但也表明美国的反倾销政策有某种细微的变化,即从实际情况出发,正视非市场经济国家经过经济改革向市场经济转化的现实,从而据此对反倾销法作必要的调整。

三、欧共体的反倾销法

现代反倾销的理论和实践,在很大程度上是同欧洲经济共同体(简称欧共体,European Economic Community,EEC)联系在一起的。欧共体反倾销法是其统一贸易政策的一部分。欧共体现行的反倾销法适用范围极其广泛,包括非欧共体成员国的所有制成品,其中包括最新工业领域的产品。

欧共体反倾销法经历了一个由各成员国的国内立法走向统一反倾销法的演变过程。欧共体成立初期,各成员国分别根据各自的反倾销法律采取反倾销措施。而各成员国的反倾销立法,既有采用分离式立法形式,即制定单独的反倾销条例、法令,如意大利1963年1月11日颁布的征收反倾销反补贴税第39号法令,也有采用混合立法形式,即在相关的法律中制定有关反倾销的法律条款,如德国商法第21条。

由于关税同盟是欧共体经济一体化的重要支柱,各成员国各自依据本国的反倾销法征收反倾销税不符合欧共体统一关税的宗旨及原则。甚至可能出现这种情况：被某成员国征收反倾销税的商品通过其他成员国又进入该国。因此，欧共体经济一体化及对外的关税同盟，要求制定欧共体统一的反倾销法。同时，欧共体各成员国均加入了关贸总协定。而关贸总协定第6条的反倾销规则，对各缔约方有约束力，各缔约方有义务使本国的反倾销法与关贸总协定的反倾销规则保持一致，这也为欧共体制定统一的反倾销法提供了条件。因此，1965年6月欧共体委员会向欧共体理事会提出制定欧共体统一的反倾销、反补贴条例的建议。经过3年的酝酿和修改，1969年7月1日欧共体理事会正式批准《关于抵制非欧洲经济共同体成员国倾销和进口补贴的条例》即第459/68条例，这是欧共体历史上第一个统一的、适用于欧共体各成员国的反倾销条例。为执行关贸总协定成员方在“东京回合”达成的《反倾销守则》(1979)，欧共体理事会对1968年的反倾销、反补贴条例作了相应部分的修改，1979年颁布了新的反倾销条例(3017/79理事会条例)。1984年7月，欧共体理事会又通过了一项新的反倾销条例——《欧共体理事会关于反对从非共同体成员国进口倾销或补贴产品的保护性条例》，取代了1979年条例。目前[①]，现行有效的欧共体反倾销、反补贴条例是1988年7月11日颁布的第2423/88号条例，其全称为《欧洲经济共同体理事会关于防止来自非欧洲经济共同体成员国的倾销或补贴的进口产品的条例》。该条例共19条。它是欧共体在实施反倾销、反补贴活动中所依据的最重要的法律文件。

欧共体的法律渊源，主要是下列两种法律规范形式：

其一是国际反倾销法律规范。鉴于欧共体各成员国承担有执行关贸总协定的义务，因而关贸总协定关于反倾销的规定以及历次回合所达成的反倾销协议、协定等，是欧共体重要的反倾销法律渊源之一。主要有关贸总协定第6条的规定、“肯尼迪回合”通过的《反倾销守则》

---

① 编者注：本书写作于1994年，故以当时的资料为准。1994年12月，欧共体通过了第3283/94号反倾销条例，吸收了“乌拉圭回合”谈判《反倾销协议》的许多表述，并将反倾销与反补贴分别立法。1995年12月22日，欧共体通过了第384/96号条例，该条例是欧共体现行的反倾销法。其后又作出数次修正，包括第2331/96号条例、第905/98号条例、第2238/2000号条例、第1972/2002号条例、第461/2004号条例和第1225/2009号条例。

(1967)、"东京回合"通过的《反倾销守则》(1979)以及"乌拉圭回合"达成的《反倾销协议》等。

其二是欧共体法律体系中自身的反倾销法律规范。在欧共体成立的《罗马条约》中,反倾销是作为共同体协调内外关系的一项基本原则得到确认。自20世纪60年代初,欧共体开始研讨制定统一的反倾销法,以协调欧共体与关贸总协定之间的关系和规范各成员国的反倾销活动。自1968年7月11日颁布第一部第459/68号反倾销条例后,经过1973年、1977年、1979年、1984年、1987年的历次修订,形成现行生效的欧共体第2423/88号反倾销条例。

欧共体第2423/88号反倾销条例共19条,其主要内容有:

(1)规定倾销的定义及确定倾销的方法;

(2)规定损害的标准及确定损害考虑的因素;

(3)确定反倾销程序规则;

(4)最后规定。

在立法基础上,欧共体建立了由欧共体委员会下属的对外关系部为管制机构的反倾销机制,这套反倾销功能机制代表了欧共体各成员国的利益,在实施反倾销法时拥有完全独立的管辖权。

第四节 "东京回合"的《反倾销守则》(1979)

关贸总协定"肯尼迪回合"上通过的《反倾销守则》(1967),到1968年已有18个国家签字。然而在执行《反倾销守则》(1967)问题上,尽管美国是签字国,却因其国内原因始终未能与其他签字国谈判并缔结该协定。《反倾销守则》在美国的执行遇到严重障碍。

1968年美国的《重新谈判修订法》规定:"包括在1967年6月30日于日内瓦签署的国际《反倾销守则》中的任何内容,均不应解释为是对美国关税委员会在依据1921年反倾销法履行其义务与职责时的自由裁量权的限制。"美国国会还作出规定在美国《1921年反倾销法》与《反倾销守则》(1967)的规定不一致时,应首先按美国反倾销法处理案件;当《1921年反倾销法》与《反倾销守则》(1967)一致时,首先考虑《反倾销守则》(1967)。实际上美国是用“祖父条款”来否定《反倾销守则》(1967)高于美国国内反倾销法的效力。

然而《反倾销守则》(1967)与关贸总协定第6条的重要区别之一,恰恰在于签字国不得援用“祖父条款”来否定《反倾销守则》(1967)优先于国内法的效力。

在执行《反倾销守则》(1967)问题上,欧共体及其他签字国已将其纳入国内立法中,但由于美国国内的重重阻力,使《反倾销守则》(1967)在美国陷入难以贯彻实施的困境。这就使欧共体及其他签字国面临是继续执行守则,还是修改守则的困难境地。当时摆脱困境的可行途径,就是要寻求一个兼顾各方面利益,特别是考虑美国利益的各方能够接受的妥协方案。

为了摆脱执行或是修改《反倾销守则》(1967)的困难,在关贸总协定“东京回合”上,经过多方艰难的谈判,终于达成协议,签署了一个新的《反倾销守则》(1979)。为区别“肯尼迪回合”的《反倾销守则》(1967),国际上也有人将“东京回合”的《反倾销守则》(1979)称为“反倾销法典”;其正式称谓与1967年的《反倾销守则》相同:《关于实施关税及贸易总协定第6条的协议》。《反倾销守则》(1979)于1980年1月1日生效,并正式取代《反倾销守则》(1967),一直适用到世界贸易组织成立前。截至1988年3月,缔结该法典的成员已达34个。即澳大利亚、奥地利、巴西、加拿大、捷克斯洛伐克(前)、埃及、欧共体(13国)、芬兰、中国香港、匈牙利、印度、日本、韩国、墨西哥、挪威、巴基斯坦,波兰、罗马尼亚、新加坡、西班牙、瑞士、美国和南斯拉夫(前)。

根据《反倾销守则》(1979)第6条第6款的规定,法典参加方应承担“采取一切必要步骤确保其国内法、规定及行政程序与该协定的各项规定相符合”的义务。据此,欧共体于1979年颁布第3017/79号反倾销条例,以代替第459/68号反倾销条例。第3017/79号反倾销条例引入了《反倾销守则》(1979)的内容,同时也包含有过去多次修改第459/68号条例的内容。由于《反倾销守则》(1979)调和了美国与《反倾销守则》(1967)的冲突和矛盾,一定程度上照顾了美国的利益,因而得到美国国会的接受。1979年,美国国会通过了《1979年贸易协定法》。该法废止了适用60多年的《1921年反倾销法》,引入了《反倾销守则》

(1979)的内容。

《反倾销守则》(1979)结构较为严谨,条文更加完善,调和了各缔约方国内法与《反倾销守则》之间的法律冲突,使其具有更广泛的实施基础,起到了规范缔约方的反倾销活动的作用。《反倾销守则》(1979)的主要内容及其改动,集中反映在以下几个方面:

1. 对反倾销活动中的许多基本概念作出具体解释。诸如"同类产品""同种工业""损害"等的解释,这是总协定第6条所没有的。

2. 取消了"须证明倾销进口是损害的主要原因"的字样,仅规定"须证明倾销进口由于倾销的后果引起本法典所指的损害"。须说明可能同时存在损害工业的其他因素,而由其他因素引起的"损害不应归之于倾销进口"。但未规定对各因素的衡量,即不分造成损害主次原因。这实际上是弱化损害衡量标准,以迁就美国和加拿大的做法。

3. 对价格承担规定了具体的规则。

4. 规定了追溯征税的限制性条件。

《反倾销守则》(1979)与《反倾销守则》(1967)比较,该守则还规定成立由签字国参加的"反倾销行动委员会"(Committee on Anti-dumping Practice),以审查各国国内反倾销法与该守则是否一致,审查成员国提交的反倾销诉讼的报告,并接受因对反倾销诉讼提出的申诉与不服,解释法典的规定等。

《反倾销守则》(1979)在上列几方面有所突破和规避,但由于过分注意平衡各方利益,特别以弱化或放弃《反倾销守则》(1967)在某些问题上的严格规定,以换取美国的认可和接受,从而使《反倾销守则》(1979)具有一定的局限性和缺陷。例如,在损害程度和因果关系关键问题上,放弃了《反倾销守则》(1967)严格要求,对损害程度和因果关系的规定具有较大的伸缩性。即使倾销进口不是引起损害的重要因素,也不难认定它造成"重大损害"。这种不分倾销是否造成"重大损害"的主次原因,显然大大降低了因果关系的重要性。同时,该守则对"重大损害"的解释较为松散,按照美国下的定义是:重大损害指"不是微不足道的、无关紧要的,或不重要的损害而言"。[①] 这种模糊、具有弹

---

① 美国《1979年贸易协定法》第771(A)节。

性的解释，就将“重大损害”降低到无足轻重的地位，使进口国采用反倾销措施成为一件轻而易举之事。也就给西方发达国家滥用反倾销措施，推行贸易保护主义留下严重的隐患。不幸的是，《反倾销守则》（1979）实施以来，国际贸易活动中的反倾销调查案具有上升的趋势。根据关贸总协定反倾销委员会提供的1980年7月至1984年6月各国处理反倾销案件的情况，发动反倾销调查最多的是美国、欧共体、加拿大和澳大利亚（见表2-1）。

表2-1　反倾销诉讼统计

（1980年7月~1984年6月）　　单位：件

国别	立案调查	采取的暂时措施	征收反倾销税	价格保证
美国	131	81	93	3
欧共体	120	43	28	63
日本	0	0	0	0
加拿大	153	131	73	0
澳大利亚	141	55	71	17
奥地利	1	1	0	0
芬兰	3	2	0	2
瑞典	2	0	0	0

美国统计表明，从1974年到1986年2月，共提出了389起反倾销诉讼，成功的申诉为60起，成功率为23%。[①] 自《反倾销守则》（1979）生效以来，美国进行的反倾销调查在数量上超过从1974年到1979年的平均数。可见，对美国来说，《反倾销守则》（1979）尚未起到限制滥用反倾销措施的作用，让反倾销法回到产生之初时的立法本旨：限制倾销，制止不公平的贸易做法，促进公平、自由的世界贸易，仍需要走很长一段路程。

① 《国际经济关系的法律问题》，第664页。（编者注：原著注释，因年代久远无法查询该书作者和出版信息。）

第五节 “乌拉圭回合”的《反倾销协议》

关贸总协定成立至今,包括1993年底结束的“乌拉圭回合”,已经过了8轮谈判。“乌拉圭回合”1986年9月在乌拉圭埃斯特角城举行,原定花4年时间到1990年结束谈判,因多种原因拖延至1993年底结束。在关贸总协定历次回合谈判中,“乌拉圭回合”是历时最长、涉及的范围最广、达成的协议最多的一个回合。各缔约方签署了《乌拉圭回合最后文件案文》中的18个协议案文,其中包括《反倾销协议》。

一、《反倾销协议》产生的背景

反倾销,是“乌拉圭回合”谈判的议题之一。酝酿修改《反倾销守则》(1979),是关贸总协定的一些主要成员的愿望。在谈判期间,美国、欧共体、日本、韩国、中国香港等成员相继提出了对《反倾销守则》(1979)的修改意见。经过多次非正式磋商,由关贸总协定的副总干事长查尔斯·卡里斯莱提出了一份折衷的反倾销守则草案。该草案参照美国《1988年综合贸易与竞争法》,增加了“反规避措施”,即进口国可以采取反对出口商为躲避被征收反倾销税而采取规避行为的措施。

该草案一出台便引起各成员方的不同反响。日本认为,该草案几乎完全接受了美国《1988年综合贸易与竞争法》中有关“反规避措施”的规定,根本没有反映出日本对未来反倾销守则应更明确、标准及客观的要求;新加坡和中国香港也认为,该草案实际上只是美国“反规避措施”的翻版。然而,以美国和欧共体为一方却持相反意见。美国认为,草案中的反规避条款远远没有满足美国的要求,新的反倾销守则应规定更加严厉的反规避措施,以阻止发展中国家限制对关贸总协定的反倾销规则的适用。美国及欧共体认为,草案偏向发展中国家的趋向,是不能令人满意的。美国国内的有关产业协会也反对卡里斯莱草案,美国半导体芯片工业协会表示,任何基于卡里斯莱草案所达成的守则都会对美国反倾销的救济带来严重的削弱。加拿大、澳大利亚等其他国家则持中立态度,认为可以将卡里斯莱草案作为谈判基础。

经过反复谈判磋商及各方利益的协调,最终签署了新的《反倾销协议》。应当承认,“乌拉圭回合”的《反倾销协议》,仍然是一个平衡各方利益,相互折衷和妥协的产物。

二、“乌拉圭回合”《反倾销协议》的主要内容

“乌拉圭回合”反倾销协议加强并严格了反倾销规则及程序,新增了反规避、反倾销措施,对发展中国家作出了若干例外规定。

(一)加强和严格反倾销规则及程序

该协议第 2 条对确定低于正常价值的方法,作出了具体规定,要求按照规定的顺序确定价格。

根据该协议第 3 条,无论是确定损害,还是确定损害威胁,都应当有证据表明其事实的存在,而不能以推测、假设、指控为依据。在反倾销调查审理程序方面,该协议规定了严格的调查、举证、征税、临时措施及反倾销决定的公布等步骤。

(二)增加反规避措施

该协议对规避反倾销的行为,作了具体的解释。所谓规避反倾销行为,是指出口商在其产品被定为倾销并被征收反倾销税的情况下,将该产品零部件出口到征收反倾销税的进口国,再组装出售的行为。对规避反倾销行为,该协议第 12 条规定了反规避措施,即组装产品成本中有 70%为已被征收反倾销税产品的零部件,且组装产品在对进口国同类产品造成损害时,要征收反倾销税。

(三)对发展中国家的例外规定

虽然该协议对发展中国家有所谓特别照顾的规定,但十分简单和原则。仅规定在反倾销措施将影响发展中国家根本利益时,可考虑本协议规定的其他建设性的补救措施。此外,该协议第 5 条规定,在倾销调查中,如倾销幅度为 2%以下,以及来自一国的倾销产品的数量不足进口国同类产品的 1%,则终止倾销调查。这种所谓特别照顾规定,对于发展中国家能够运用法律救济手段以维护其自身的利益,制止发达国家的歧视性反倾销行为,只能是杯水车薪。

第六节 国际反倾销法的发展态势

反倾销法历经近100年的沧桑,由产生之初旨在维护公平竞争和贸易自由,针对垄断组织的掠夺性倾销行为的立法,演变为其后针对两国市场之间价格差别,强调对本国工业保护的立法。

反倾销法由最初作为制止不公平贸易的武器,发展到现今成为保护本国工业、限制进口的非关税壁垒的主要措施,这种立法宗旨和性质的巨大变异和强烈反差,是反倾销法演变发展过程的重要特点之一。

反倾销法演变发展的另一个特点,则是从国内法到统一法,又从统一法到国内法的循环发展过程,国内反倾销立法是国际统一反倾销法发展、完善的基础,而国际统一反倾销法又约束着国内反倾销立法的解释和适用。

自进入20世纪80年代以来,西方发达国家经济进入滞缓发展时期,其要求限制进口,保护本国产业的呼声甚嚣尘上,贸易保护主义日渐盛行。在这种情况下,反倾销立法出现了下列新动态。

一、进一步强化反倾销规则和程序

1986年5月,美国国会众议院通过了一项R. H. 4800议案,即《贸易与国际经济政策改良法案》。根据该法案,将对有关贸易法规进行全面的修改。

(一)用201程序方法,取代现行的反倾销程序

美国现行的反倾销程序由两部分组成:美国商务部确定低于公平价格的存在;国际贸易委员会确定实质性损害的存在。鉴于对非市场经济国家产品公平价格的确定有诸多争论和困难,201程序方法主张,取消第一道程序,即取消决定是否有低于公平价格的销售的存在,而直接由国际贸易委员会确定这种产品的进口销售是否对美国工业造成了实质性损害。这种程序的简化,实际上是强化了反倾销措施的适用。

（二）改革贸易法第201节“例外条款”（Escape Clause），向美国工业提供快速、有效的救济

美国贸易法第201节“例外条款”规定：若美国某一工业部门因外国商品增加进口而受到严重损害，可向国际贸易委员会提出申请予以救济。国际贸易委员会可向总统建议采取必要的措施，包括征收关税、规定配额、增强该工业部门的竞争能力等。新法案拟作以下两点改变：

1. 将上述总统权力下放给美国代表；

2. 在尚未作出是否对本国工业造成损害的裁决之前，如认为情况急迫，美国贸易代表可以采取“紧急措施”，责令进口商对进口的商品缴纳一定的保证金。

（三）主张将现行的反倾销程序纳入司法程序

在反倾销法的理论和实践中，反倾销程序属于行政程序的范畴，法院并不管辖和审理倾销案。根据美国的反倾销法，各工业部门、工会、厂商或其他有关机构和个人提出申诉后，经商务部确定低于“公平价格”，并经国际贸易委员会确定存在对本国工业造成严重损害的事实，才构成倾销，征收反倾销税。所有步骤都是在行政程序中完成的。而新法案提出：任何一个美国制造商可以直接向美国国际贸易法庭提起诉讼，要求进口商赔偿损失。这就将倾销案纳入了司法诉讼程序的范畴。

二、对非市场经济国家产品价格的几种主张

采用什么方法确定产品正常价值，是确定倾销的核心。长期以来，美国对非市场经济国家采用替代国的做法，是对非市场经济国家实行价格歧视的集中表现。在产品价格的确定问题上，近几年来，美国国内有以下几种主张：

1. 直接价格比较，即主张直接采用产品生产国的国内市场价格作为“公平价格”

这种主张实际上是抛弃了传统反倾销法中市场经济国家与非市场经济国家价格适用的不同标准，从而抛弃了对非市场经济国家采用替代国的做法。在贸易保护主义盛行的情况下，这种主张被美国接受的

可能性较小。

2. 适用美国市场最低价格

按照这种主张的解释，美国市场的最低价格包括美国产品和进口产品的最低价格。美国市场的最低价格应该是非市场经济国家产品与之比较的“公平价格”。这是一种极端贸易保护主义主张。因为美国与非市场经济国家的生产条件、生产成本存在较大差异，要求非市场经济国家的产品价格隶属于美国市场的最低价格，这实际上是取消了非市场经济国家产品与美国产品平等竞争的基础，使美国产品在美国市场上，永远处于绝对的竞争优势。美国国际贸易委员会主张这种观点。

3. 平均进口价格

按照这种主张，确定一个非市场经济国家的产品在美国市场上是否倾销，应将该产品在美国市场的销售价格与美国从所有其他国家进口该产品的平均价格作出比较，这里的平均进口价格是根据美国海关署的进口商品分类，从所有国家进口的同类商品价格进行平均。美国从其他国家进口的同类商品，既包括发达国家，也包括发展中国家及其他国家。这种方法与美国市场最低价格法比较，对发展中国家相对有利，因为进口的平均价格一般要比美国市场的最低价格低。

4. 最低进口价格

这种确定“公平价格”的基本做法是，从美国进口同类或类似的商品的最低价格作为非市场经济国家商品的“公平价格”，从而确定是否存在倾销。最低进口价格法，仍然没有公正、客观地体现非市场经济国家产品的正常价格。然而，它与美国现行反倾销实践中采用的“替代国”价格比较，具有可预见性、确定性和统一性的优点。因为只要查阅美国海关的统计资料即可了解某类产品的最低进口价格，从而决定是否向美国输出某类产品，只要其产品高于最低进口价，就可以避免在美国市场上遭受反倾销指控。

三、萌动中的倾销连带责任——扩大反倾销措施的适用范围

（一）由单个产品的倾销指控扩展到对家族产品的倾销指控

传统的反倾销法规定，只针对被指控倾销的单个产品实施反倾销调查，即哪个产品被指控倾销，就针对该产品进行反倾销调查，如果该

产品被证实构成倾销,并给进口国工业造成重大损害,则只对该产品征收反倾销税。

当前在西方发达国家反倾销活动中,出现了一种由对单个产品的倾销指控扩展到对其家族产品倾销指控的动向,即用被指控倾销产品的零配件生产、组装的制成品、发展品,也可能被指控为倾销产品。

(二)对倾销产品累积立案调查

在西方反倾销实践中,对某个国家的某个产品的倾销指控,实行对被指控倾销的该产品单个立案调查,而现在则考虑几个国家倾销产品的数量和价格对进口国工业的叠加影响,对所有同类进口产品累积立案,从而加大"倾销"和"损害"的程度,即使是一国出口数量少、金额不大的产品,一旦受到累积立案的牵涉,也可能被采取反倾销措施。

反倾销涉及家族产品和采用累积立案做法,意味着与被指控倾销产品并无关系的产品要对倾销产品承担连带的倾销责任。反倾销活动中的这种新动向,是贸易保护主义的强化,应引起高度的警觉和重视。

四、直接倾销指控向间接倾销指控的发展——倾销指控的域外延伸

根据反倾销法,仅能对向本国直接进行倾销并给本国工业造成损害的产品提出倾销指控和进行反倾销调查,即直接倾销指控。而现今的反倾销活动中,则可以通过要求第三国向另一国的产品进行倾销调查,对该国的倾销产品提出间接倾销指控,以维护指控方同类出口产品的利益,这就是所谓的间接倾销指控。例如,甲乙两国向第三国丙国出口同类产品,尽管乙国的产品可能没有对丙国构成倾销,但却对甲国生产该类产品的工业造成损害,在这种情况下,甲国可以请求丙国对乙国的产品进行反倾销调查,并建议征收反倾销税,限制其出口以恢复甲国对丙国的正常出口或扩大出口。

间接倾销指控实质上是倾销指控的域外延伸,即倾销指控已跨越本国国境延伸到国外。

五、从对上游产品或下游产品的单向指控发展到上、下游产品兼顾的双向指控

所谓“上、下游产品”，是指由“上游产品”（零配件、元器件）生产加工的制成品（“下游产品”）。传统的反倾销法通常单向针对“上游产品”或“下游产品”，即单向涉及“上游产品”或者“下游产品”的倾销指控。

西方反倾销法理论认为，采用单向指控“上游产品”或“下游产品”倾销，极易使出口商逃避反倾销措施的制裁。因为在“上游产品”的倾销指控成立，被征收反倾销税的情况下，出口商可以改为出口“下游产品”——制成品。反之，在“下游产品”构成倾销，被征收反倾销税的情况下，出口商则可以将“上游产品”——零配件、元器件出口到进口国组装成制成品销售。这两者均能达到逃避被征收反倾销税的目的。

采用兼顾上下游产品，双向指控的做法，可以制止出口商规避反倾销措施的行为。

六、从外部倾销调查走向内部倾销调查——倾销调查方式的强化迹象

西方发达国家在对倾销指控案的调查程序中，过去调查的注意力主要集中在出口商是否存在倾销事实的外部现象上，一般不涉及出口商的“内务”问题。而现在为了防止出口商利用“内部关系”以价格转移方式向本国市场倾销产品，更加注重对出口商内部关系的调查。出口商的“内部关系”，一般包括母公司与子公司之间的关系，一公司与另一公司的控股关系、公司相互之间的伙伴关系、出口商与在进口国的关联企业之间的关系等情况。例如，出口商与进口商是一种母子公司关系，则出口商（母公司）可以向进口商（子公司）低价出售零配件、元器件，让进口商（子公司）组装成制成品在进口国市场销售，其售价远远低于其他竞争产品。在西方国家反倾销法理论上，这是一种典型的采用价格转移方式的倾销行为。

因此，进口国开始注重对出口商内部倾销的调查，一旦查明存在“内部关系”的倾销，则要重新确定价格，并采取反倾销措施。

七、降低立案标准，缩短审案时间

当前，西方国家强化反倾销措施的一个动向，就是用降低立案标准，缩短倾销指控案的调查时间，尽快作出初裁，为本国国内工业提供快速保护。例如，在美国，提起一件倾销申诉，是一件十分容易的事，任何一个制造厂商、工会、同业协会，其他机构或个人，只要认为某种进口产品对其构成“损害”或“损害威胁”，花上 60 美元，向美国商务部提出反倾销诉请，在 20 天内，商务部对申诉材料及诉请进行审查，如果认为符合立案要求，便立即展开倾销调查。

在反倾销调查中，根据产品是否曾遭受过反倾销调查的情况，决定调查时间的长短，以便尽早作出初裁。在美国的反倾销实践中，如果某种产品在 8 年内曾受到两次或两次以上的反倾销调查，美国商务部可以采取快速调查程序，调查时间由正常情况的 160 天缩短为 120 天或 100 天。

综观上列国际反倾销立法及其实践中的新动向，不难发现西方国家强化非关税贸易保护措施的发展走势。在当今国际贸易活动中，反倾销措施已经成为贸易保护主义的重要手段。研究其发展态势，寻求有效的法律对策，是建立和维护国际贸易新秩序的重大课题。

第三章　国际反倾销法成案研究(一):倾销

——反倾销成案要素之一

第一节　正常价值的确定

依据国际反倾销法,倾销、损害及二者之间的因果关系,是反倾销成案的三大要素。缺少其中之一种要素,反倾销案不能成立。正如本书导论所述,只有认定进口产品存在倾销和损害,才能对倾销产品采取反倾销措施。而确定一项进口产品是否存在倾销,就是将产品的出口价格与正常价值进行比较。如果产品的出口价格低于其正常价值在进口国市场上销售,则构成倾销。因此,产品的出口价格和正常价值是倾销的核心问题。确定产品的出口价格是否低于正常价值,关键在于确定正常价值,它是决定是否存在倾销差价的基准价格。由此可见,反倾销机制中关键因素是正常价值的确定。

正常价值(Normal Value),美国反倾销法称为“公平价格”(Fair Value)。在实践中,美国政府有关机构又引申为“外国市场价格”(Foreign Market Value)。无论是关贸总协定及其《反倾销守则》(1979),还是欧美反倾销法,均未对“正常价值”的定义作出明确的界定。但欧共体第 2176/84 号反倾销条例对正常价值所作的梗概解释是:“正常价值首先是指在正常贸易方式下,对用于出口国或原产国消费的相同产品所支付的或应支付的可比价格。”①然而,欧共体反倾销法所称的正常价值并非确定的定义,在不同的情况下,它是由不同的因素构成的。

《反倾销守则》(1979)及欧美各国反倾销立法规定,对市场经济国家的产品,可以采用三种办法来确定正常价值,即国内价格、向第三国的出口价格和构成价格。

一、依据国内价格确定正常价值

在通常情况下,国内价格是确定正常价值的基本方法。所谓国内价格,一般是指被指控的倾销产品在进行反倾销调查期间,其在出口国市场上实际支付的或应支付的价格。依据国内价格确定正常价值须满足下列三个条件:

(一)符合正常贸易方式的国内价格

正常价值所依据的出口国国内价格,应当是一种正常贸易方式下的价格,即符合正常贸易方式的国内价格。

1. 正常贸易方式的含义

何谓“正常贸易方式”(Ordinary Course of Trade),《反倾销守则》(1979)及欧美反倾销法未作正面的具体解释,只是欧共体反倾销条例从反面指出非正常贸易方式的若干情况。如果交易双方存在某种联属关系或补偿安排,应视为非正常贸易方式。例如,交易双方存在联营关系,或交易双方是关联企业(母子公司、总分公司、控股公司),或交易双方具有折扣补偿或回报的性质等。

据此,可以这样认为,是不是正常的贸易方式,主要取决于交易双方之间的关系和安排。如果交易双方不存在生产经营上的伙伴关系或联属关系,以及不存在交易中的补偿或回报性质,应当认为属于正常贸易方式的范围。反之,则应视为非正常贸易方式。反倾销法之所以规定正常贸易方式,其目的在于进行倾销计算时剔除不正常的价格因素,以便客观、公正地确定正常价值。

在认定是不是正常贸易方式的问题上,反倾销成案实践并没有将

---

① EEC,No. 2176/84 第2条第3款。

政府价格管制及垄断或卡特尔等竞争结构的影响因素,归入非正常贸易方式的范畴。换言之,政府限价和卡特尔价格被视为正常贸易方式的范围。在这方面的案例有:1983 年澳大利亚的梨子反倾销案,1983 年南斯拉夫硫酸铜反倾销案,1980 年对苏联的碳酸钠反倾销案等。

2. 正常贸易方式的例外

在反倾销成案实践中,如果交易双方存在某种特定关系或补偿性安排,但经查明这种价格与其正常贸易方式条件下的价格并无实质性的差异,按照欧共体反倾销法规定,应当采用此种价格来确定正常价值。例如,欧共体 1984 年对日本彩色印相纸的反倾销案;1985 年对日本轴承的反倾销案,就是如此。

凡因交易双方之间的特定关系或补偿性安排已构成对交易价格的影响,在确定价格时,须从倾销计算中剔除这些价格影响因素。

(二)实际支付或应支付价格(Price Actually Paid or Payable)

所谓实际支付或应支付价格,是指依据交易发票及其他支付凭证所确定的价格,亦称"实际交易价"。

应当指出,在反倾销调查中,如果通过实际调查仍然无法确定实际交易价格,反倾销机构可以依据获得的有关资料来确定正常价值。例如,1980 年欧共体对美国盒罩磁带的反倾销案,采用公开发布的价格资料来确定正常价值。

(三)国内价格应具备代表性

正常贸易方式下的实际支付或应支付价格,是认定国内价格的两个基本条件。但仅有这两个条件,仍不足以认定国内价格,还应当具备国内价格的代表性条件。

价格代表性包含两层含义:其一是国内实际交易价格应能反映出口国或原产国国内市场上的一般交易行情价格,而不能把特殊情况下形成的过高或过低交易价作为国内价格,并以此确定正常价值。例如,季节性销售价,就不能作为国内价格。其二是国内价格应有足够交易量的支持,这种交易量是相对于出口销售量而言。无论在理论上还是实践中,产品交易价格受产品销售数量的影响和制约,在通常情况下是市场机制作用的客观反映。在产品出口销售量大于国内交易量的情况下,其国内实际交易价格一般是上升走势;反之,则呈下降走势。因而产品足够的交易量是决定国内价格的因素之一。

至于国内交易量达到怎样一种水平,才能视为具有代表性的价格,反倾销法没有作出明确规定。参照欧美反倾销实践中的做法,美国要求出口国国内市场的交易量应大于或等于出口国向其他所有第三国出口量的5%;欧共体目前掌握的比例是,出口国国内市场交易量应占向欧共体出口总值的5%以上,如果低于这个比例,欧共体也不会采用国内销售价格作为正常价值。其具体反倾销成案有:1981年对土耳其棉纱反倾销案,1983年对委内瑞拉等国的硅钢反倾销案,1984年对日本电动打字机反倾销案等。

二、依据向第三国的出口价格确定正常价值

(一)适用第三国价格的依据

在出口国或原产国国内市场上没有相同或类似产品可供比较的国内价格,或者国内价格不具备比较的条件,致使不能确定国内价格。在这种情况下,可将被指控倾销的产品向第三国的出口价格作为正常价值。

按照欧共体反倾销条例第2条的规定,出现下列情况,应根据被指控倾销的产品向第三国的出口价格来确定正常价值:

1. 在出口国或原产国的国内市场上不存在相同产品以正常贸易方式的销售;

2. 相对出口销售而言,在国内市场上的销售量达不到一定的比例,使其不具有代表性。

美国反倾销法作了类似的规定。

(二)适用第三国价格的条件

选择被指控的反倾销产品向第三国的出口价格作为正常价值须符合下列标准:

1. 出口商向第三国出售的产品应与被指控倾销的产品相同或类似(相似产品)。

“相似产品”(Like Product)亦称“同类产品”。《反倾销守则》

(1979)第2条第2款规定:"'相似产品'应解释为相同的产品。"在美国反倾销法意义上,它是用来确定反倾销调查的范围。只有生产相似产品的工业才是被调查损害程度或损害之虞的对象。确定相似产品,应考虑下列因素:(1)产品的使用用途及特征相同或类似;(2)产品的生产工艺及生产技术相同或近似;(3)产品相互之间具有互换性。

2. 第三国应是出口商出口销售量最大的国家。

如果向两个或两个以上的国家出口,其出口量大致相同,则选择最类似于进行倾销调查国家的市场条件的国家。按照美国反倾销法规定,当向单一国家的出口销售不能提供充分的参考量时,可以采用对一定第三国的累积数量。

3. 在销售渠道及交易方式上与对进口国的做法类似。

依据向第三国的出口价格确定正常价值,须同时满足上列三个条件。在选择对第三国的出口价格时,必须在产品出口量上达到一定比例,即至少应占出口国国内市场销售量的5%以上。

欧美工业国对选择向第三国的出口价格,一般持谨慎态度,欧共体更是如此。欧共体对第三国的出口价格通常不予接受,其主要理由是,在欧共体受到倾销调查的商品,在第三国市场同样也是一种倾销价,故得不出真实的正常价值。所以,在反倾销成案调查中,如果无法依据国内价格确定正常价值时,欧共体宁愿选择构成价格作为正常价值,而不愿选定向第三国的出口价格。

由于出口商在国内市场或第三国市场经常以不同价格出售商品,在此种情况下,一般都是把决定外国市场价值的所有商品的售价进行加权平均。只有在80%以上的商品是以同样价格在被调查市场上销售的情况下,才可以被调查市场的价格代替加权平均价。

三、依据构成价格确定正常价值

从反倾销法角度讲,在难以选定以出口国国内价格作为正常价值的情况下,出口商向第三国的出口价格和构成价格是用以确定正常价值的两种平行方式:即反倾销调查的国家既可以选择向第三国的出口价格;也可以选择构成价格。

近几年来,欧美几个主要采用反倾销措施的国家已越来越普遍地选择“构成价格”来确定正常价值。在美国,近年来有 50%～60%的反倾销案选择构成价格。

(一)构成价格的概念

“构成价格”(Constructed Value),欧美反倾销法又称“推定价格”。

所谓构成价格,是指出口国或原产国产品在正常贸易方式下,产品的生产成本以及合理利润所构成的价格。根据国际贸易惯例,构成价格一般是由产品出口国或原产国的生产成本决定的。关贸总协定第 4 条规定,构成价格是“产品在原产国的生产成本加上合理的推销费用和利润”。《反倾销守则》(1979)第 2 条第 4 款规定,构成价格“通过与产品在原产国的生产成本加上合理的管理费、销售费和其他任何成本以及利润相比较来决定”。欧共体第 2423/88 号反倾销条例规定,构成价格“由生产的成本和合理的利润幅度来确定”。

欧共体反倾销实践认为,构成价格应解释为一种“替代的”国内价格。换言之,它是从理论上推定出来的价格作为一种实际应用的国内价格的“替代价”。

(二)构成价格的构成因素

欧共体反倾销条例规定,构成价格所包含的费用因素应是“在正常贸易情况下原产国所有材料和制作成本,包括可变和不可变的成本,加上合理的行政费、推销费和其他一般费用”。[①] 这一规定实际上是成本加利润。它包括销售渠道各个环节的推销费用和开支。

在美国反倾销法意义上,构成价格一般由下列因素的和构成:

1. 出口国或原产国在商品生产中的实际生产成本。在扣除出口国或原产国国内税捐和因出口而减免、退还的关税后,包括原料成本、装配或加工费、劳务费等;

2. 出口国或原产国产品在正常贸易过程中所发生的经营管理费用一般不少于生产成本的 10%;

3. 一般利润不少于成本加上经营管理费之和的 8%;

4. 附属于备妥被调查产品使其适于运输到进口国的所有容器和包

---

① EEC,No. 2423/88 第 2 条。

装费用,以及其他随附费用。

在美国反倾销实践中,美国商务部在决定构成价格时,实际上并不考虑有关当事人之间的交易,而是使用自己所获得的最佳证据。

(三)生产成本的确定

"生产成本标准在确定价格公平性中起着十分重要的作用"。[①] 在选择推定价格(构成价格)确定正常价值时,生产成本是一个关键性因素,生产成本的高低直接关系到正常价值的高低。如果进口国反倾销机构确定的生产成本高,则正常价值同步增高。显而易见,在某种情况下,出口商要避免反倾销措施的制裁是十分困难的。因此,从反倾销法的角度看,生产成本已经不是一个单纯的经济概念,而是一个重要的法律问题。

欧美反倾销法规定,生产成本包括产品生产商所承担的所有材料及制造成本,还包括合理的销售、管理和一般费用,或者生产成本是固定成本和变动成本之总和。两种表述方式是同一个实质内容。具体来讲,就包括原材料、半成品及零部件成本,工薪支出,燃料、供水、租金成本,厂房、设备的维修保养,以及利息支付所构成的成本等。

生产成本的计算和确定,是一个极其复杂的问题。在确定生产成本时,可能会遇到许多意想不到的特殊情况,对此应如何处理呢?

现略举三例加以说明。

【实例一】如果同一个生产厂商既从事国内消费品的生产,也从事出口产品的生产,并且将其公开市场上购买的低价原材料用于出口产品生产,而将价格较高的原材料用于国内产品的生产。在反倾销案调查中,应当采用哪一种情况的价格呢?

如果出现上述情况,欧共体反倾销机构一般都采用以较高价格的原材料用于国内产品生产的成本,其理由是:构成价格系国内价格的一种替代,故应采用为国内消费生产安排之用料价格。

【实例二】如果一个新建立的生产企业,在其生产开工之初,由于生产能力的利用率较低,从而造成产品的单位成本较高。受到倾销指控

① 《国际贸易法杂志》1990 年第 4 期。(编者注:原著注释,因年代久远无法查询具体文章和作者信息。)

的出口商以此为由,要求采用正常生产条件下较低的成本价格,以期降低正常价值,减低或消除倾销差价。那么,进口国反倾销机构会同意出口商的要求吗?

回答是肯定的,一般都不会同意其要求。例如,欧共体对此种情况的做法是,无论生产处于何种阶段,不允许采用正常生产条件下的成本,而是根据调查期间的成本来确定正常价值。1984 年欧共体对日本、新加坡等国的轴承反倾销案就是如此。

【实例三】如果计算生产成本时,由于生产厂商生产多种产品,难以准确地将管理费用及其他变动成本摊算在不同的产品上,在这种情况下,应如何确定成本呢?

在欧共体反倾销实践中,一般可作两种选择:其一,如果认定生产商的账簿符合成本会计原则,则以账簿的资料确定生产成本;其二,如果认定不符合成本记账原则,或者账簿根本无记载;则依据各种不同产品的销售比例进行摊算。

第二节　确定正常价值的例外——非市场经济国家产品正常价值的特别规定

欧美反倾销法规定,依据国内价格、向第三国的出口价格和构成价格来确定产品的正常价值的三种办法,只适用于市场经济国家,不适用于"非市场经济国家"(Non-market Economy)、"国家控制经济"(State Controlled Economy)的出口产品,对"非市场经济国家"或"国家控制经济"的出口产品,按特别规定,采用另外的确定方法。

一、理论和实践中的"国家控制经济"或"非市场经济"

何为"国家控制经济"或"非市场经济"(亦称"非市场经济国家")?关贸总协定及欧美反倾销法均无明确的法律释义。然而,西方国家却通过法律将某些国家列为"非市场经济国家"。1982 年欧共体第 1765/82 号和第 1766/82 号条例将下列国家列为"非市场经济国家":阿尔巴尼亚、保加利亚、中国、捷克斯洛伐克(前)、原民主德国、匈牙利、蒙古、朝鲜、波兰、罗马尼亚、苏联、越南等。

关贸总协定成立之初,西方国家的反倾销机构在认定被指控倾销产品的正常价值时,并未对市场经济与非市场经济国家作任何区分。进入20世纪50年代后,关贸总协定成员方之一的捷克斯洛伐克(前)向关贸总协定的一个研究贸易壁垒的工作组提出,不应将“国家控制贸易”国家国内市场上的价格与其出口到其他国家市场商品的价格作简单的比较,不应简单地将关贸总协定的反倾销机制适用于“国家控制贸易”国家的出口产品。在1955年召开的对关贸总协定条款进行审议的缔约方全体大会上通过了对关贸总协定第6条第1款所加的注释:“对全部或大体上全部由国家垄断贸易并由国家规定国内价格的国家出口的商品,为第1款的目的确定可比价格时可能存在特殊的困难,在这种情况下,进口缔约方可能发现有必要考虑这种可能性:与这种国家的国内价格作严格比较可能并不总是适当的。”

西方国家经济理论认为,市场经济国家的产品的原料采购、生产、销售等生产经营诸环节,是在充分的市场机制的调节下进行的。而市场机制是合理配置资源、最大限度提供社会产品的经济模式。因而,市场经济国家的产品价格是公平合理的,应当成为公平价格或正常价值的依据。然而,非市场经济国家的产品则有所不同,其产品生产经营的诸环节都是由国家或国家计划控制的,市场机制不可能发挥调节作用。因而在国家或国家计划控制下的经济、商品的成本和价格完全扭曲,当然不能作为确定公平价格或正常价值的依据。这就是欧美国家对非市场经济国家的产品实行特别规定的理论基础。

尽管“国家控制经济”或“非市场经济”的概念在反倾销法上是含混不清的,但并不影响欧美国家在反倾销实践中将某些国家确认为“非市场经济国家”。欧美反倾销机构运用其“自由裁量权”,通常是在具体反倾销案中,从一个国家经济整体的市场特征和被指控倾销产品的特定情况两个方面来确定是不是“非市场经济国家”。反倾销机构的自由裁量权,造成适用标准的随意性及反倾销规则运作的混乱,甚至类似的反倾销案其选择标准也完全不同的情况。

美国商务部在确定一个国家是不是“国家控制经济”或“非市场经济”时,通常综合下列诸因素考虑:

(1)国家对外汇的管制程度,即出口国货币与其他国家货币的自由兑换及控制程度;

(2)国家对工资水平的控制程度;

(3)国家对生产资料的所有及控制程度;

(4)国家允许合资企业或其他形式的外资自由输入和输出的程度;

(5)国家通过进出口许可证、审批制或其他非关税措施对国际贸易的管制程度;

(6)国家对资源分配、企业生产量和产品价格决定权上的控制程度。

【案例说明】1980年6月9日美国对中国出口的天然薄荷脑提出倾销指控。中国出口公司要求"享受美国反倾销法给予南斯拉夫的待遇标准(以南斯拉夫国内价格作为公平价格的依据)",即作为市场经济对待。其主要抗辩理由是:第一,天然薄荷脑的生产和销售实际上不受国家计划控制;第二,中国正在进行经济体制改革,政府对各经济部门的控制程度有所不同;第三,天然薄荷脑属于非重要农业产品,其生产、价格、销售等各生产环节几乎完全不受国家计划控制。

美方提出的申诉理由强调中国的整体经济受国家控制,经济改革相当有限,因而应视为非市场经济国家。

美国反倾销机构——美国商务部认为,南斯拉夫不是国家控制经济,主要依据是:第一,对南斯拉夫货币有确定的买价;第二,南斯拉夫国内市场价格反映供求关系;第三,海关可以核查南斯拉夫政府和生产厂商提供的所有资料。

美国商务部对中国天然薄荷脑最终裁决是,该案中的中国产品属于非市场经济的范畴。

二、"非市场经济国家"产品正常价值的确定

欧美国家认为,非市场经济国家产品的价格是被扭曲了的,不能反映出产品的正常价值,因此不存在出口价格与正常价值加以比较的前提。鉴于此,欧美国家对非市场经济国家产品正常价值的确定,采用替代国价格、构成价格或第三国向进口国的出口价格。

（一）替代国价格

美国和欧共体是替代国制度的倡导者。1932 年，美国海关和专利上诉法院就曾在 J. H. 科曼公司所诉的反倾销案的判例中指出，本案中被诉商品的国内销售并非发生在正常贸易情况下，因而不能根据其国内售价决定商品的公平价格。① 1963 年在对波兰的水泥反倾销案中，美国财政部以同样的理由否定了波兰水泥的国内价格。②

1979 年"东京回合"达成的《反倾销守则》（1979）第 15 条是关于"国家控制经济"的出口产品倾销的专门条款。该条款规定："可以将进口国以外的其他国家同类产品的销售价格或构成价格与出口价格进行比较（第 2 款）；如果根据第 2 款不能得到一个充分的可比价格，还可采用经过合理调整的进口国国内市场价格作为正常价值。"这就在关贸总协定中正式确认了"替代国"制度。

所谓替代国价格，是指在确定非市场经济国家产品的正常价值时，采用某一属于市场经济的第三国的价格作为确定正常价值的依据。

1. 替代国价格的适用条件

被指控倾销的产品必须是来自非市场经济国家，是适用替代国价格的前提条件。

根据关贸总协定第 6 条第 1 款的注释，须同时具备两个条件才能认定某国属于"国家控制贸易"：第一，国家对贸易的全部或大体上全部实行垄断；第二，由国家规定产品的价格。

欧共体采用列举方式指明哪些国家属于非市场经济国家，如前所述的 1982 年欧共体第 1765/82、1766/82 号条例规定的国家。

美国反倾销法规定，商务部享有对某个国家是不是非市场经济国家的最终裁决权，除非商务部在其后的反倾销案中作出了相反的裁决，否则，对某国属于非市场经济国家的裁决将一直有效。

商务部在决定适用替代国价格时，应符合美国反倾销法规定的两个条件：（1）被指控倾销的产品来自非市场经济国家；（2）根据现有的

① 《国际贸易问题》1986 年第 6 期。（编者注：原著注释，因年代久远无法查询具体文章和作者信息。）

② 《国际贸易问题》1986 年第 6 期。（编者注：原著注释，因年代久远无法查询具体文章和作者信息。）

调查资料不可能采用与来自市场经济国家的进口产品同样的办法来确定“公平价格”。[①]

美国反倾销法还规定,商务部在决定适用替代国价格时,不仅要考虑产品的出口国对国家经济的控制程度,还要考虑出口国对被指控倾销产品的单项经济行业或部门的控制程度。这就是所谓的“单一经济部门”评价分析。

“单一经济部门”的概念,就是指评价分析国家控制经济对被指控倾销产品的特定部门的渗透程度。因为在非市场经济条件下,国家对各经济部门的控制程度并非一致的,而是有所差异的,甚至可能存在某一经济部门或产业根本未受到国家控制的情况。按照美国学者萨利文的解释,根据美国反倾销法体系之间的逻辑联系及制定替代国制度的立法背景,进行“单一经济部门”评价分析的替代国制度的适用,可以按下列两个步骤进行:第一,应当确定该国的经济是否由国家控制;第二,如果确定该国的整个经济属于国家控制,则应分析国家控制是否已渗透到生产被指控倾销产品的特定部门,致使该部门的产品价格或成本不适于用作认定公平价格的标准。[②] 1981 年美国商务部对中国薄荷脑倾销案进行了单一经济部门评估分析后认为,由于作为薄荷脑生产要素的土地和劳动力的自由流动受到国家的限制和影响,所以仍应采用替代国制度认定中国产薄荷脑的公平价格。[③]

欧共体与美国不同,在适用替代国制度时,不进行单一经济部门的评估分析,欧共体理事会认为,被指控倾销的非市场经济国家的产品,其价格或成本不可避免地受国家控制经济的限制和影响。

2. 替代国价格的确定

用替代国价格代替非市场经济国家产品的价格以确定正常价值,其在反倾销法实践中的具体适用,可分为选择替代国和确定替代国价

① 《哥伦比亚跨国法杂志》1990 年第 174 期。(编者注:原著注释,因年代久远无法查询具体文章和作者信息。)

② 《哥伦比亚跨国法杂志》1983—1984 年卷,第 158 页。(编者注:原著注释,因年代久远无法查询具体文章和作者信息。)

③ 《国际贸易问题》1986 年第 6 期。(编者注:原著注释,因年代久远无法查询具体文章和作者信息。)

格两个阶段。

第一,选择替代国。在进入反倾销程序前反倾销机构一般要求申诉方提出一个或一个以上的第三国作为替代国候选者,其提出的第三国应属于市场经济国家。如果反倾销机构审查符合要求,即进入正式程序,并公布申诉方提出的替代国。如果被诉方表示异议,可在规定时间内提出自己主张的替代国;并说明理由和提供证据。但无论是申诉方还是被诉方提出的第三国,均由反倾销机构最终裁定。

在选择替代国的标准及条件上美国和欧共体存在细微的差异。

美国选择替代国的标准及条件,一般基于三方面的因素:(1)替代国必须是属于市场经济的第三国;(2)作为替代国的第三国经济发展水平与受倾销指控的出口国近似,确定经济发展水平是否近似的尺度是人均国民生产总值;(3)作为替代国的第三国生产的产品与被指控倾销的产品具有可比性。

欧共体选择替代国的标准及条件,考虑的因素是:(1)替代国是属于市场经济的国家;(2)替代国生产的产品与受到反倾销调查的产品具有可比性;(3)替代国的价格是市场机制作用的结果;(4)其他因素。主要包括替代国的经济发展水平、原料的取得、产品的物理性质和质量、产品的用途等。

欧美反倾销机构在选定替代国时,只是以上列各项因素作为参考量,其具体运作具有较大的弹性。例如,1984 年美国商务部在调查中国蜡烛反倾销案中,一方面认为选定人均国民生产总值高出中国 6 倍的马来西亚作为替代国不一定合适,另一方面又以无法取得其他与中国经济发展水平近似的市场经济国家的价格资料为由,仍然选定马来西亚作为中国蜡烛反倾销案的类比国。

在替代国的选择过程中,可能出现一些特殊情况,西方反倾销法规定,当出现下列两种特殊情况时,反倾销机构可以选择本国国内市场价格作为替代国价格:(1)除出口国和进口国外,其他第三国没有生产与被指控倾销产品同类的产品;(2)所选定的替代国拒绝提供有关价格、生产成本等方面资料,不愿意给予支持和合作。

在出现上列情况之一时,反倾销机构可以经过合理调整价格后,将本国国内市场价格作为确定正常价值的依据。换句话讲,在上列情况下,可以将进口国作为替代国。

第二,替代国价格的确定方法。欧共体、加拿大等国在确定替代国价格时,一般采用下列方法确定替代国价格:替代国的生产商在正常贸易方式下向本国一般消费者销售同类产品的价格;替代国生产商的生产成本、销售费用和利润之和。

美国在《1988年综合贸易与竞争法》颁布前,曾采用与欧共体类似的方法确定替代国价格。在该法颁布后,改变一贯做法,而将替代国的构成价格作为确定非市场经济国家产品价格的主要方法,其具体做法是:替代国价格=非市场经济国家生产类比产品所耗费的各生产要素的数量×替代国各该生产要素的价格+合理的一般费用。

3. 替代国价格是对"非市场经济国家"的歧视性价格——对替代国价格的评价

西方国家对非市场经济国家实行替代国制度,从本质上讲,是对非市场经济国家的一种歧视性待遇。

我们暂且不论区分市场经济国家与非市场经济国家的标准是否科学,即使在反倾销活动中,采用替代国价格确定出口国产品正常价值的做法,就存在很大的弊端。

第一,替代国制度与法律的规范性、导向性相背离。从法学理论上讲,法律规范是人们的行为准则,它向行为人指明应当做什么,不应当做什么,违反法律规定会承担什么样的法律后果,即法律具有规范性、导向性、强制性等特点。然而,替代国制度却背离了法律的基本属性,也不具备法律规范的假定结构要素。

依据西方国家反倾销法关于替代国制度的规定,替代国是在反倾销程序开始后才选定的,"非市场经济国家"的出口商预先并不知道在受到反倾销调查时选定的替代国究竟是何国,更不清楚将会被选定作为替代国的产品价格如何。这样,出口商在进行交易前根本无法进行合理的价格分析,以预测自己的交易行为是否可能构成倾销及构成倾销后的倾销幅度。反倾销法在行为人(出口商)实施交易行为前不提供具体替代国的准则,却要行为人实施行为后承担法律责任,这在法律逻辑上是讲不通的,对非市场经济国家的出口商也是极不公平的。

第二,替代国制度缺乏理论上的科学性和合理性。替代国制度是以假设为前提,即作为被指控倾销产品的非市场经济国家与替代国经济发展水平近似。这种假设以不同国家间生产要素的同质性为基础,但不同国家间生产要素的异质性却是客观存在的事实。因此不同的国家生产相同产品的成本必然有所差异,致使价格水平有所不同,因而简单地将一国的价格水平与另一国的价格进行类比,不可避免地存在极大的不合理性。正如世界银行指出:"替代国的因素比例及价格十分相似仍没有理由认为它的产品会有同等的竞争力。研究进一步证明,按国民生产总值衡量,发展水平与有关价格之间的关系是很小的。"①

采用替代国制度的后果实际上是高估了产品在出口国的生产成本,从而完全否定了出口国产品生产成本的竞争优势。

第三,替代国制度具有较大的随意性。西方国家反倾销实践显示,替代国选定不同,对反倾销案裁决结果具有决定性影响。而反倾销机构在确定替代国时,并无客观、固定的标准,任意性较强。1976 年波兰高尔夫草地车反倾销案就是明显的佐证:美国商务部先选定加拿大作为替代国,认定构成倾销。其后因加拿大生产商停止生产而改选西班牙作为替代国,又认定倾销不能成立。② 替代国制度的这种随意性,等于是将反倾销案交由一个算命先生去决定,显然违反了法律的尊严性和公平性。

(二)构成价格

由于选择替代国会遇到很多困难,诸如替代国基于各种考虑不予合作,对替代国经济及市场状况评估较为复杂,出现两个以上条件类似替代国时难以确定等。在这种情况下,就要采用构成价格来确定非市场经济国家产品的正常价值。其基本做法是,以非市场经济出口国的生产条件和生产产品的各项投入为基础,按一个市场经济国家相同产品的价格计算出生产成本,再加上管理费和合理利润,即为构成价格。生产条件和生产产品的各项投入包括劳动力工时、原材料、动力消耗等。

---

① 《1987 年世界发展报告》(中文版),第 164 页。(编者注:原著注释,因年代久远无法查询作者和出版信息。)

② *GA. J. BID*-81,1981,p. 35.

采用构成价格确定非市场经济国家产品的正常价值也不具有合理性。因为对大多数非市场经济国家来说,原材料、劳动力工薪、动力价格等,一般比市场经济国家低,而管理费和利润则被高估。这种生产成本、管理费和利润的拔高计算,导致构成价格高,则确定的正常价值高,因而倾销成立的可能性就越大。

(三)进口国国内价格

在无法采用替代国价格和构成价格的情况下,进口国可以相同产品在进口国国内市场的销售价来确定非市场经济国家产品的正常价值。

美国和欧共体的反倾销法均规定,如果替代国价格和构成价格不能提供充分的依据,可将市场经济国家的相似产品在进口国(美国和欧共体)国内市场的销售价格作为正常价值,例如,1985 年 5 月 4 日美国对中国的铸铁件提起倾销指控,在反倾销调查中,确定铸铁件的正常价值就是以日本、意大利、瑞士和英国出口铸铁件 FOB 价格为依据。

第三节　出口价格的确定

一、出口价格的概念

确定倾销的一个要素是正常价值,而另一个要素则是出口价格。

出口价格(Export Price),美国反倾销法称为“美国价格”,从国际贸易角度看,出口价格可能是 FOB 价格、CIF 价格、CFR 价格以及其他价格。

关贸总协定第 6 条只是提及“出口的产品价格”,而对出口价格未作明确的规定。为使关贸总协定第 6 条得到贯彻实施,20 世纪 50 年代末,关贸总协定专门成立一个专家小组对此问题加以研究,以期寻求解决办法。其后,该小组提出的《专家小组关于反倾销和反补贴问题的报告》指出,该条(第 6 条)的基本目的是将出口国的国内正常价格与该商品离开该国的价格而不是其被进口的价格进行比较。即出口价格是“商品离开该国的价格”,显然是指不包括运输、保险等各项费用的价格。

欧共体现行反倾销条例第 2 条第 8 款第 1 项，对出口价格作了较明确的解释："出口价格应是对该产品向欧共体出口时实际支付或应支付的价格。"在欧共体反倾销实践中，"实际支付价格"是根据出口商的发票所得出的价格，不包括运输、保险各项费用。"应付价格"的含义则是指，交易双方约定的价格。"实际支付价格"和"应付价格"都属于实际价格的概念范畴。

"出口价格"在美国反倾销法意义上，通常称"美国价格"（U. S. Price），指商品在美国的出售价格，一般为进口商品在美国的批发价。"出口价格"包括"成交价格"和"出口商销售价格"两类。

1. "成交价格"（Purchase Price），又称"购买价格"，是指商品进口到美国之前，被指控倾销商品从生产制造商处购买或约定购买的价格。成交价格是确定美国价格的一种方法，它与 FOB 价格有一定相似之处，是进口美国之前价格或同意进口后支付的价格。

2. "出口商销售价格"（Exporter's Sales Price），是指进口商品出售给美国市场上与出口商没有任何特殊关系的第一位买主的价格。由于在出口商和进口商之间存在某种特殊关系下（如交易双方的联营关系等），成交价格就不可能真实地反映外国市场价格（出口国国内价格），因而只能适用有别于成交价格的另外一种价格，即出口商销售价格。由此可见，成交价格适用于进出口双方无特殊关系的情况，出口商销售价格适用于出口双方存在特殊关系的情况。

二、出口价格的确定

（一）欧共体确定出口价格的原则和方法

根据欧共体反倾销条例，确定出口价格按下列原则进行：实际支付或应支付的价格；在一定条件下，采用"推定出口价格"。在进出口双方按正常贸易方式成交的情况下，采用实际支付或应支付的价格。

推定出口价格，一般是指反倾销机构根据调查的具体情况，采用推定方式来确定出口价格。推定出口价格的适用始于 1972 年欧共体对日本的轴承反倾销案。当时的日本出口商对欧共体委员会认定其出口价格不可靠而采用推定出口价格表示不服，曾上诉至欧共体法院。但欧共体法院驳回了日本东京轴承公司的上诉。此后，推定出口价格的做法在反倾销案中明确采用。推定出口价格适用于“无出口价格”“存在联属关系”“补偿安排”“出口价不可靠”等4种情况。如果出口商不配合反倾销机构的调查,欧共体委员会可以根据现有的资料确定出口价格,一般采用申诉人提供的价格。

在反倾销实践中,欧共体采用下列方法确定出口价格:第一,在出口商直接向欧共体出口的情况下,采用双方的成交价;第二,在出口商间接向欧共体出口的条件下,即通过中间商将商品出口到欧共体时,采用出口商出售给中间商的价格,如果只有中间商向欧共体的出口价,则使用该价;第三,在转售出口的情况下,采用向欧共体独立商人的转售价格;第四,根据其他情况确定出口价格。如出口商零散,则采用抽样办法确定出口价格。

欧共体反倾销法规定,在采用推定出口价格时,应进行适当的扣除,主要包括:

(1)运输、保险、装卸、搬运及辅助费用;

(2)在进口国支付的关税、反倾销税、其他有关货物的进口或销售的税收;

(3)一般管理费用、合理的利润及佣金。

(二)美国确定出口价格的具体做法

由于“美国价格”(出口价格)包括“购买价格”和“出口商销售价格”两种。因而美国反倾销机构确定出口价格的基本原则是,根据进出口商之间是否存在特殊关系来确定采用“购买价格”或“出口商销售价格”。

1.购买价格。在进出口商之间不存在特殊关系情况下适用。在确定购买价格时,美国的具体做法是:如果一项产品由生产商出售给出口商,生产商知道该产品将出口到美国,则以生产商出售给出口商的价格作为美国价格;反之,如果生产商不知道该产品出口到美国,则以出口商的出口销售价作为美国价格。美国在对中国的反倾销案中,一般都以我国外贸公司的出口销售价作为购买价格。

为了使进出口价格在出厂价格水平上比较,如果购买价格不能反映商品在出口国的生产成本和费用,则要对购买价格作必要的调整。

2.出口商销售价格。在进出口商之间存在特殊关系情况下适用。

美国反倾销法关于进出口商是否存在特殊关系的规定,与《反倾销守则》第 2 条第 5 款和欧共体反倾销条例第 2 条第 8 款第 2 项的规定类似。即进出口商之间的特殊关系,主要是指"联营关系""控股关系""补偿安排"等。具体来讲,一家美国公司被视为与出口商存在特殊关系可分为下列几种情况:

(1)美国公司是出口生产厂商的代理商或受托人;

(2)美国公司对出口商享有一定的控股权,或者美国公司与出口商存在其他方面的经济利益关系,如联营关系等;

(3)出口商对美国进口公司享有一定的控股权;

(4)进出口双方按"补偿安排"方式进行进出口贸易。如折扣、销售收入按比例提成、采用一种商品交易补偿另一种商品交易等情况。

总之,如果进出口商之间是代理、联营、合资、母子、总分、补偿和控股关系等,美国反倾销机构将适用"出口商销售价格"来确定出口价格。

第四节 出口价格和正常价值的调整

确定一项出口产品是否以低于正常价值出售,不能直接用出口价格和正常价值进行比较,进而得出倾销结论。因为相同产品在不同市场上销售数量、销售条件以及承担的税负均有所不同,从而形成相同产品在两个不同市场上的价格差。如果不正视这种价格差而简单地直接将正常价值与出口价格比较,其结果显然是不合理的。

反倾销法中所谓"正常价值与出口价格的比较"之法律含义是,在根据所得到的正常价值和出口价格来确定倾销时,应将这种价格差予以剔除。即对正常价值和出口价格进行调整。

一、反倾销法对正常价值与出口价格调整的规定

承认两种价格之间的合理差价并予以扣除的做法始于关贸总协定。关贸总协定第 6 条规定,在将正常价值与出口价格比较以确定倾销差价时,应"对不同的销售条件与条款、不同的赋税以及影响价格可比性的其他差异,做出适当的扣除"。

《反倾销守则》(1967)第2条第6款进一步作了明确的规定:在"所确定的价格之间进行公平的比较,两种价格应在贸易的相同水平上进行比较,通常是出厂价格水平,相比较的销售价要尽可能是相同时期的销售价。因销售条款、税收不同和其他影响价格比较的差别,根据具体情况应给予适当扣除。第2条第5款提到的在进口和转售时所产生的包括关税和税收在内的成本以及所产生的利润亦应扣除"。《反倾销守则》(1967)的这项规定未加改动地写进了《反倾销守则》(1979)。

对正常价值和出口价格进行调整,其最详尽、最具体的规定应推欧共体第2423/88号反倾销条例。该条例不仅包括了关贸总协定、反倾销守则有关价格调整的规定内容,而且还补充规定了"物理特性上的差别""不同数量上的销售差别""不同条件和条款的销售差别等"。为保证公平比较,对于影响价格比较性上的差别,应根据事实,在每一个案件中以调整的形式给予适当扣除。美国《1988年综合贸易与竞争法》及美国商务部反倾销规则,对正常价值和出口价格的调整原则、内容及方法等也作出类似规定。

二、正常价值和出口价格的调整原则及比较

(一)确定影响价格可比因素的原则

所谓影响价格可比性因素,一般是指导致价格差异的因素,哪些是属于影响价格差异的因素,并应按照何种原则予以扣除,这是进行价格调整需要解决的核心问题。

1959年,关贸总协定专家小组曾就"影响价格可比性因素"进行过讨论,但因难以确认哪些因素对价差有影响以及影响的程度,故对此问题未作出明确的结论。关贸总协定专家小组对此问题所取得的主要成果是提出如下建议:各缔约国应力求在同一贸易水平(如批发),并且对在相同的日期或者尽可能相近的日期的销售进行比较。在"肯尼迪回合"的反倾销守则谈判中,英国曾提出,反倾销守则应明确规定对影响价格可比性的所有差异因素并予以扣除,但多数缔约国认为英国提出的方案不符合关贸总协定第6条的规定精神,因而未能通过。

根据关贸总协定第6条、反倾销守则、欧美反倾销法及其反倾销实践,可以认为在确定影响价格可比性因素时,应遵循下列三个原则:

第一,正常价值与出口价格的比较应以产品的工厂价为基准。《反倾销守则》(1967)第2条第6款在解释出口价格不可靠或不存在出口价格情况下应如何确定出口价格时,规定仅对产品因进口至首次转售之间所发生的成本及实现的利润予以考虑,这就意味着不需重新考虑构成出厂商品成本及利润等因素。因此,影响价格可比性因素一般不应包括价格的全部内容(不应包括产品的成本),而应限于产品的工厂价与市场销售价之间,内外销售价之间所存在的差异。

第二,正常价值与出口价格之间的差异是否为买方知道,是判断影响价格可比性因素的条件。《反倾销守则》(1967)及美国的反倾销立法就是用这个标准去确认"销售条件"的内容及所谓"影响价格可比性的其他因素"的。

第三,予以扣除的差异因素必须与相比较的销售情况有直接的关系,即它们之间存在内在的、紧密的联系。

(二)扣除量的测定方法

在解决了将正常价值与出口价格比较时,应按照什么原则确定影响价格可比性因素并予以扣除的问题后,还应当确定扣除多大的差异,即扣除的差异量(又称扣除量)。尽管关贸总协定及反倾销守则未提及"扣除量"问题,但欧共体反倾销条例第2条第10款明确规定了测定扣除量的两种方法:

(1)根据市场差价来确定扣除量;

(2)根据成本差来确定扣除量。

在通常情况下,应当首先采用第一种方法,而第二种方法只是第一种方法的替代形式,即在无法获得市场资料的情况下加以采用。同时在适用第二种方法时,应当遵循"直接相关"原则,即应当考虑该项成本与该项销售是否存在内在的、紧密的联系。否则不予考虑扣除。

三、欧共体价格调整的主要内容

(一)物理特征差别的调整

欧共体反倾销条例第2条第9款第1项规定,对产品"物理特性上的差别"应予调整。这里"物理特性上差别"主要包括下列几种情况:

(1)在两个市场上销售的相同产品,其价格不同;

(2)在两个市场销售的相同产品,其质量、技术性能不同;

(3)在两个市场上销售的相同产品,其所含的添加内容或生产效能不同。

这种调整必须有充分的证据证明出口到欧共体的产品与在出口国销售的相同产品在物理性能上存在不同。在测定扣除量时,一般以原材料和劳动力成本差别为标准。

(二)进口税和间接税差别的调整

所谓进口税,是指包括海关税和对进口产品征收的其他税费。所谓间接税,是指除关税及进口税费外的其他税费。主要包括销售税、货物税、增值税、印花税、转让税、营业税等。根据欧共体反倾销条例第2条第10款第2项的规定,"正常价值应根据附录注释的规定,扣除由相似产品和已并入产品的原材料(当产品在出口国或原产地国进行销售时)所承担的任何进口费用或间接税款,如果该产品向共同体出口时,该费用或税款未予收取或业已退还"。如果某种产品出口到欧共体免除进口税费、间接税及因为此种进口税费和间接税已退还,也可以进行调整。

出口商在要求调整时,应提供证据证明:

(1)在出口国销售的产品或使用的原材料所摊入的进口费用和税费的具体金额;

(2)在产品出口到欧共体时,进口税费和间接税未被征收或已退回的事实。

欧共体在进行差别调整时,1988年前曾允许将进口税费和间接税加在出口价格上,或者从正常价值中扣除,1988年实施新的反倾销条例后,规定只能从正常价值中扣除。

(三)销售费用的调整

销售条件的不同是引起价差的原因之一,因此要对销售费用进行调整。欧共体反倾销条例规定,允许调整的项目主要包括运费、保险费、装卸费、包装费、信贷条件、质量保证费、技术服务,佣金、卖方承担的买方的广告费和其他销售人员费用。在佣金上的差别可以扣除,但如果在一个市场上支付了佣金而在另一个市场没有支付佣金,其扣除应限制在不超过另一个市场发生的实际费用或在第一个市场中佣金的数量。

四、美国反倾销法对价格调整的规定

(一)美国价格的调整

正如前面所作的介绍,美国价格是美国反倾销法中的特定概念,相当于欧共体反倾销法中的出口价格。它是由购买价格和出口商销售价格构成的。对美国价格的调整,既包括增加的项目,也包括扣除的项目。

1. 增加的项目。主要包括下列 4 项费用:

(1)所有包装成本以及备妥商品运输到美国的所有其他支出费用;

(2)出口国对商品出口应征收而没有征收或退还的关税;

(3)出口国对加工复出口应征收而未征收或退还的关税;

(4)为抵消出口补贴对商品征收的反补贴税。

2. 扣除的项目。主要包括:

(1)将商品从出口国装运港运至美国目的港的费用及美国进口关税,但不包括反补贴税;

(2)出口国对商品向美国出口征收的赋税,但不包括反补贴税;

(3)对美国价格中的出口商销售价格还应当减除下列各项:

①因在美国销售被调查商品的佣金;

②出口商在美国销售商品的一般费用;

③商品从进口到转售时,因加工或装配产生的增值。

(二)外国市场价格的调整

在美国反倾销法意义上,外国市场价格与公平价格的含义是一致的。它相当于欧共体反倾销法的正常价值。尽管美国反倾销法对外国市场价格没有下明确的定义,但美国的关税法第 773 条规定,在大多数情况下,外国市场价格是基于相同或类似产品出口商在本国市场的销售价格、对第三国的出口价格或构成价格。外国市场价格须以反倾销调查之前的一段合理时间为准,或以出口时的同类产品在出口国国内主要市场上的售价为准。

根据美国反倾销法的规定,对外国市场价格的调整包括下列内容:

1. 销售条件差别的调整,主要包括货款条件、仓储、保证、担保,技术服务、回扣、政府费用、使用说明书、佣金、广告费用及其他销售费用。

在美国反倾销实践中,对销售条件差别调整需满足下面两个条件:(1)提供合理的成本数据;(2)销售情况通常与被调查的销售情况有直接的关系。

2. 销售数量差别的调整。由于价格要受产品销售数量多少的影响,在出口到美国的产品数量与在出口国销售数量不同而导致价格差异,就存在数量折扣,也就需要进行调整。例如,某项商品在美国市场的订单为2000件,而在中国市场则为200件,因为给予了美国进口商一定数量的折扣,从而使美国价格与中国国内市场销价之间产生差额,如果将此差额认定为中国出口商的倾销显然是不公平的,因此应当作适当调整,即把因数量折扣而形成的价差加到美国销售价上。

依照美国反倾销法律规定,数量差别调整须符合下列两个条件之一:

(1)在反倾销指控提起6个月前,出口商对国内市场出售的20%以上的产品给予进口商一定数量的折扣。即应具备倾销申诉前6个月内的时间、数量折扣应占出口国国内市场销量的20%以上、存在数量折扣的事实证据等三要素。

此条件也适用于以第三国价格作为外国市场价格的情况,即在用第三国价格作为外国市场价格时,出口商向第三国的产品出口也应当符合这个条件。

(2)出口商提供数量折扣调整的成本理由,即提出节余成本归因于在一个市场比另一个市场有更多数量的事实。

此外,美国反倾销法还对贸易环节的调整、产品差别的调整等作出了规定。

第五节　低于成本销售的法律问题

一、低于成本销售与倾销

反倾销法萌发之初的立法宗旨在于抵制价格歧视,制止不公平贸易行为。国际反倾销法认为,一项产品以低于正常价值的价格进入一国市场,即构成倾销。这是国际上普通通行的"正常价值与出口价格"比较以确定倾销的做法。至于以低于成本的相同价格在国内外市场上销售与倾销并不一定存在联系。然而现今的西方国家反倾销立法出现了低于成本销售与倾销等同规定的动向,形成用"价格与成本"比较取替传统的"价格与价格"比较来确定倾销的立法走势。

自20世纪初第一部反倾销法问世以来,关于低于成本销售一直存在不同的观点,长时期难以形成一致的意见。一部分学者认为,应将低于成本销售视为倾销。因为从经济学角度讲,低于成本销售与倾销所产生的后果并无二致,应当进行严格的限制。另一部分学者认为,将低于成本销售与倾销完全等同,只能导致理论和实践中的混乱,在一定条件和时期的低于成本销售是正常贸易做法。例如,对亏损企业来讲,低于成本销售可能比完全停产造成的损失更小。

关贸总协定创立以来,低于成本销售重新成为各缔约方关注的重要问题。但关贸总协定第6条没有对"低于成本销售"加以规定。"肯尼迪回合"和"东京回合"有关《反倾销守则》的谈判就此问题又展开了讨论。当时争论的焦点是:出口商在国内外市场上低于成本销售是否合理?进口国是否应针对低于成本销售的竞争给予本国工业一定的保护?因多数国家意见分歧,难以统一,未能取得结果。唯一的进展是,参加修改《反倾销守则》(1967)谈判的国家经过讨论提出了一份文件,该文件认为,在理论上,特定情况下的低于成本销售可以被视为正常贸易行为。如在经济普遍衰退时,亏损销售是最高可得价格,那么这种销售就是正常的商业行为,但是,如果不存在上述情况,亏损销售就违背比较利益原则,从而给进口国带来不公正经济调整负担。因此,在正常情况下,确定正常价值所基于的价格应包括实际发生的一切固定成本和变动成本。参加《反倾销守则》(1967)谈判的国家最后形成一个趋于一致的看法:持续地进行亏损销售(低于成本销售)不应视为正常贸易方式,因此应当加以限制。①

---

① 《国际商报》,1993年4月5日。(编者注:原著注释,因年代久远无法查询具体文章和作者信息。)

可以这样认为,“东京回合”的《反倾销守则》(1979)谈判取得的一个重大突破在于抛弃了过去那种把“低于成本销售”简单、笼统地与倾销完全等同的观点,而是将低于成本销售置于一般和特殊情况下来考察分析,即对短期、一般性低于成本销售,应作为正常商业行为看待;而对于长期、持续性低于成本销售,应认为属于非正常贸易方式,构成倾销。

美国的《1974年贸易法》第321节首次增加了针对亏损销售的条款。从而开创了将“低于成本销售”纳入反倾销法律机制之先河。其后,欧共体反倾销条例也对低于成本销售情况下正常价值的确定作出具体规定。

关贸总协定、《反倾销守则》(1967)及欧共体的反倾销条例对“低于成本销售”的含义并未作具体解释。根据美国反倾销法的有关规定,对“低于成本销售”的定义,可以用这样一段话表述:所谓低于成本销售,是指在正常贸易过程中,产品的销售价不能在合适时间内收回所有成本,而仍以这样的价格在延续一段时期中进行大量销售。

二、低于成本销售下正常价值的确定

(一)欧共体反倾销法对低于成本销售的规定

欧共体反倾销条例第2条第4款对确认是否低于成本销售的准则,作了具体的规定,依照该条款,符合下列三个条件的低于成本销售,属非正常贸易方式,应视为倾销:

(1)产品在出口国或原产地国国内市场上的实际销售价格低于生产成本,并以此价格在进口国或第三国销售;

(2)这种销售量很大,且为持续性的销售;

(3)这种销售价格使得生产厂商无法在一个合理的期限内(在正常贸易条件下)收回所有成本。

在认定符合上列条件的低于成本销售的情况后,可以按下面方法确定其正常价值:

(1)采用反倾销调查期内出口国国内市场上的非亏损销售价格(不低于生产成本的价格),但是这种价格须具有足够的代表性;

(2)对第三国的出口价格;

(3)构成价格,在(1)(2)两种价格不具有代表性的情况下加以采用;

(4)对亏损价格进行调整并加计利润的平均生产成本价格,这种价格与构成价格的主要区别在于:后者只是根据某种产品的成本及经营利润推定的,而前者则是对不同型号规格的前种产品的各自生产成本加以平均得到的。因此,这种价格通常适用于产品存在多种型号和规格的情况。

(二)美国反倾销法关于低于成本销售的规定

根据美国反倾销法及美国商务部反倾销规则,反倾销机构是以低于成本销售所占进口国销售的全部产品的销售量的比例,采用不同的方法确定其正常价值:

(1)占10%以下的低于成本销售,以在出口国销售的全部产品的平均价作为外国市场价格(正常价值);

(2)占10%以下的销售高于成本,以构成价格作为外国市场价格;

(3)低于成本销售高于10%,但低于90%,以那些高于全部成本销售部分的平均价格作为外国市场价格。

三、"成本与价格"比较存在的问题

1989年12月5日至7日,世界公平贸易中心就关贸总协定有关《反倾销守则》(1979)的改革在日本东京召开了国际研讨会。其中也对成本标准替代国内市场价格或第三国价格来确定正常价值的问题进行了探讨。一部分与会代表对"生产成本标准"适用于实践中所产生的诸多问题提出了质疑。

(一)广义的"成本"概念造成了反倾销中的偏差

在反倾销实践中,反倾销机构采用广义的成本概念。该成本包括企业管理费和变动资本,即完全分配成本,而不是边际成本。在市场经济条件下,明智的企业因短期的需求停滞,愿意将价格降至边际成本水平。然而,使用反倾销措施的国家(如美国)采用完全分配成本概念,对销售、综合和管理费规定一个法定最低数额,从而人为地导致实际的销售管理费和利润低于这个法定的最低数额。而使用完全分配成本概念则造成了反倾销法中的偏差。根据经济理论和商业实践,在短期内企业有可能会以低于完全分配成本而高于边际成本销售。可是,反倾销机构却忽视了这种正常的贸易做法,按照完全分配成本的概念硬性规定一个法定的最低限额,导致正常价值高于合理的市场价格,从而对进口加以限制。这种做法有悖于反倾销法。

针对采用完全分配成本概念并规定法定最低限额所存在的缺陷,有的学者主张,如果低于"完全分配成本"而高于"边际成本"的销售是在短期出现,那么就不应把这种销售视为低于正常价值。换言之,只要市场认为合理,正常价值应该根据短期的边际成本来计算。

(二)成本和价格比较时间存在的不合理性

在美国的反倾销法中,法律规定如果在"合理的时间内"产品的销售可以使所有的成本得到补偿,这种低于成本销售才不以倾销论处。但在反倾销实践中,反倾销机构并不考虑收回所有成本的时间需要一个完整的商业周期甚至更长的时间,而是规定特定的调查时间,即 6 个月。这种做法对需要通过多年的销售才能收回包括研究开发成本在内的全部成本的生产商来说,是极其不合理的。例如,美国波音公司对波音 747 飞机的研究开发,经过 19 年才开始获得利润。①

鉴于上述成本和价格比较时间的不合理性,部分国际反倾销法专家建议,反倾销机构在确定产品价格是否超过成本时,应考虑产品的整个生产周期。例如,对具有较高开发成本的高科技、高附加值产品,确定在短时间内产品价格必须高于成本,显然不合理。

第六节　正常价值与出口价格比较实例评析

在确定了产品的正常价值和出口价格并对价格进行调整后,须通过将正常价值和出口价格进行比较,才能确定是否构成倾销。

两种价格比较的目的有两个:其一,通过正常价格与出口价格的比

① 《国际贸易》1992 年第 7 期。(编者注:原著注释,因年代久远无法查询具体文章和作者信息。)

较确定是否存在倾销。如果出口价格低于正常价值即构成倾销。反之,则倾销不能成立。其二,如果倾销成立,通过两种价格比较,则可测定“倾销幅度”。

“倾销幅度”(Dumping Margin),又称“反倾销差额”或“倾销率”。欧共体反倾销条例第 2 条第 14 款第 1 项对“倾销幅度”作了十分明确的解释:“指正常价值超过出口价格的数额。”即正常价值与出口价格之间的差额或差价。倾销差额是征收反倾销税的依据之一,根据关贸总协定及欧美反倾销法的规定,反倾销税的税率只能等于或小于倾销幅度,不能超过倾销幅度。

我们通过下面两个实例来了解和掌握正常价值与出口价格的比较及倾销差额的计算。

【案例一】正常价值与出口价格的比较及适用

(一)案情简介

某国甲公司生产一种合成塑料制品,该产品几乎全部出口国外。其中,大部分产品出售给甲公司在美国的母公司乙,乙公司的转售价格为 225 美元/吨,另一部分产品销售给第三国无关系的丙公司。该产品的工厂出厂价为 100 美元/吨。给予第三国无关系的丙公司 2%的现金折扣。

某年,美国一家生产甲公司同类产品的厂商对甲公司提出倾销指控,美国反倾销机构受理其申诉并立案调查。

(二)案情分析

1. 外国市场价格(正常价值)的确定。根据美国反倾销法,如果该产品在出口商本国没有足够的销售量足以证明其价格,那么应采用出口到第三国的价格。据此,本案应采用该产品出口到第三国价格确定外国市场价格。

2. 美国价格(出口价格)的确定。由于美国反倾销法中的美国价格包括购买价格和出口商销售价格两种,购买价格只适用于出口商与进口商之间不存在特殊关系的情况。在本案中,某国甲公司(出口商)与美国乙公司(进口商)是一种母子公司关系,因而不能适用购买价格而只能适用出口商销售价。

(三)正常价值与出口价格比较

1. 美国价格的计算。进行价格调整,即应予扣除的项目费用包括:(1)一般管理费、原料、劳动力、合理利润,合计 100 美元;(2)海上运输费、保险费、关税、美国内地起运费,合计 27 美元。简式计算公式为:

美国价格=乙公司转售价格(225 美元)-乙公司应予扣除的项目费用(127 美元)= 98 美元

2. 外国市场价值的计算。也必须进行价格调整,应予扣除的项目为 2%的现金折扣 100×2%=2(美元)。简式计算公式为:

外国市场价值(第三国价格)= 第三国价格(100 美元)-扣除项目(2 美元)= 98 美元

3. 美国市场价与美国价格比较。公式为:倾销差额=美国市场价值(98 美元)-美国价格(98 美元)= 0

(四)结论

通过美国市场价值与美国价格比较,两种价格差额为零,故甲公司对美销售的合成塑料制成品不构成倾销。

【案例二】正常价值与出口价格之比较及适用

(一)案情简介

A 国 B 公司生产的程控机床主要在国内市场销售,并以每台 450~600 美元的价格销售。公司在与国内厂商交易时,其价格包括运费,并给予国内买主 8.55 美元数量折扣及交易折扣。

某年,B 公司与一家无关系的美国 C 公司达成出售该产品的合同。每台按 FOB 550 美元成交,S 港为装运港,但没给美国 C 公司数量折扣和交易折扣。

该产品在美国市场销售是否构成倾销?

(二)案情分析

1. 美国价格的确定。因 A 国 B 公司与美国 C 公司之间不存在特殊关系,故应依购买价格确定美国价格。

2. 外国市场价值的确定。由于 B 公司在其出口国(A 国)国内市场有具体的销售价格,并且大批量的销售,因而应采用国内市场价格确定外国市场价值(正常价值)。

(三)正常价值与出口价格比较

1. 美国价格的计算。进行价格调整予以扣除的项目,并按下列步骤计算:

(1)首先确定国内市场价格。扣除内地运输费4.8美元,购买价格=550美元-4.8美元=545.20美元,加权平均国内市场价格为579美元。

(2)对加权平均国内市场价格予以调整,应扣减的项目包括:数量折扣8.55美元、交易折扣2.4美元、内地运费5.1美元。则调整的国内市场价格为:579美元-(8.55+2.4+5.1)美元=553.95美元

2. 外国市场价值的计算。应予调整,即加上出口包装费的差别1.05美元。则外国市场价值为:553.95美元+1.05美元=555美元

3. 外国市场价格与美国价格比较。即倾销差额=外国市场价值(555美元)-美国价格(545.2美元)=9.8美元

(四)结论

两种价格比较结果:A国B公司以低于正常价值9.8美元的价格向美国市场销售,已构成倾销。倾销幅度为9.8美元。

第四章　国际反倾销法成案研究（二）：损害

——反倾销成案要素之二

第一节　国内工业的内涵及范围

损害，是国际反倾销法成案的另一个要素。关贸总协定及反倾销守则，欧美各国的反倾销立法均无例外规定。倾销行为必须对进口国国内工业造成重大损害、重大损害威胁或实质性阻碍了进口国工业的建立时，才可以采取反倾销措施，征收反倾销税。

损害，是国际反倾销法中相对于进口国国内工业的一个法律概念。离开进口国国内工业，单独去谈论损害，就不可能有反倾销法的产生和存在。从这个角度讲，进口国国内工业并非一般意义上的经济概念，而是纳入反倾销法律机制的一个重要范畴。

一、进口国国内工业的界定

进口国国内工业，美国反倾销法称为“美国工业”，美国《统一商法典》第 16 条第 4 款（A）项规定，“工业”的含义为“同类商品的全部国内生产者，或者生产同类商品产量的总和占该种商品全国总产量的大部分”。美国反倾销法对进口国国内工业的解释是，作为同类产品全部的国内生产者，或这些生产者其同类产品全部产出构成那种产品的整个国内生产的主要部分。这与《统一商法典》的解释并无实质性区别。

欧共体反倾销条例第 2423/88 号第 4 条第 5 款规定，“欧共体工业”一词应解释为“作为一个整体的生产相似产品的制造商，或者指总体的产品产量构成了该产品的共同体全部生产主要部分的那些制造商”。显而易见，该条款是将共同体内生产相似产品的全部生产者作为“整体”列为“共同体工业”。这实际上是“整体”的“欧共体工业”概念。但该条例把对“整体”的“欧共体工业”作了下面例外情况的规定：

(1)在生产商与倾销存在联系的情况下，“共同体工业”一词可解释为其余的生产商；

(2)在共同体可以被分成两个或两个以上的有竞争性市场的情况下，可以将每个市场的生产商视为一个“共同体工业”。

该条款的上述例外规定，就将“整体”的“共同体工业”延伸到“部分”的“共同体工业”。因此，“共同体工业”的概念包括“整体”和“部分”两个层次的内容，即“整体的生产相似产品的全部生产商”和“大部分的生产相似产品的生产商”。

综上所述，在理解和掌握进口国国内工业的定义时，须考虑以下三个因素：

(1)是国内生产相似产品的生产商；

(2)指国内生产相似产品的全体生产者；

(3)在一定情况下，指占国内生产相似产品大部分的生产者。

二、地区工业

除进口国国内工业应是同类工业生产者的全部或占同类生产量的大部分的生产者外，进口国国内工业的概念还包括地区工业。根据美国反倾销法的规定，每一个地区性市场中发现重大损害，即便进口国国内工业未受到重大损害，也可以作出损害的决定，即地区工业受到损害。可将地区工业视为美国工业。构成“地区工业”的条件是：

(1)该地区生产的同类产品几乎全部在该地区市场上出售；

(2)在该地区市场的供给不是在相当数量程度上由美国其他地区生产商提供的；

(3)低于公平价值销售集中在该独立市场。

欧共体反倾销法规定,只要符合下列两个条件,则每一个市场的生产者可视为共同体工业:

(1)生产商在该市场上出售其生产的全部或几乎全部的产品;

(2)该市场的需求并非在很大程度上由位于共同体其他地方的该产品的生产商所提供。

因此,在上述情况下,尽管整个共同体工业未受到损害,但只要倾销集中于一个公开的市场,而且只要倾销造成该市场内的所有或几乎所有生产者的损害,也可以认定损害存在。

三、同类产品的范畴

在反倾销法意义上,进口国国内工业的定义是以同类产品为基础。

同类产品(Like product),在反倾销法上,与“相似产品"或“类似产品”是同义语。对同类产品定义的界定尽管少数国家从市场角度考察产品是否相似,但大多数欧美国家的反倾销法都是从产品的特征和用途来规定同类产品。

加拿大是从市场角度区分产品是否相似的几个少数国家之一。在反倾销实践中,加拿大反倾销裁决庭认为,是否相似产品应看他们在市场上是否相互竞争,是否寻求同一消费者,是否具有同一种功能,是否满足相同的需要,是否相互替代等。

欧共体和美国反倾销法从产品的特征和作用角度规定同类产品。凡具有类似特征和作用的产品应视为同类产品。

根据欧共体反倾销案例和国际反倾销守则,所谓同类产品,是指一项产品物质方面即所有方面相似于被调查的产品,或者没有此项产品时,在特征上最接近于被调查的产品。

美国反倾销法对同类产品的规定是,一项同类产品,或者没有此种同类产品时,在特征和使用上最类似于被调查的产品。美国反倾销实践显示:只有在产品特征和使用方法相同的情况下,才能认定为是同类产品。例如,在对中国陶瓷餐具的反倾销案中,消费者购买中国餐具主要用于正式宴会,而购买美国国内生产的陶瓷餐具主要用于便餐。因此,美国国际贸易委员会认为,瓷器和陶器无论在外观,还是在使用上都是不同的,它们之间的竞争是有限的,不应视为同类产品。

确认是否同类产品,对损害的确定具有重要意义。一般而言,如果同类产品确认的范围越宽,则进口产品被确定对进口国国内工业造成损害的可能性就越大;反之,如果同类产品的范围较窄,则进口产品被认定对进口国国内工业造成损害的可能性就越小。因为损害只能是针对生产同类产品的国内工业,对不是生产同类产品的其他工业,就不具有可比性,也就无从得出损害的结论。

四、进口国关联企业的特别规定

所谓进口国关联企业,是指进口国的企业与出口商之间存在某种经济上的关系或联系。他们之间的经济上的关系或联系,主要包括母公司和子公司的关系、总公司与分公司的关系、联营关系、合资关系、控股或参股关系等。欧美反倾销法规定,在确定国内工业时,应把本国的关联企业排除在国内工业之外。例如,美国反倾销法规定,当某些生产商与进出口有关或他们是进口人本身,在适当情况下采用"工业"这个概念时,可将上述生产商排除在工业之外。

第二节 损害的确定

一、损害的概念

西方国家早期的反倾销法对倾销采取反倾销措施,并不要求对国内工业造成损害,关贸总协定第 6 条第 1 款规定,"倾销"对某一缔约国领土内已建立的某项工业造成重大损害或产生重大威胁,或者对某一国内工业的新建产生严重阻碍,这种倾销应该受到谴责。但对什么是重大损害、重大损害威胁或重大阻碍,没有作出具体解释。

美国《1921 年反倾销法》规定,存在损害就可以征收反倾销税。但美国当时的关税委员会认为,该法规定的"损害"是最低损害。所谓最低损害是指"轻微的、无关紧要的或非实质性的"。这种对最低损害的解释仍然是模糊、含混不清的。同时,在采用最低损害标准时,被指控倾销的产品即便在美国市场上占有份额极少,仍可能被认定为倾销损害。

综观各国的反倾销立法,迄今尚未对损害的确切定义,作出明确具体的解释。这可能是基于用抽象、概括的定义性语言,根本无法穷尽错综纷繁的损害现象,因而难以确定损害的内涵和界定其外延。诚然,美国《1979 年贸易协定法》规定,重大损害是指"并非无关紧要、非实质性的或不重要的损害"。与其说这是损害的定义,不如说是对损害的比较性解释。即相对于"无关紧要或不重要的损害"而言,重大损害指"紧要的、实质性的或重要的"。这一定义的模糊性、模棱两可性和无标准性是显而易见的。既然"重大损害"是以"不重要损害"作为比较参数,那么何谓"不重要损害"?这在美国反倾销法中无法找到答案。没有比较参数标准的比较性定义,不能认为是科学的。

二、重大损害的标准

重大损害(Material Injury),又译为"实质性损害"。美国反倾销法称为"并非无关紧要、微不足道的或不重要的损害"(notin-consequential, immaterial or unimportant)。

虽然西方国家反倾销法对重大损害未作具体的解释,但却从影响和决定重大损害的因素角度,为反倾销实践中确定重大损害提供了参数依据。《反倾销守则》(1967)第 3 条第 1 款规定,关贸总协定第 6 条范围内的损害的确定应建立在有确切证据的基础上,而且必须对下列两点作客观审查:(1)对倾销的进口产品数量以及他们对国内市场相似产品的价格的影响;(2)这些进口产品对国内生产同类产品的生产商的影响。该条的第 2 款又指出:"对于倾销的进口产品的数量,调查当局应考虑无论从绝对数还是针对进口国的生产和消费的相对数上,倾销的进口产品是否有巨大的增加。至于倾销进口产品对价格的影响,调查当局应考虑到同进口国相似产品的价格相比。"

对影响重大损害的因素,欧共体第 2413/88 号反倾销条例进一步将反倾销守则的规定具体化。该条例第 4 条第 2 款规定:

损害的审查应涉及以下因素,以下因素中的一个或几个并不一定能起到决定性的引导作用:

（1）倾销或补贴的进口产品的数量，特别是相对于共同体的生产或消费而言，在绝对或相对的进口数量上是否一直存在重大的增长；

（2）倾销或补贴的进口产品的价格特别是与共同体的相似产品的价格相比，存在大幅度的削价作用；

（3）对有关工业造成的后果。

综合上列有关确定损害的规定，不难得出结论：重大损害的参数标准应包括：（1）被指控倾销商品的进口数量；（2）被指控倾销商品对进口国同类产品价格的影响；（3）被指控倾销商品对同类产品进口国生产商的影响。

（一）被指控倾销产品的进口数量

反倾销机构在审查被调查商品进口数量是否增长时，从两方面考虑数量是否增长：其一，考虑被调查商品绝对数量的增长情况；其二，相对于进口国生产和消费而言，其相对数量增长的情况。

在欧美反倾销实践中，反倾销调查注重于进口产品在市场上份额是否增加，即将数量参数转化为市场份额参数，如果一项被调查的商品，其绝对数量降低，但在进口国占有份额却增加，则可能构成对国内工业的损害；反之，被调查商品绝对数量增加，但在进口国市场份额降低，则可能不认定对国内工业造成损害。例如，美国对加拿大进口碳精锅丝倾销案，在调查阶段，该产品的进口相对于国内消费在市场上的份额降低，因而尽管该产品进口绝对数量增加，但国内消费需求也急剧增加，从 1982 年的 445,085 吨增加到 1984 年的 70,155 吨，1984 年的 1～9 月的 539,509 吨到 1985 年同期的 578,354 吨，所以反倾销机构认为：该产品进口绝对数量的增加并不能表明已造成对国内工业的损害。

欧共体反倾销实践也采用了美国的类似做法，反倾销机构决定损害时，通常也是以被调查的进口产品共同体市场上的占有率作为确定损害的重要依据。具体做法是，将被调查产品在共同体市场上的比例与国内工业生产商在市场上的比例加以比较，并结合占有率的增长情况衡定。

（二）对国内产品价格的影响

反倾销机构在调查进口产品对国内同类产品的价格影响时，主要是从导致国内同类产品价格降低和价格抑制两方面去考虑。在导致价格降低方面,生产同类产品的国内生产商为了抵抗进口商品的竞争不得不降低产品的价格,如将产品价格从原来的12美元降到10美元;在导致价格抑制方面,因低价进口而阻碍了进口国国内同类产品价格的正常增长,如产品按成本计算应以11美元出售,因进口产品竞争而不得不以10美元出售。

在审查价格影响所造成的损害时,一般不考虑造成国内同类产品价格降低或价格抑制的终极原因,仅需考虑进口产品对国内同类产品的价格损害。例如1986年美国在调查加拿大钢管倾销案时,美国申诉人指控加拿大进口产品跌价造成其损害,经立案调查,加拿大产品跌价是因日本产品跌价引起的,且日本产品的跌价幅度高于加拿大产品。但美国国际贸易委员会认为,尽管加拿大产品并非率先跌价,但它仍是导致美国产品跌价的因素,因而已造成价格损害。

(三)对国内工业的影响

在考虑倾销对国内工业的影响时,根据欧共体反倾销条例第4条第2款(3)项:

对有关工业造成的后果,该后果由下列实际或潜在的趋势显示:

(1)生产;

(2)设备利用;

(3)库存;

(4)销售;

(5)市场份额;

(6)价格(即折旧价格或防止价格增长,否则价格可能会提高);

(7)利润;

(8)投资回收;

(9)观念流通量;

(10)雇工情况。

上列10大经济因素或参数指标,几乎包括了国内工业生产经营的全过程,审查进口产品对国内工业的影响,也就是要逐项分析对上列经济因素的实际和潜在的影响。综合进口产品对各项经济参数的影响,进而作出是否对国内工业造成损害的决定。例如,如果因进口产品导致国内工业设备利用率降低、生产量减小、市场份额下降、利润下降、职工失业率增长等结果,则可认定对国内工业造成损害。

应当指出,欧美反倾销法并未规定应具备对上列几项经济因素的影响,才能确定损害。其裁量权赋予反倾销机构,实际上,各项经济因素是构成对国内工业影响的诸子因素,各子因素总是互为条件、相互制约的。例如,1986 年欧共体对中国的高锰酸钾反倾销案进行调查后认为,由于中国高锰酸钾减价幅度为 28.2%,造成欧共体两家生产厂商停产,减少了销售,同期设备利用率下降 5%,库存增加 300%,企业无利润。从而确定对欧共体工业造成损害,初裁征收临时反倾销税 28%。

近几年来,在确定是否存在损害的问题上,基于强化反倾销法作为贸易保护主义工具的作用,在立法上和实践中出现了一些新的变化。美国《1988 年综合贸易与竞争法》第 1328 条规定,美国国际贸易委员会在确定倾销给美国工业是否造成损害时,必须对每一个具体反倾销案陈述理由,对调查中的每个经济因素作出分析和解释,在考虑价格因素时,要求国际贸易委员会必须考虑价格低廉(Price Underselling)出售,而不要去考虑掠夺性的进口产品价格对国内同类产品价格的影响。

随着我国对外贸易的快速发展,国外对我国产品反倾销指控案也急剧增加,我国出口产品已成为欧美反倾销措施的重点对象之一。据不完全统计,1980~1990 年,美国对中国 24 种商品立案调查。可是,仅 1991 年一年时间,美国就对中国 22 种商品立案调查,几乎等于前 10 年的总和。美国反倾销机构对中国产品的调查,凡确定存在重大损害事实的,一般都存在下列情况:

1. 中国产品的出口价格大大低于美国同类产品的价格。这一定程度上是我国外贸企业低价竞销出口的反映。例如,我国出口到美国的真丝衣服平均每件 6 美元,只相当于 2 米真丝绸的原料价,这就难以避免构成对美国同类产品的价格损害。

2. 短时期内的出口数量激增。例如,1986 年美国对中国高锰酸钾立案调查,仅几年时间,数量增加 60%以上。

第三节　重大损害威胁和重大阻碍

一、重大损害威胁

(一)重大损害威胁的含义

重大损害威胁(Threat of Material Injury),又称"实质性损害威胁"。关贸总协定第6条对重大损害威胁的含义没有作出明确的解释。《反倾销守则》(1967)第3条第6款只是对重大损害威胁的渠道,提出原则性要求:"应基于事实,而不能基于主张、推测或遥远的可能性。情况的变化会导致倾销造成损害的局面必须能清楚地预见到并且是迫近的。"

最接近重大损害威胁含义的解释,应是欧共体现行反倾销条例第4条第3款的规定。该条款指出:"损害威胁的裁决,只有存在可能发展成实际损害的具体情况时,才可能作出。"

美国立法机关对"重大损害威胁"的解释是,国际贸易委员会作出工业可能因低于公平价销售造成损害应根据事实,可能性是真实的和迫切的,而不能是仅仅基于猜想、推测和捕风捉影。①

综观国际反倾销法关于重大损害威胁的规定及解释,大体上可以对重大损害威胁的定义作如下表述:所谓重大损害威胁,是指可能发展成实际损害的特定情况。

(二)重大损害威胁的构成条件

根据国际反倾销法及反倾销实践,重大损害威胁的构成条件应当是下列几种情况:

第一,必须存在重大损害威胁的事实。即重大损害威胁应基于事实,而不能基于主张、臆测。这是《反倾销守则》(1967)和欧美反倾销法特别强调的条件。重大损害威胁事实的存在,可以是多种情况。例

---

① 张慧龙编著:《欧美反倾销法对策》,吉林科学技术出版社、香港万里书店1993年版,第70页。

如,以低于公平价值销售的外国生产商已购买安装设备扩大生产能力;被指控的倾销产品正在运输途中等情况。

第二,重大损害威胁是可能实现的。即如果不采取措施制止损害威胁,则情况的变化会导致倾销,造成损害事实。例如,仓库已储存有大量低于公平价值的进口产品,进出口双方签订的合同正在履行中等。

第三,重大损害威胁是临近的而不是遥远的。即这种损害威胁已经迫近,而不是在遥远的将来可能发生的重大损害威胁。例如,出口商已经明显地加强了广告宣传;在进口国扩展了销售网点,扩大了生产能力等。

(三)确定重大损害威胁的因素

美国反倾销法规定,在裁决存在重大损害威胁时,一般应考虑下列因素:

(1)在出口国生产能力或现在未利用生产能力的增加可能导致对美国进口的大量增加;

(2)在美国市场占有份额的迅速增加及市场份额增加达到损害程度的可能性;

(3)存在对美国同类商品价格降低或价格抑制的可能性;

(4)美国商品库存的大量增加;

(5)表明商品进口将造成实际损害的可能性存在;

(6)外国生产厂商将其拥有设备转产被指控倾销商品的可能性。

欧共体反倾销条例第 4 条第 3 款规定,在决定存在重大损害威胁时,一般应考虑下列两个因素:

(1)倾销或补贴的进口产品在共同体的增长比率;

(2)原产地国或出口国的出口能力,包括业已构成可预见到的未来投入使用的能力,以及可导致向共同体出口的可能性。

目前,在确定重大损害威胁方面,西方国家的反倾销法又增加了新的规定。美国《1988 年综合贸易与竞争法》规定,在确定重大损害威胁时,应考虑的新因素有:

(1)国际贸易委员会应考虑同一商品同一当事人在关贸总协定的其他缔约国被裁决倾销的情况;

(2)美国建立和发展新一代产品的努力是否受阻;

(3)在实际可行的情况下,国际贸易委员会累积估计倾销的进口产品和补贴的进口产品的数量和价格对美国工业的影响。

在美国的反倾销实践中,裁决存在重大损害威胁,反倾销成立的案件是不乏其例。例如,美国在对巴西和阿根廷的反倾销案中,尽管两国的出口商品在美国市场的份额为1.1%以下,从市场份额看,并不能证明存在实际损害,但是倾销进口比例率和两国生产厂商增加对美国出口的生产能力,则可以作为裁决存在损害威胁的依据,故美国反倾销机构确定损害威胁的存在。

二、对国内新建工业的重大阻碍

"对某项工业的重大阻碍"(Material Retardation of the Establishment of an Industry),应理解为国内新建工业在实际建立过程中因倾销产品的影响而受到阻碍。即确定国内新建工业受阻必须要有证据事实,不能用假设性推定作出重大阻碍存在的决定。例如,一个新工厂已经建立,设备已安装试运行或已经投产,但因倾销产品的大量进口,使国内同类产品价格下降,库存产品急剧增加,从而导致新工业无法正式投产。

在美国对加拿大的鳕鱼干倾销案中,国际贸易委员会对"重大障碍"作了以下解释:

(1)重大障碍标准不仅适用于正在建立中而尚未投产的工业,而且适用于已开始生产还没有稳定经营的新工厂;

(2)因为试图确定一项产业是唯一的,是否对新建产业有实质性阻碍,应根据具体案件决定;

(3)对还没有开始投产的工业,须证明该新建工业的投产具有约束性。

尽管欧美国家反倾销法规定损害包括对新建工业的重大障碍,但依据此规定对具体反倾销案作出裁决的案例尚未在实践中发现。这充分表明,反倾销法关于"重大障碍"的规定,其目的在于赋予进口国采取反倾销措施更加灵活的选择权。

在反倾销实践中,最常见、普遍适用的是重大损害标准,很少依据重大损害威胁确定损害的存在。

第四节　反倾销实践中的损害确定

【案例一】美国对中国台湾地区氯丁橡胶层压材料反倾销案

（一）案情简介

1987年5月，一家美国厂商向美国商务部提出申诉，指控从中国台湾地区进口的氯丁橡胶层压材料倾销，并对美国工业造成重大损害。

美国商务部立案调查后，作出中国台湾地区氯丁橡胶层压材料（以下简称中国台湾地区产品）低于公平价值的初步决定。其后，国际贸易委员会开始进行倾销损害调查并举行听证会。

在调查期间，美国国内工业生产能力没有变化，生产设备利用率在1984~1985年有所下降，但到1986年上升已经超过1984年水平；在国内同类产品方面，因美国申诉人决定停止销售不合格的同类产品，致使1986年库存增加，而到1987年库存增加的势头明显减弱；在美国工业生产经营方面，国内工业的净销售额在1984~1985年有所下降，但到1986年有部分回升，1987年1~7月与1986年同期比较，营业收入有很大增加，现金流动从1986年到1987年6月有根本好转，净销售额在此期间也有所增长。

在中国台湾地区产品的进口数量、市场占有份额方面，1984~1985年中国台湾地区产品进口增长幅度较大，但从1985~1986年则增长较慢，而1987年1~6月与1986年同期比较，则进口数量下降50%以上，其市场占有份额仍维持在比较低的水平。

在进口产品对价格的影响方面，国内价格一般高于中国台湾地区产品价格，但中国台湾地区产品的价格也有增长，经调查没有证据证明中国台湾地区产品对价格降低或价格抑制有影响。

同时，国际贸易委员会还认为，中国台湾地区生产厂商在调查期间，扩大了生产能力，生产能力利用率也有提高，但该公司对第三国市场和其固定消费市场的出口以生产能力提高的相同比例增加。国际贸易委员会没有资料和证据证明中国台湾地区生产厂商为了增加对美出口而减少对第三国的出口。

经调查和听证后,国际贸易委员会裁决:中国台湾地区产品对美国工业没有造成损害。

(二)案情分析

在美国反倾销实践中,国际贸易委员会对被指控倾销产品的调查和裁决应包括是否同类产品和损害两项内容。据此,分析如下:

1. 同类产品的决定。在调查中,中国台湾地区生产商提出抗辩理由认为,其产品与申诉人的产品在技术规格方面不同,因而不是同类产品。国际贸易委员会认为,本案中所有规格的产品基本上具有相同的化学组成和物理特征;各种规格的产品可以互相使用。同时,在以前国际贸易委员会的调查中,所有不同规格的氯丁橡胶层压材料均视为同类产品。因此,台湾地区生产商的抗辩理由不能成立。

应当认为,国际贸易委员会的决定是符合反倾销法规定的。

在决定是否同类产品时,国际贸易委员会是以产品的特征和使用作为区分是不是同类产品的标准。主要考虑下列因素:(1)产品的物理外观;(2)产品的最终使用;(3)消费者的购买意向;(4)生产设备和雇员的同质性;(5)产品的生产过程;(6)分配渠道;(7)产品的可替换性。

本案中,尽管产品的规格不同,但其化学组成和使用具有互换性,且以前的判决先例已将不同规格的产品视为同类产品,因而中国台湾地区产品应属同类产品。

2. 对美国工业是否造成重大损害。国际贸易委员会在作出重大损害认定时,考虑的因素主要包括:

(1)被调查产品进口的数量是否有明显增长;(2)被调查产品是否造成美国同类产品的价格降低和价格抑制;(3)被调查产品是否对美国工业造成实际的消极影响,包括生产量、销售、利率、生产率、生产能力、投资回收等是否降低。

如果调查证实,被调查产品对上列三个方面的一个或几个造成影响,则可能确定存在损害。反之,则损害不能成立。在本案中,中国台湾地区产品的进口数量增长较慢,并且1987年1~6月比1986年同期下降了50%以上,其市场占有率维持在一个较低的水平。

经国际贸易委员会调查证明,美国国内工业经营状况有明显改善,

1987 年 1~6 月与 1986 年同期比较,净销售额有所增长,现金滚动较快,因而难以认定中国台湾地区产品对价格降低或价格抑制的影响。

3. 被调查产品是否对美国工业造成重大损害威胁。根据美国反倾销法的规定,重大损害威胁应是可能发展成损害的特定情况,即要存在重大损害威胁的事实。重大损害威胁是可能实现的,并且是迫近的。

由调查证实:中国台湾地区生产商确实存在扩大生产能力,提高生产能力利用率的情况,但主要是为了扩大对第三国和传统消费国的出口,而不是针对美国,扩大生产能力也不是基于提高对美出口而减少对第三国的出口,因此不能认为重大损害威胁的指控是真实的、可能实现的、临近的。

(三)结论

综合上述分析,美国申诉人对中国台湾地区产品重大损害及重大损害威胁的指控不能成立,应予驳回。

【案例二】中国陶瓷餐具倾销案评析

(一)案情简介

1982 年 5 月 14 日,由美国 7 家主要陶瓷厂家组成的"美国餐具紧急委员会"向美国国际贸易委员会正式投诉,指控中国制造的陶瓷餐具以低于公平价格在美国市场上倾销,给美国国内工业造成重大损害,美国的制陶业正面临着严重的威胁。据此,要求美国政府根据 1974 年贸易法第 406 条规定对中国陶瓷制品实行数量配额限制,并征收反倾销附加税。

1. 美国申诉人的申诉理由和事实

申诉人"美国餐具紧急委员会"提出了下列倾销指控理由:

(1)中国陶瓷制品出口价格实际上由政府控制,并非取决于生产成本,在美国市场上低价倾销。其价格远远低于日本、韩国和中国台湾地区的同类产品价格,处于最低水平,这就造成美国厂商与外国厂商之间的不合理竞争。

(2)中国陶瓷制品进口数量增长过快。1980 年比 1979 年增长了 195%,占美国陶瓷产量的 27.8%,消费量的 6.2%;而 1981 年进口的中国陶瓷制品又比 1980 年增长 88%,占美国国内陶瓷产量的 60.5%,消费量的 11.1%。

美国申诉人认为,中国陶瓷制品在短短两年时间内进口数量成倍增长,已构成对美国同类产品的损害影响。

(3)中国陶瓷制品对美国国内工业造成损害。美国申诉人引述下列事实证明:由于中国陶瓷制品低价倾销,致使美国 6 家陶瓷企业开工不足 60%,产量全面下降了 15%;产品库存增加;并导致一家曾雇用有 500 名工人的陶瓷工厂倒闭。同时,因中国陶瓷产品低价倾销,造成几家美国同类产品的生产厂商根本无利润。因此,进口的中国陶瓷制品已对美国国内工业造成重大损害。

2. 中国被申诉人提出的抗辩理由和证据资料

针对美国申诉人的倾销指控,由 8 家经营中国陶瓷的厂商联合组成了"美国陶瓷进口商协会"并以该协会名义应诉,以维护其合法权益。

在美国国际贸易委员会调查和举行听证会期间,中国递交了申辩书并进行了抗辩。其主要抗辩理由有以下几点:

(1)中国陶瓷制品与美国陶瓷餐具之间没有形成"直接竞争"。根据对美国餐具市场的调查,中国陶制品与美国陶瓷餐具,无论从外观及制作原料,还是从使用习惯及配套方法等方面来看,二者都是极不相同、并非类似的产品。因此二者不可能形成"直接竞争"。据消费者证实,消费者选择中国陶瓷餐具主要是为正式宴会上使用,而购买美国陶瓷餐具则主要是为一般日常便餐使用,不少消费者在购买中国陶瓷餐具的同时,也要购买美国陶瓷餐具。因而两者的价格也不可能相同。由此可以证明:中国陶瓷制品与美国陶瓷餐具是不能相互替代、并非类似的产品。二者不可能形成"直接竞争"。

(2)中国陶瓷制品对美国国内工业没有造成重大损害。被申诉人提出的申辩事实和理由主要包括:①1981 年,在市场销售量增长的情况下,中国陶瓷制品仅占美国国内销售量的 1.4%。②在 1980~1981 年两年期间,虽然中国产品进口数量增加,但市场的销售额也相应上升,这表明中国产品进口数量增加对美国市场并无明显的影响,也没有对美国市场造成损害。③造成美国陶瓷餐具产量下降、库存增加、工厂开工不足的真正原因在于美国国内塑料、玻璃合成的廉价餐具正在日益取代其本国的陶瓷餐具,致使美国陶瓷餐具越来越缺乏竞争力,销售额逐年下降。美国申诉人避开这一实质性原因不谈,毫无根据地将其库存增加归责于中国陶瓷餐具,这是不公正的。

(3)进口的中国陶瓷制品并未构成对美国制陶工业的重大损害威胁。被申诉人对申诉人的指控提出如下抗辩理由和事实:美国的餐具市场历来被日本垄断,其后因生产成本增加失去竞争力而由中国陶瓷餐具所取代。对美国来讲,市场上所需要的外国餐具中是由中国产品取代逐步退出的日本产品,并不存在外国餐具产品在市场上的占有份额大量增长。如果单凭一个国家出口数量的相对增加,而忽视了被取代国出口数量减少这一重要因素,就指控取代国对国内工业构成重大损害威胁,这在理论上和法律上是不能自圆其说的。

(二)案情评析

在本案中,被申诉人依据美国法律,结合大量的调查材料,围绕双方争论的焦点倾销成立条件和损害构成要件问题,对美国申诉人的指控进行了具有说服力的抗辩,其答辩是极其成功的,主要表现在以下几个方面。

1. 明确同类产品的界限,动摇申诉人的指控基石

从反倾销法角度讲,对没有造成损害、一般意义的倾销不能适用反倾销措施,并征收反倾销税。而损害是针对进口国国内工业而言,国内工业则是以同类产品为核心基础。如果被调查产品与申诉人的申诉产品并非同类产品,当然就无所谓对国内工业造成损害。被申诉人恰恰抓住了这一核心问题作了有力的抗辩。

被申诉人明确指出:中国陶瓷餐具与美国陶瓷餐具在特征、制作、使用上完全不同,二者不具有互换性和直接竞争性,因而不是同类产品。这种严密推理及答辩,采用釜底抽薪的申辩方式,有力地击中了申诉人要害:申诉人的损害指控缺乏法律要求的最基本条件——同类产品,从而使申诉人处于一种似乎有点无理取闹的困境。

2. 掌握确定重大损害的标准,充分举证驳斥申诉人的损害指控

根据美国反倾销法的规定,确定重大损害主要考虑进口数量、对美国同类产品价格的影响和对国内工业影响三大因素。在欧美反倾销实践中,考虑进口数量因素时,更强调进口产品市场份额的增长因素。申诉人针对美国反倾销实践中这一特点,举证着重说明中国陶瓷制品在

美国市场上仅占同类产品销售量的 1.4% 的份额。显而易见,这样小的市场份额,难以构成对美国工业的损害。被申诉人没有针对申诉人罗列的一大堆数量增加的数据进行反驳,而是抓住反倾销机构重视的市场份额问题予以反驳,这种避虚就实的抗辩技巧,运用得十分成功。它使人不得不相信被申诉人的说法:1.4% 的市场份额,根本不可能构成对美国市场的损害。

针对美国申诉人陈述的国内工业开工不足、产量下降、库存增加等情况,被申诉人指出:这种情况是由于美国国内其他材料制作的餐具日益取代本国的陶瓷餐具所致,并非进口的中国产品造成的,从而说明影响美国国内工业的真正原因是本国的其他生产商,而不是中国出口商。

3. 中国产品填补日本产品空缺,市场份额未增加,重大损害威胁不能成立

在重大损害威胁的抗辩中,被申诉人针对申诉人的指控,抓住两个关键问题予以反驳:第一,中国产品是日本产品逐渐退出美国市场而进口的,即中国产品只是取代日本产品、填补了日本产品在美国市场上的空额;第二,由于中国产品填补日本产品在美国市场上的空缺,尽管中国产品进口数量有所增加,但日本同类产品相对减少,因而在美国市场上的占有率并未增加。

被申诉人的上述两点申辩,具有较强的说服力。它有助于说服国际贸易委员会相信:(1)美国市场上并没有增加外国产品;(2)外国进口产品在美国市场上的占有率并未增加,因而没有构成重大损害威胁。

(三)国际贸易委员会的裁决

由于被申诉方提供了令人信服的资料证明,中国产品与申诉人的申诉产品并非同类产品,中国产品在美国市场上的占有率较小,且并未增加。同时对申诉人的指控,依据反倾销法进行了有力地反驳。因而,1982 年 8 月 2 日,美国国际贸易委员会以 4 票反对,1 票赞成否决了“美国餐具紧急委员会”对中国陶瓷餐具的倾销指控。根据美国反倾销程序,该案即告审理完结,终止反倾销调查。

其后,国际贸易委员会在给美国总统的报告中指出:瓷器与陶器无论在外观上还是使用上都是不同的。它们之间的竞争力是有限的。中国陶瓷餐具没有损害美国市场,美国陶瓷品厂商的困难是由于美国同行竞争造成的。

第五章　国际反倾销法成案研究(三):因果关系

——反倾销成案要素之三

第一节　倾销与损害的因果关系

一、反倾销法规定的因果关系

根据反倾销法规定,尽管一项进口产品存在倾销,或者进口国国内工业受到损害,尚不足以成为征收反倾销税的理由。只有在损害的成因是倾销所致的情况下,才能对倾销产品采取反倾销措施。这就是倾销与损害之间的因果关系问题,正如美国联邦法院大法官梅勒兹指出的:“尽管国内工业遭受损害,但这不是倾销所致,或者纵有倾销事实,但它并未构成实质性损害,这些都不应对倾销进口实施抵制或制裁。”

所谓因果关系(Causation),是指进口国国内工业与进口产品倾销之间存在某种联系。因果关系作为一个法律范畴,在传统意义上强调的是行为与后果之间的内在本质性,即行为与后果之间是一种内在的、本质的联系。

区别于刑法与其他法律门类的因果关系含义,反倾销法意义上的因果关系,只要求倾销行为与损害结果之间存在某种联系即可,至于二者之间是否内在、本质联系,是否主次关系,这对于反倾销机构采用反倾销措施来讲,是无关紧要的。法律也没有要求反倾销机构作出主次原因的区分。

关贸总协定第6条对倾销与损害之间的因果关系未作明确的、实质性规定,1967年的《反倾销守则》第3条第4款规定:“必须表明由于倾销的结果,倾销的进口货正造成本守则所指的损害。其他的因素与此同时可能也在损害该工业,但是其他因素造成的损害不应归咎于倾销的进口货。”这是国际反倾销法第一次确认倾销与损害之间的联系——因果关系。但也只是根据该条款的规定作出的推定,仍未使用“因果关系”的法律术语。

1993年结束的“乌拉圭回合”谈判,其“乌拉圭回合最终文件案文”中的《关于实施GATT 1994第6条的协定》即世界贸易组织的《反倾销协议》,是对“东京回合”通过的《反倾销守则》(1979)修改而成的法律文件。《反倾销协议》首次明确采用“因果关系”法律术语,从而正式确认因果关系是反倾销成案的构成要素之一,该协议第3条第4款规定:“它必须表明,因倾销的结果,正如本条第2款和第3款所规定的,倾销产品正在造成本守则所指的损害。表明倾销产品和对国内产业造成损害之间的因果关系,应以当局对其所拥有的全部相关证据的审查为基础。当局也应审查除倾销之外的其他已知的因素,这些因素同时正在造成对产业的损害,由其他因素造成对产业的损害不得归咎于倾销产品。”

《反倾销协议》关于因果关系的规定,主要包含下列4个层次的内容:

第一,必须考虑倾销对损害的影响,即损害与倾销之间存在一定的联系;

第二,在造成损害后果的诸多因素中,应将其他原因与倾销严格区分开来,不能将倾销之外的其他因素所造成的损害归责于倾销产品;

第三,确定倾销与损害之间因果关系的唯一依据,只能是所拥有的全部相关证据;

第四,损害由倾销所致之成因,无需区分主要、实质性原因与次要、非实质性原因。只要损害与倾销之间存在某种联系,即可确认因果关系的存在。

根据欧共体和美国反倾销法的立法解释,损害的全部原因并不意味着均是倾销产品所致，倾销产品也无需是损害的主要的、重大的或大部分的原因。反倾销机构在确认因果关系时，没有义务和责任去比较造成损害的各种原因的主次关系，只需剔除倾销之外的其他原因即可。

二、确定因果关系的因素

认定倾销与损害之间是否存在因果关系，主要考虑进口数量、价格损害以及对国内工业的冲击等三大因素。

（一）进口数量影响

在确定因果关系是否存在时主要考虑进口数量的相对增长或绝对增长，并与进口产品在市场的占有率加以比较分析；如果进口数量导致其市场份额的增加并给进口国造成损害，则因果关系存在。例如，1986年的欧共体对中国高锰酸钾反倾销案。1981～1935年，原民主德国、捷克斯洛伐克和中国出口到欧共体的高锰酸钾叠加计算，从原1243吨增加到3347吨，市场份额由51%增加到77%，欧共体认为倾销与损害之间存在因果关系。

如果进口产品相对或绝对增加，但其市场占有份额未相应增加或未对进口国造成损害，则倾销与损害之间可能不存在因果关系。

（二）进口产品的价格影响

主要考虑进口产品对进口国同类产品价格的降低或抑制影响。如果申诉人提出因进口产品迫使其削价或阻碍其价格增长的证据，而被申诉人却不能提出抗辩理由和证据，则因果关系可能确定。

在美国的反倾销实践中，由于倾销进口而导致国内生产商丧失销售订单，也可能被反倾销机构确认存在因果关系。例如，在美国对日本的硫黄反倾销案中，国际贸易委员会认为因果关系存在的一个理由是客户要求国内生产商将其价格降到与进口产品的价格水平，否则将取消订单。

（三）对国内工业的冲击

倾销进口对国内工业的影响，是确定是否存在因果关系的第三个因素。反倾销机构在审查时，主要包括对产量、销售、市场额、利润、生产能力利用率、投资回收、价格等各项经济参数实际潜在的消极作用的分析评估。如果上述经济参数指标下降是倾销所致,则二者之间的因果关系可能成立。

三、累积计算与因果关系

(一)累积计算的基本内容及由来

累积计算或叠加计算,又称“进口累加”(Cumulation),是近几年欧美国家强化反倾销措施的一种新动向。

进口累加的基本内容及做法是,进口国在确定国内工业是否遭受重大损害时,将所有来自几个国家的倾销进口产品数量累积计算,以考虑对国内工业损害的影响。

累积计算法的理论依据是基于美国和欧共体反倾销机构的如下认识:来自一个国家并达到一定数量的一项产品会给国内工业造成损害,同样该产品来自几个国家并达到同样数量也会给国内工业造成损害。

美国是进口累加方法的创导国,在1961年的一宗反倾销案中首先采用累积法。《1974年贸易法》实施时,国会确认了累积法的适用。但通过立法形式正式认可累积法的,则是《1984年贸易和关税法》。《1988年综合贸易与竞争法》进一步将累积法明确和具体化。该法规定,国际贸易委员会将累积地确定受调查的两个或更多国家进口数量的影响,如果此种产品相互竞争并且与美国国内工业同类产品相互竞争的话。

(二)累积计算的适用条件

根据欧美反倾销法及反倾销实践中的具体做法,适用累积计算须符合下列条件:

(1)不同出口国产品及进口产品与美国同类产品之间相互竞争;

(2)上列产品须在反倾销调查范围之内;

(3)上列产品应在一个合理地相互重合的时间内销售。

反倾销机构在审定来自几个国家进口产品之间及与美国同类产品相互竞争时,通常应考虑以下几个因素:

(1)产品的互换性,即几个国家进口产品之间及进口产品与进口国同类产品之间的相互替代;

(2)是否在一个合理时间内的同一市场上销售;

(3)是否存在相同或类似的分配渠道。

(三)累积计算的后果

在反倾销实践中,采用累积计算法,确定是否存在损害,意味着增加了确定损害的可能性,实际上是放宽了损害成立的条件,扩大了损害的范围,它标志着欧美国家进一步加强了非关税贸易壁垒。

累积计算方法,就其实质讲,是倾销连带责任的具体反映。因为依据欧美国家反倾销法,进口国可以同时指控几个国家的同类进口产品存在倾销。如果进口国仅仅针对一个国家的倾销产品,损害可能难以成立。但在适用累积计算的情况下,把几个国家的进口产品数量叠加计算,损害成立将是一件十分容易的事。在采用"累积计算"的情况下,只要一个国家倾销产品构成损害,则"累及"每一个国家的进口产品。即便其他国家的进口产品不存在损害,但反倾销机构仍视其产品构成损害。例如,1986年8月美国对中国的滚珠轴承反倾销案,中国产品与罗马尼亚、匈牙利的产品在质量、使用范围方面均不相同,与日本、意大利的产品不存在竞争,与美国的同类产品也不存在竞争,但美国国际贸易委员会采用累积计算方法,把中国产品与罗马尼亚、匈牙利、日本、意大利的产品累积计算,作出中国产品对美国工业存在重大损害的裁决。

由于累积计算法是在确定损害时适用,因此累积计算给因果关系的确定所带来的影响是,在对几个国家的进口产品适用累积计算的情况下,只要确定其中一个国家的倾销进口与损害之间存在因果关系,那么其他国家的倾销产品与损害之间也存在因果关系。反倾销机构就对每一个国家都采取反倾销措施,征收反倾销税。

第二节 因果关系在反倾销案中的认定

【案例一】美国对瑞典不锈钢反倾销案

(一)案情简介

1987年,美国联合生产商向美国商务部提起申诉,指控瑞典进口的无缝不锈钢管低于公平价格销售,对美国不锈钢生产业造成重大损害,诉请对瑞典进口不锈钢管征收反倾销税。

美国申诉人提出的申诉理由和事实是:(1)瑞典不锈钢管低于公平价格在美国市场上销售;(2)瑞典不锈钢管的倾销给美国无缝钢管工业造成重大损害。如投入生产的工人平均数量和每小时的工作量、工薪等均有所下降,无缝钢管业净销售额及营业利润也有不同程度下降。

美国商务部立案调查后,对瑞典不锈钢管作出低于公平价格销售的决定,自 1987 年 5 月开始,美国国际贸易委员会进行损害调查,国际贸易委员会调查证实的情况如下:

1. 1984~1986 年,以及 1987 年 1~6 月,美国国内工业主要经济指标恶化。美国无缝钢管的消费量 1984 年为 28,005 吨,1985 年为 30,678 吨。但在 1986 年降到 27,194 吨,下降了 11%;1987 年 1~6 月与 1986 年同期比较,又下降了 24%。

2. 联合生产商的无缝钢管生产量持续下降,由 1984 年的 7760 吨到 1986 年的 6900 吨,下降了 11%;1987 年中期与 1980 年中期相比又下降了 5.4%,生产能力利用率 1986 年 1~6 月为 50.9%,1987 年 1~6 月为 49%。

3. 美国国内生产商年终产品库存 1984~1986 年间为 54%,自 1986 年 6 月 30 日至 1987 年 6 月 30 日产品库存为 78.3%。

4. 在调查期间,美国国内工业工人数量减少,工人工薪、利润、净销售额均有不同程度下降。

5. 瑞典不锈钢管的进口数量 1984 年为 5726 吨,1985 年为 4592 吨,1986 年为 4866 吨。瑞典不锈钢管在美国市场上的占有率 1984 年为 20.4%,1985 年为 15%,1986 年为 17.9%,1987 年中期与 1986 年中期比较市场占有率上升。

(二)美国国际贸易委员会的裁决

经过调查和举行听证会,国际贸易委员会作出了下列内容的裁决:

1. 由于瑞典的无缝不锈钢管明显的市场占有率以及进口造成美国同类产品的价格降低,美国工业已遭受重大损害。

2. 美国无缝钢管业的重大损害与瑞典进口的无缝不锈钢管倾销进口之间存在因果关系。

（三）案情评价

本案的焦点在于，瑞典不锈钢管是否对美国工业造成重大损害？国内工业的重大损害与瑞典不锈钢管的倾销进口之间是否存在因果关系？美国国际贸易委员会裁决的依据是什么？

1. 美国国际贸易委员会裁决重大损害成立的依据

根据美国反倾销法规定，在决定重大损害是否存在时，应考虑的主要因素包括：（1）被调查商品进口的数量；（2）被调查商品对美国同类产品价格的影响；（3）被调查商品对国内工业生产商的影响。

美国国际贸易委员会依据拥有的调查资料证实：

（1）瑞典不锈钢管进口数量已对美国工业造成重大损害，在确定进口数量对美国工业的重大损害时，一方面要考虑倾销产品的绝对数量增长的情况，另一方面要考虑倾销进口产品在美国市场占有率是否过高或增长。在美国的反倾销实践中，反倾销机构通常依据倾销产品占有率的高低及增长情况，决定损害是否存在。

在本案中，瑞典不锈钢管进口数量在 1984～1986 年三年期间，并非持续增长，而是高低起伏不定，从进口的绝对数量看，增长不大，但其市场占有率始终维持在一个较高水平，最高的 1984 年为 20.4%，最低的 1985 年也为 15%，1986 年又回升到 17.9% 。按照美国经济学界的观点，进口产品在美国消费中每增加 5 个百分点，则国内工业将遭受一个百分点的损害。在通常情况下，进口产品超过 5%市场占有率的，损害可能构成。因此，尽管瑞典不锈钢管进口的绝对数量增长不大，但其市场占有率已达 15% 以上的较高水平。

（2）瑞典不锈钢管造成美国同类产品价格降低。国际贸易委员会调查材料显示：国内同类产品因受到瑞典不锈钢管低价竞争，不得不降低价格，其中，国内工业客户的 11 项订单中的 7 项订单，瑞典产品价格低于国内同类产品报价的 8%～15%，从而导致国内不锈钢管价格均有所下降。

（3）瑞典不锈钢管对国内生产者冲击较大。具体表现为：生产量持续下降，1984～1986 年下降了 11%，1987 年中期又比 1986 年中期下降 5.4%；生产能力利用率下降约 50%；产品库存量增加，1986 年 6 月 30 日到 1987 年 6 月 30 日，库存量为 78.3%，比 1984～1986 年期间的 54%

增加了24.3%;此外,工人数量减少,利润、净销售额及工薪均有不同程度下降。

上列调查资料证实,美国工业情况已经恶化,正受到重大损害。

2. 美国工业的重大损害是瑞典倾销进口造成的,美国的无缝钢管业的重大损害与瑞典倾销进口之间存在因果关系。其主要依据是:

第一,美国工业的上列恶化状况与瑞典倾销产品保持较高的市场占有率存在联系;

第二,美国同类产品价格降低是瑞典产品低价倾销所致;

第三,美国工业实际和潜在的损害是瑞典倾销进口造成的。

【案例二】美国对中国香港、中国台湾人造纤维毛衣反倾销案

(一)案情简介

1987年9月,美国针织品与运动衣联合会向美国商务部提起申诉,指控中国香港、中国台湾和韩国的人造纤维毛衣(以下简称人纤毛衣)低于公平价格在国内市场上倾销,已对美国的针织品及成衣工业造成重大损害,要求对中国台湾、中国香港及韩国人纤毛衣征收反倾销税。

美国商务部立案调查并获取了下列资料:(1)1985年美国从中国台湾、韩国、中国香港分别进口人纤毛衣318.6万打、326.3万打、112万打。总价值为6.13亿美元。(2)中国香港、中国台湾是利用中国大陆廉价人纤毛衣转口对美国出口,其价格低于其他国家同类产品向美国出口的价格,也低于其他国家同类产品向美国出口的价格,也低于其他国家出口价格。(3)申诉人提供的证据资料表明,中国香港、韩国、中国台湾对美国出口占美国市场总销售量的55%,而同期美国同类产品市场占有率下降到28%。

1990年4月,美国商务部经调查后作出初裁,认定中国香港、韩国、中国台湾人纤毛衣构成低价倾销。倾销差额分别是25%、7.17%、25.2%,并从4月27日起缴纳相当于倾销幅度的保证金,直至作出最后裁决。

美国国际贸易委员会就损害问题,对中国香港、中国台湾、韩国的人纤毛衣展开了调查。经调查确认:

(1)中国香港、中国台湾、韩国的人纤毛衣近几年来进口数量持续

增长，市场占有率到 1989 年已达 55%，已对美国市场造成损害；

(2) 中国香港、中国台湾、韩国的人纤毛衣对美国同类产品的生产者造成损害。因中国香港、中国台湾，韩国人纤毛衣的大量涌入美国，造成美国同类产品净销售额下降，库存增加，价格不同程度下降。

据此，美国国际贸易委员会裁决，中国香港、中国台湾、韩国的人纤毛衣已对美国国内工业造成重大损害。中国香港、中国台湾、韩国的人纤毛衣倾销与美国工业的损害之间存在因果关系。

(二) 案情评析

该案对中国香港、中国台湾的针纺织品产业影响较大。该案终裁对中国台湾地区征收税率为 21. 38%的反倾销税，因加征反倾销税使生产成本每年总计增加 8160 万美元；对香港的人纤毛衣征收税率为 5. 86%的反倾销税，因加征反倾销税使生产成本每年总计增加 500 万美元。

在本案中，美国国际贸易委员会对损害及因果关系的确定，是基于下列因素考虑：

1. 进口产品数量的增加对美国工业造成的损害

正如前面所述，美国反倾销机构在考虑数量影响时，一方面要考虑进口数量相对或绝对增加，另一方面尤其重视进口产品在市场上的占有率。如果倾销产品市场占有率增加或保持较高的比例，即便数量未绝对增加，损害也可能成立，倾销进口与损害之间的因果关系就可能确定。本案正是此种情况，中国香港、中国台湾、韩国人纤毛衣占美国同类产品销售总量的 55%，而美国同类产品则下降到 28%。在美国国际贸易委员会看来，中国香港、中国台湾、韩国人纤毛衣已构成对美国工业的重大损害，倾销进口与重大损害之间存在因果关系。

2. 美国国内工业的重大损害是中国香港、中国台湾、韩国的倾销进口造成的

从倾销与损害的因果关系讲，按照《反倾销协议》的规定，在确定是否存在因果关系时，应当考虑除倾销之外的全部已知因素，因倾销的结果造成对进口国工业的损害，反倾销主管部门应当以获取的全部证据资料表明因果关系的存在。

美国国际贸易委员会认为，依据调查掌握的倾销产品市场占有比

例、国内同类产品销售额下降及库存量的增加等影响因素,足以确定美国工业遭受的损害是本案中倾销进口造成的,倾销进口与损害之间具有不容置疑的关系。

在确定倾销进口与损害之间的因果关系时,《反倾销协议》、欧美反倾销法均没有规定对损害原因的“量化标准”或损害成因的主次之分。只要求有证据表明损害与倾销之间存在联系,则因果关系成立。因此,美国国际贸易委员会只需对影响因素展开调查,并对调查获取的证据资料加以审查,证明损害与倾销之间存在联系,就可以作出损害成立及因果关系存在的裁决。

第六章　反倾销实践中的运作规则

第一节　反倾销主管机构

反倾销案件,必须由反倾销法规定的机构进行管辖和审理。“乌拉圭回合”反倾销协议将反倾销主管机构称为“当局”或“调查当局”。①

根据反倾销法,欧共体与美国反倾销主管机构有所不同,其职能作用也有一定的差异。

一、欧共体反倾销主管机构

(一)欧共体委员会

欧共体委员会(The Commission)是欧共体主管反倾销的机构。欧共体委员会既是欧共体反倾销条例的立法机关,又是反倾销法的实施机关,具体负责反倾销案件。

欧共体委员会对反倾销的职权范围包括:(1)反倾销申诉受理;(2)决定反倾销申诉的立案;(3)进行反倾销案的调查;(4)对反倾销案作出裁决;(5)决定是否征收临时反倾销税;(6)确定是否接受价格承担协议;(7)建议征收反倾销税;(8)终止反倾销案及对反倾销案的复查。

---

① “乌拉圭回合最后文件协议案文”《反倾销协议》第 8 条第 6 款、第 1 款。

欧共体委员会共有 17 名委员，由成员国指定，每个成员国至少有 1 名委员，委员任期 4 年，具体负责反倾销、反补贴、保障措施及商业政策工作的是 C 局一处（Division I）。欧共体委员会不同于理事会，它代表共同体的整体利益，而不是代表各成员国自身的利益。

（二）其他机构

除欧共体委员会外，在反倾销活动中发挥作用的还有“咨询委员会”（Advisory Committee）。

咨询委员会由各成员国指派一名代表和 C 局一处负责人组成。咨询委员会的主要职能是协调有关反倾销方面的工作。正如欧共体反倾销条例（第 2423/88 号）指出：“鉴于成员国和委员会，应在有关倾销或补贴的存在，由此造成损害的资料，以及其后在共同体一级对该事件的审查方面进行合作；鉴于此目的，应在咨询委员会内进行协商。”

反倾销的立案调查及审决的有关事宜，由咨询委员会负责在成员国之间进行协调。根据欧共体的反倾销条例第 6 条第 4 款的规定咨询委员会的协调工作应特别包括：

（1）倾销或补贴的存在，以及确定倾销幅度或补贴金额的方法；

（2）损害的存在及程度；

（3）倾销或补贴的进口产品与损害的因果关系；

（4）在此情况下，对防止或救济因倾销或补贴造成损害的适当措施，以及此类措施得以有效实施的方法和手段。

在反倾销方面，最终决定是否征收反倾销税的机关，是欧共体的最高立法机关——欧共体部长理事会（The Council of Ministers）。欧共体部长理事会有权否决欧共体委员会对反倾销案件的决定，并对反倾销税的征收作出最终决定。

如果咨询委员会经协商后认为，申诉没有提供充分的证据足以证明反倾销调查是正当的，则应通知申诉人；如果有充分的证据证明提起反倾销调查是正当的，则开始正式调查。

二、美国反倾销主管机构

美国反倾销主管机构是商务部和国际贸易委员会，商务部负责倾销的确定，国际贸易委员会负责损害的确定。各自依法独立地进行反倾销调查。

（一）美国商务部

美国商务部（Department of commerce，DOC）是一个行政机关，1980年后商务部取代财政部主管反倾销事务。

反倾销方面的职能包括：

（1）受理反倾销申诉并决定是否立案调查；

（2）行使对被指控倾销进口产品的调查权；

（3）确定对被指控倾销产品是否低于公平价值销售；

（4）决定反倾销案的中止或终结调查；

（5）决定是否征收反倾销税。

反倾销具体工作由商务部下设的“国际贸易管理署”（International Trade Administration，ITA）负责。ITA直接由商务部副部长的一名助理或副助理负责。反倾销案件最终决定由商务部负责国际贸易的副部长签字批准。

（二）国际贸易委员会

国际贸易委员会（International Trade Commission，ITC），是美国一个独立的联邦机构，也是一个具有准司法性质的行政机构。

美国在1954年以前管反倾销事务的机关是财政部，它既负责倾销的确定，也负责损害的确定。其后，美国法律规定，美国财政部不再主管反倾销工作。反倾销中的倾销确定权由商务部行使，损害的确定由关税委员会负责。美国《1974年贸易法》第171条规定，将美国关税委员会改称“美国国际贸易委员会”。该委员会由6名委员组成，由总统提名，参议院批准。委员任期9年。对委员的资格要求较严格，必须具备专家水平的国际贸易知识和能有效地执行委员会职责的人，才有可能获得总统提名，并且要求来自同一政党的委员不能超过3人。

根据美国反倾销法的规定，国际贸易委员会行使下列职权：

（1）决定是否有合理证据显示对国内工业有重大损害或重大损害威胁，即判定是否存在重大损害的“合理迹象”；

（2）对反倾销案的调查权；

（3）最终确定倾销产品是否存在对国内工业造成重大损害或重大

损害威胁,即确定"事实上"是否存在重大损害。

三、欧美反倾销主管机构的主要区别

欧美反倾销法对反倾销主管机构法律地位的确认,存在着较大的差异。

从严格意义上讲,欧共体起主导作用的反倾销主管机构只有一个,即"欧共体委员会",至于欧共体的咨询委员会主要起协调作用,并不直接参与对反倾销案件的实质性处理。

美国的反倾销程序区别于欧共体的一个重要而鲜明的特点在于由依法独立行使职权的两个机构负责处理反倾销案件,即商务部负责作出倾销的决定,国际贸易委员会则负责作出损害的决定。同时,两个机构分别对倾销和损害作出的初裁和终裁,其阶段性极其明显。两机构平行受理案件,独立作出初裁和终裁,从而形成一种相互制衡关系。其中任何一个机构作出的否定性裁决,均可导致反倾销案调查的终结,而不能采取反倾销征税措施。因此,美国设置的两个反倾销机构,反映出美国传统的权力制衡思想。

第二节　美国反倾销程序规则及其实践

一、美国反倾销程序的含义及特点

美国反倾销法对反倾销案规定了较严格的法律程序,反倾销案一般要经过申诉、立案、调查、初裁、终裁等几个阶段。

1982 年 3 月 31 日经修订颁布的《美国商务部反倾销税规则》付诸实施。该规则是调查审理反倾销案的具体运作规则,对反倾销程序作出了具体的规定。

该规则对反倾销程序中的一些基本概念,诸如"程序""调查""决定""命令"等,作出了明确的释义。何为程序?根据该规则第 353 条第 11 款(A)项的规定,程序,"指从提起申诉[或根据关税法第 732 条(A)自行提起的公告的发布]直到以下最初发布:(1)结束的公告;(2)有结

束行政程序效力的否定性决定；(3)撤销命令的公告”。也就是说，反倾销程序是指自提起反倾销申诉到反倾销案调查终止的过程。

在美国法意义上，反倾销案件的立案调查和审决是按照反倾销法规定的程序规则运作。反倾销程序的主要特点集中反映在以下几个方面：

（一）反倾销程序是一套自成体系、单独的法律程序

反倾销程序既区别于行政程序，也区别于司法审判程序。从主管反倾销的商务部和国际贸易委员会来讲，属于行政机构的范畴。因而在这个意义上，反倾销程序应当属于行政程序的范围。但反倾销程序不同于行政程序，行政程序按照行政隶属关系处理行政性事务，即上级行政机关有权撤销下级行政机关不恰当的决定。而反倾销程序则有所不同，商务部和国际贸易委员会是两个平行的反倾销主管机构，他们之间完全不存在行政上的隶属关系，各自依法独立地行使其职权，彼此无权否定或撤销对方作出的决定。

反倾销程序也不同于司法审判程序。世界上大多数国家的司法审判程序，通常实行两审或两审以上的终审制，上级法院有权撤销下级法院的判决或更改下级法院的判决。而反倾销程序中的商务部和国际贸易委员会有权对倾销和损害，作出具有法律效力时终裁，除申诉人和被申诉人可申请司法复查外，任何行政机关无权撤销两个反倾销主管机构的决定。

（二）反倾销程序具有严格的时限性

美国的反倾销程序有别于欧共体反倾销程序，其时间限制较严格，尽管欧共体反倾销法对反倾销案件的审理也有时限要求，但在反倾销实践中执行得并不严格。而美国反倾销程序从申诉、立案、调查、初裁、终裁等阶段均有严格的时间规定。具体时间见表 6-1：

表 6-1　美国反倾销程序时间

调查程序	时间
申诉人向 DOC 和 ITC 提交申诉书	第 1 天
ITC 开始损害的初步审查	第 7 天

续表

调查程序	时间
DOC 开始进行公平价格调查	第 20 天
ITC 举行初步调查听证会	第 21 天
ITC 对损害作出初裁	第 45 天
DOC 向出口商寄送调查表并收集出口商对调查表的答复	第 50~75 天
DOC 对倾销进行初裁(案情复杂可延长到 210 天)	第 160 天
ITC 对损害的最终调查	第 180 天
DOC 核实出口商对调查表的答复	第 170 天
DOC 对倾销的终裁(案情复杂可延长到 250 天)	第 235 天
ITC 对损害的终裁	第 280 天

通过表 6-1 可以说明,美国反倾销程序的各个环节和步骤都按照严格的时间限制进行。

(三)两个机构同时对同一项反倾销案件进行调查审理,确立反倾销程序中的相互制衡机制

由两个平行的反倾销主管机构同时对同一项反倾销案件进行调查并完成程序,这是美国反倾销程序的一大特色。从申诉受理到反倾销案的审结,两个平行的反倾销主管机构各自依法独立地行使其职权,任何一方都有独立的决定权和否决权。例如,在申诉受理阶段,申诉人必须按反倾销法的规定向两个机构同时递交申请书;在裁决阶段,两个机构各自分别对倾销和损害作出裁决。同一项反倾销案件在商务部和国际贸易委员的相互制约和衡平条件下审理完结。制衡机制对反倾销程序的作用,体现得极其明显、充分。

二、申诉立案

(一)提起申诉的当事人

根据美国反倾销法规定,反倾销调查可以因下列两种情况提起申诉:

1. 反倾销机构自己提起调查并决定正式调查

商务部根据自己获得的资料,认为进口到美国的商品存在倾销,并

有证据资料予以证实，可以在《联邦公报》上发布"反倾销调查提起的通知"，但在反倾销实践中，由商务部自己提起并决定反倾销调查的案例十分少见。

2. 申诉人提起申诉

美国的反倾销调查，一般都由申诉人以书面的形式向反倾销机构提起反倾销调查申诉。《美国商务部反倾销税规则》第 353 条第 12 款规定，申诉人必须是"利害关系人"。换言之，申诉当事人包括所有"利害关系人"以及有关的个人、企业或组织。具体包括：

(1)美国同类产品的制造商、生产商或批发商；

(2)代表在美国同类产品的制造商、生产商或批发商有关工业的注册工会或承认的工会及其他工人团体；

(3)在美国同类产品的制造商、生产商或批发商作为主要成员的贸易或商业协会。①

世界贸易组织《反倾销协议》第 15 条第 1 款规定："代表某个第三国进行反倾销诉讼的申请应由要求诉讼的第三国当局提出。"这说明第三国政府也可以作为申诉人提起反倾销申诉。

(二)申诉书的主要内容

美国反倾销法规定，申诉书应当具备显示倾销存在和对国内工业造成重大损害的充足证据。美国《商务部反倾销税规则》第 353 条第 36 款规定申诉书应包括下列内容：

(1)申诉人的名称、地址、申诉人所代表的其他人企业或协会；

(2)申诉人所代表的工业，包括该工业内有关企业的名称；

(3)申诉人是否依其他规定寻求救济，包括 1974 年贸易法第 210 条、1979 年贸易法第 337 条至第 702 条、1962 年贸易拓展法(Trade Expansion Act of 1962)及 1974 年贸易法第 301 条；

(4)有关进口商品的详细描述，包括其技术特征、用途及海关税则中分类；

(5)出口国或原产国的名称；

(6)制造、生产或出口被调查商品企业的名称和地址；

① 1982 年《美国商务部反倾销税规则》第 353 条第 12 款。

(7)商品在本国和美国出售或要约出售的价格,或输往第三国生产成本、运输、保险费用,如申诉人不能得到外国的资料,可以提出国内生产商成本资料作适当调整;

(8)如商品来自“国家控制经济国家”,则应提交具有可比经济发展程度的市场经济国家在国内销售或出口到第三国的产品价格或其构成价值;

(9)国内销售价格是否低于生产成本,提供证据和有关情况;

(10)最近两年内(或有代表性期间内)有关进口商品的数量和价值,如商品没有现在进口到美国或进口数量不大,则是可能进口数量的资料;

(11)进口商的名称和地址;

(12)美国国内生产、制造、销售同类商品企业的名称和地址,如数量太多,则最近 12 个月少于国内生产制造和销售 2%者不予考虑;

(13)因倾销进口造成对国内工业重大损害、重大损害威胁或同种工业建立有重大阻碍的资料;

(14)如提出“紧急情况”(Critical Circumstance)则应提出下面资料:①倾销的历史;②进口人知道或应当知道低于公平价值销售;③在相当短期间内由于大量进口造成难以弥补的损害;

(15)申诉人提起申诉的其他文件。

申诉书的附本应同时提交国际贸易委员会,并同时通知被调查商品受影响国家的代表。

商务部有一种固定格式的调查问卷(Questionnaire)要求申诉人填写,其内容与申诉书的内容大致相同。

(三)申诉立案

申诉人应当同时向商务部和国际贸易委员会提交申诉书。美国商务部在收到正式申诉的 20 天内,必须对申诉是否符合要求作出决定,如果商务部认为申诉人有充分的理由和证据表明倾销的存在,应立案进行调查;如果商务部认为申诉人的申诉理由不充分或缺少确实的证据资料,可以驳回申诉,不予立案调查。无论属于上述哪一种情形均应在《联邦公报》上发布“提起反倾销调查的通知”或“撤销申诉的通知”,并简要说明理由。

美国国际贸易委员会在收到申诉书后并不审核申诉人的申诉理由是否充分，而是7天后进行初步审查。以便审核是否存在损害的“合理迹象”。如果商务部决定不受理申诉，国际贸易委员会应自动终止调查。

三、初步决定

初步决定，又称“初裁”（Preliminary Determinations）。反倾销程序中的“决定”是指“程序中的官方决定”。[①] 由于美国有两个反倾销机构负责反倾销案件的调查，因此，存在两个初裁。

（一）国际贸易委员会的初步决定

在申诉人提交申诉书的45天内，国际贸易委员会应对是否存在损害作出初步决定，这一阶段主要就是否存在损害的“合理迹象”作出初裁，国际贸易委员会应根据初步调查获取的证据资料，对是否存在重大损害、重大损害威胁或实质上妨碍了美国工业的建立，以及倾销进口是否造成损害的一个原因等问题，进行综合分析判定，然后作出损害的初步决定。

国际贸易委员会的初步决定采用多数票表决方式。如果国际贸易委员会的初步决定是否定的，反倾销程序就此终止，初步决定的通知应在《联邦公报》上发布。

（二）商务部的初步决定

在提起申诉的160天内，并在国际贸易委员会初步决定确定损害存在的条件下，商务部对被指控的倾销产品作出是否以低于公平价格在美国市场上销售的初裁，初裁应依据合理的证据资料作出。

如果初裁确定被指控的倾销产品低于公平价格销售，商务部的初步决定还应载明测定的倾销差额。

对于复杂的反倾销案件，商务部的初裁期限可以延长至210天内作出。凡有下列两种情况之一的，商务部的初裁可以延长：

（1）在作出初裁的前25天，根据申诉人请求延期的申请；

---

① 1982年《美国商务部反倾销税规则》第353条第11款。

(2)异常复杂的案件(Extraordinarily Complicated Cases)需要延长初裁期限。所谓异常复杂的案件,一般是指下列几种情况:①被指控倾销的产品进口数量大、交易方式复杂、涉及企业较多等;②调查需要更多的时间;③涉及的问题及情况特殊。

商务部应在初裁前20天将延期事项通知有关当事人,并在《联邦公报》上公布。

根据具体情况,美国商务部也可简化初裁程序,缩短初裁时间。符合缩短初裁时间的具体情况是,商务部负责官员在审查开始60天内获得资料,并将资料公开。如果申诉人或其他当事人以书面形式提出"主动放弃核查资料"的要求,以及同意商务部依据现有的资料作出初裁。在这种情况下,商务部可依据调查开始后的60天内所获得的资料,在90天内作出初裁。

在商务部作出初裁前30天,如果申诉人提出下列几种紧急情况,商务部都须及时作出决定:

(1)被指控倾销的产品在美国或其他地方有倾销行为;

(2)商品进口商已知或应该知道被调查商品以低于公平价格销售;

(3)被指控倾销的商品在短时期内大量进口。

如果商务部对上列紧急情况作出肯定性决定,则须对该商品的进口进行监督,清点、办理通关手续时须提供担保。

初裁应包括重要的事实和对法律问题的结论。

(三)初步决定的后果

商务部初裁确定被指控倾销的产品低于公平价格,商务部可下达下列命令:

(1)自《联邦公报》公布调查通知之日起,禁止该项产品进口或从海关仓库内运出;

(2)进口商在缴纳相当于倾销差额的保证金,或者提供相当于倾销差额的有效担保后,被调查产品才可以通关或从海关仓库中运出。

如果商务部的初裁是否定的,则进口商办商品的通关手续时,可不缴纳保证金或提供担保,但调查仍继续进行。

四、最终决定

（一）商务部的最终决定

在初步决定后的75天内，商务部应对被调查商品是否低于公平价格销售作出最终决定。在作出终裁前，应当事人书面延期请求，可将终裁日期推迟到135天。

最终决定前，商务部应对当事人在“问卷调查表”中提供的资料进行审核查证，商务部可以派人到出口商或被调查商品的原产国调查核实，其核查的内容包括商品交易价、数量、成本生产量各种费用，以及核对有关的原始凭证和资料。

如果出口商对商务部的调查核实不予配合，诸如不填写寄送的“问卷调查表”，问卷调查表答复不完整不全面，出口商拒绝商务部的核查工作，问题单答复的内容不准确或者资料、数据无法核实等。在出口商不予配合或不充分配合的情况下，商务部将以自己获取的“最可靠资料”作出最终决定。在美国反倾销实践中。凡属不与商务部配合的情况，将可能导致不利于出口商的终裁结果。

如果商务部对被调查产品低于公平价格销售的最终决定是肯定的，国际贸易委员会需继续调查工业损害情况，并对工业损害作出终裁，如果是否定的，反倾销案就此终止。在否定性终裁情况下，应撤销过去的暂停产品通关的决定，预收的保证金或其他担保应予退还。

商务部最终决定的内容应包括重要的事实和法律问题的说明。如果最终决定是肯定的，应载明倾销差额。

最终决定应在《联邦公报》上公布，并将决定副本送达当事人。

（二）国际贸易委员会的终裁

国际贸易委员会的初裁实际上是对工业损害的“合理迹象”作出裁决，而最终决定则是对国内工业事实上的损害作裁决。因此，可以这样说，初裁是对国内工业损害的“表象性”裁决，终裁则是对国内工业损害的“实质性”裁决。

在商务部对被调查产品低于公平价格销售的初裁是肯定的，并且最终决定也是肯定的情况下，国际贸易委员会应在商务部肯定性终裁后的45天内作出是否存在损害的终裁。如果商务部的初裁是否定的，而终裁是肯定的，则国际贸易委员会应在商务部终裁后的75天内作出工业损害的终裁。

国际贸易委员会进行调查是否存在对国内工业的损害，须收集有关的证据资料，以便作出终裁。调查的主要对象是国内工业，调查的主要方法是"问卷调查"。在案件的调查过程中，任何关系人均可提呈书面意见，根据当事人的要求，可以举行听证会。其后，国际贸易委员会依据获取的全部证据对工业损害作出终裁。

国际贸易委员会的终裁结果应在《联邦公报》上公布。

五、下达征收反倾销税令

只有在商务部或国际贸易委员会作出否定性终裁的情况下，才能终止反倾销程序，不征收反倾销税。

如果商务部和国际贸易委员会的终裁都是肯定的，则商务部在收到国际贸易委员会的终裁后7天内发布征收反倾销税令。美国各海关应依该征税令确定的倾销差额计征反倾销税。

六、反倾销行政复查

1984年前，美国对反倾销案实行年度的自动复查制。《1984年贸易与关税法》颁布后，实行当事人不请求不复查制。在当事人提出复查要求的情况下，商务部须重新调查，其复查程序主要包括复查通知、问卷调查表、核实材料、初裁、终裁等步骤。商务部对反倾销案复查后，应依其裁决下达调整、维持或撤销反倾销的命令。

在美国的反倾销实践中，反倾销征税令下达不满两年的，商务部或国际贸易委员会不可能对反倾销裁决案进行撤销复查。只有在当事人基于"情况变迁"的条件下，才可以向商务部或国际贸易委员会提出复查申诉。但进口商必须证明两年来没有低于公平价格销售，并且将来也不存在低价销售的可能。

七、反倾销司法审查

反倾销司法审查，是20世纪70年代实行的新程序规定。它标志着美国的反倾销程序更加完备和规范化。

（一）司法审查机关和司法审查的提起人

1. 司法审查机关是国际贸易法院和美国海关与专利上诉法院。如果反倾销程序中的一方当事人对商务部或国际贸易委员会的最终决定不服，可以向国际贸易法院提起诉讼。

国际贸易法院（Court of International Trade，CIT），享有独占管辖权。该法院对国际贸易问题包括贸易救济中的反倾销措施具有管辖权。

如果当事人不服国际贸易法院的判决，还可以上诉到美国海关与专利上诉法院（Court of Customs Patent Appeals，CCPA）。

2. 司法审查提起人。根据美国法律规定，凡不服商务部或国际贸易委员会最终决定的利害关系人是指出口商、进口商、国内生产厂商、贸易协会或工会等。

（二）司法审查的内容

当事人可以对下列事项向国际贸易法院提起司法审查之诉：

（1）商务部或国际贸易委员会的肯定性最终决定，即商务部作出的低于公平价格销售的肯定性最终决定；国际贸易委员会作出的重大损害、重大损害威胁或重大妨碍的肯定性最终决定；

（2）商务部或国际贸易委员会的否定性最终决定；

（3）商务部拒绝对一项反倾销申诉的立案调查；

（4）商务部终止反倾销调查的决定；

（5）国际贸易委员会对重大损害作出的决定；

（6）商务部或国际贸易委员会对行政审查的决定。

国际贸易法院对当事人提出的诉讼事项进行审查。主要审查商务部和国际贸易委员会是否“武断的、任意的、滥用自由裁量权及其他不符合法律的情况的决定”，[①]其作出的决定是否有大量的证据予以证实。

（三）司法审查程序

当事人必须在《联邦公报》上公布的商务部和国际贸易委员会的决

① 张慧龙编著：《欧美反倾销法对策》，吉林科学技术出版社、香港万里书店 1993 年版，第 70 页。

定之日起30天内提起诉讼。国际贸易法院受理后传票通知申请人（原告）。申请人（原告）须在收到传票后20天内提出申诉书。如果国际贸易法院认为申诉的理由和证据不充分或不符合法律，可以驳回起诉。

在司法审查中，国际贸易法院可以根据当事人的请求发布禁止商品通关的命令。如果国际贸易法院审查后认定商务部或国际贸易委员会的决定是“武断的、任意的、滥用自由裁量权或其他不符合法律情况”的，可以撤销商务部或国际贸易委员会的决定。

国际贸易法院的判决应在判决后10天内在《联邦公报》上公布。

八、美国反倾销程序中的其他问题

（一）听证会

根据《美国商务部反倾销税规则》第353条第47款的规定，商务部和国际贸易委员会在进行反倾销调查中，举行听证会是其采集证据资料，作出最终决定的重要方式之一。

“听证会”（Hearing）应在商务部或国际贸易委员会作出最终决定前，根据程序当事人的请求举行，听证会是为当事人提供口头陈述观点的机会，对被申诉人来讲，则是进行充分抗辩的一次重要机会。当事人提出的证据和理由，可能成为反倾销机关采取反倾销行动的重要依据。因此，当事人重视听证会是十分必要的。

听证会由指定的官员主持，听证会的记录应全文照录，并将记录副本公开。根据美国反倾销法的规定，听证会举行前一周内，当事人应向商务部部长提交听证会前说明，该说明应相互交换。在听证会中，当事人的口头陈述应限于听证会前说明中提出的问题范围，还应限制其对其他当事人提出的观点予以反驳。

如果在商务部或国际贸易委员会的初步决定中没有包括听证会的内容，则听证会的通知应在《联邦公报》上公布。

根据听证会主持官员的裁定，非程序中的当事人包括美国政府其他机构或部门的官员也可以出席听证会并陈述其观点。

在举行听证会后的规定期限内，当事人还可以提交一份听证后说明（Post Hearing Briefs），商务部长可以在任何期间要求任何人向其提供资料或观点。

（二）反倾销程序中关于资料的规定

美国反倾销法规定，反倾销机构应当向当事人提供资料，但若涉及保密性资料，则法律对其公开有一定的限制。

所谓保密性资料，就是该资料的泄露可能对提供者或资料来源者产生明显的不利影响。美国对保密性资料的提供、保护、泄密责任等，有较严格的规定，根据规定，只有取得行政保护令，当事人及其律师才能取得保密性资料，美国商务部反倾销税规则中规定了行政保护的内容，违反行政保护令的情况及违反行政保护令的法律后果。

在反倾销实践中，国际贸易委员会一般都没有透露商业专有信息之外的保密资料，《1988 年综合贸易与竞争法》要求商务部和国际贸易委员会应向当事人透露政府保密信息之外的商业专有信息。

（三）反倾销程序中的问题单（问卷调查表）

反倾销程序中，美国反倾销机构主要通过三种方式获取调查证据资料：（1）申诉人的申诉书和被申诉人的申辩书所提供的资料；（2）出口商填写的问题单（问卷调查表）；（3）派员到申诉人、出口商处进行实地调查核实，其中问题单是获取证据资料的重要方式之一。

问题单，亦称"问卷调查表"。在商务部立案调查的情况下，向出口商寄发问题单，出口商必须按规定的内容填写，并在寄发后的 30 天内填写完毕交商务部。

问题单的内容极其广泛、具体，包括出口商的综合情况，被调查商品的国内外销售的数量、价格、生产成本及各生产要素的具体数据。问题单中的有关数据是商务部确定是否低于公平价格销售的基础。因此，认真、慎重地填写问题单，是被申诉人做好反倾销应诉工作的重要环节。

第三节　欧共体反倾销程序规则及运用

欧共体反倾销案一般要经过申诉及协商、立案调查、初裁、终裁、行政复查和日落规定等几个阶段。

一、申诉及协商

欧共体反倾销条例规定，任何自然人或法人、无法人资格的社团均可以书面形式提起反倾销申诉。实践中，通常是生产商协会提起反倾销申诉。申诉人一般代表遭到倾销进口损害的共同体工业。

申诉书内容应包括倾销进口和损害存在的充分证据，并说明其理由。申诉人既可以将申诉书直接递交给欧共体委员会，也可以通过成员国将申诉书转交欧共体委员会。欧共体委员会应将申诉书的副本发送给各成员国。

一项申诉提起后应经咨询委员会协商，如果认为申诉的理由和证据充分，应正式立案调查，一旦正式立案调查，欧共体委员会应正式通知当事人包括申诉人进口商、出口商和出口国政府。立案调查通知须在《欧共体官方公报》上公布。

二、立案调查

自反倾销调查的通知在《欧共体官方公报》上公布后，即进入调查阶段。反倾销调查工作由欧共体委员会具体负责。调查活动包括下列各项内容：

(一)通过问题单调查

通过出口商填写的问题单获取证据资料，是欧共体委员会进行调查的一种重要形式。问题单由欧共体委员会发出，出口商应在收到问题单的一个月内填写完毕并寄还给“欧共体反倾销处”。问题单包括保密卷和非保密卷两类。凡属于商业秘密可放入保密卷，如客户名单、生产成本等。

问题单填写要求准确、全面及附有证据，并限期完成寄送欧共体委员会，一般自欧共体委员会寄出问题单后 37 天内填写完毕。如果出口商无正当理由逾期交付，欧共体委员会可以拒绝接受，这将可能导致问题单失去法律效力。如果出口商以正当理由提出延期交送的要求，欧共体委员会可以根据情况规定宽展期限。

(二)通过调查小组调查

欧共体委员会一般对每一项反倾销案件要成立一个 23 人的调查

组,调查组的工作主要是:调查核实当事人提供的资料;接受当事人提供的新资料;派员到申诉人、出口商、进口商处实地调查;查证核实有关账册及原始凭证;派员到第三国调查等。在反倾销实践中,欧共体派员到出口国调查的情况较少见。

(三)通过听证会调查

听证,是反倾销调查的一种重要形式。对被申诉人来讲,利用听证形式陈述其理由和事实,进行具有说服力的抗辩,以期影响调查官员,从而使作出的决定对自己有利。

在欧共体反倾销法意义上,听证并非具有强制性,任何一方没有义务必须出席听证会,而且也不能因不参加听证会而使当事人的诉讼权利受到损害。听证会通常应一方当事人的请求由欧共体委员会决定举行,举行听证会的通知须在《欧共体官方公报》上公布。

欧共体大多数反倾销案都举行听证会,但在听证会上,申诉人与被申诉人相互辩论的情况并不多见,一般都由当事人各自陈述其事实和理由。

三、初裁阶段

欧共体委员会经过调查核实后,委员会反倾销处将与咨询委员会协商,如果认为没有必要采取保护措施,则向欧共体部长理事会提交终止该反倾销调查的报告,只要理事会在一个月内未作出相反的决定,该反倾销案即告终止。

如果欧共体委员会经调查确定被调查的商品存在倾销并对欧共体某工业造成损害,同时认为征收反倾销税符合欧共体的整体利益,将会作出征收临时反倾销税的初裁。

近几年反倾销实践显示,采取征收临时反倾销税措施时,欧共体委员会更加关注欧共体利益,所谓欧共体利益,是指欧共体生产制造商与欧共体内消费者或使用者利益的衡平。在决定是否征收反倾销税时,欧共体委员会须考虑保持这两种利益的平衡。此外,对竞争的影响也属于考虑采用反倾销措施是否符合共同体利益的一个重要因素,例如,申诉人提起的反倾销申诉存在反对竞争的背景、征收反倾销税有悖于欧共体利益等,均可能成为不征收反倾销税的理由。

在作出初步决定前，欧共体委员会应征求咨询委员会意见并通知各成员国。在紧急情况下，应在通知成员国的10天内举行协商会，如果成员国要求欧共体委员会立即采取保护措施，委员会应在收到请求之日起5天内，决定是否征收临时反倾销税。欧共体委员会作出的征收临时反倾销税的决定应通知各成员国并向部长理事会报告。理事会通过合格多数的表决，可以作出与委员会相反的决定。但在反倾销实践中，欧共体理事会否定委员会征收临时反倾销税决定的情况，极为少见。

初裁征收临时反倾销税有效期为4个月，但根据出口商的要求或者欧共体委员会认为需要并且出口商不表示反对时，可再延长2个月。

在初裁征收临时反倾销税情况下，"在共同体内自由流通的有关产品的放行应以交纳相当于一定数额的临时反倾销税的保证金为条件"。①

欧共体采取征收临时反倾销税后，倾销调查仍应继续进行，各方当事人也应进一步收集资料和证据，准备更充分地抗辩。

欧共体委员会初裁决定应在《欧共体官方公报》上公布。

四、终裁阶段

欧共体委员会的终裁就应在征收临时反倾销税措施期限届满时作出。

在进行终裁前，各方当事人可以对初裁决定作进一步陈述，并可要求欧共体委员会举行听证会。欧共体终裁可能会有两种结果：(1)如经调查核实，被调查商品未存在倾销和损害，或者倾销与损害直接不存在因果关系，或者征收反倾销税不符合欧共体利益，则反倾销调查予以终止；(2)如果欧共体委员会确定存在倾销进口和重大损害，并且认为采取征收固定反倾销税符合欧共体利益时，终裁结果将是征收固定反倾销税。

如果属于第一种情况，且咨询委员会不表示异议，欧共体委员会可自行作出否定性终裁，不必通过理事会。如果属于第二种情况或者咨

---

① EEC，No. 2423/88 第11条第1款。

询委员会对第一种情况持反对意见时,欧共体委员会应在初裁征收临时反倾销税有效期届满前 1 个月内向欧共体理事会提出报告。欧共体理事会按有效多数票的原则进行裁决。按照欧共体有效多数票原则,欧共体 12 个成员国,共 76 票,54 票为有效多数。欧共体票数分配情况是英、法、德、意 4 国各 10 票,西班牙 8 票,荷兰、比利时、葡萄牙、希腊各 5 票,爱尔兰各 3 票,卢森堡 2 票。

欧共体理事会最终决定征收固定反倾销税,其有效期为 5 年。终裁应在《欧共体官方公报》上公布。至此,反倾销调查终止。

五、行政复查

(一)提起行政复查的当事人

在终止反倾销案调查一年后,下列当事人可以提出行政审查的要求:

(1)欧共体各成员国向欧共体委员会提出行政审查要求;

(2)欧共体委员会认为需要,可自行提议进行行政审查;

(3)有关当事人在提交了足以证明需要复查的情况变化的证据时,可以向欧共体委员会提出行政审查。

复审申请书应递交欧共体委员会,在收到复审申请书后欧共体委员会应通知各成员国。

(二)行政复查的程序和内容

经咨询委员会协商,认为行政审查的理由和证据是充分的,欧共体委员会将重新进行调查,即出口价格和正常价值,倾销和损害是否存在,倾销幅度是否计算正确等决定,重新进行调查复核。如果复审证明当事人提出的主张是有理由的,欧共体反倾销主管机构应对已采取的措施进行修正、撤销或废除;反之,应维持已采取的措施。

根据欧共体反倾销条例的规定,在行政审查期间,已决定实施的反倾销措施继续有效。

此外,根据欧共体法律规定,当事人不服终裁,可以向欧共体法院提出上诉,请求进行司法审查。在实践中,欧共体法院否定反倾销机构决定的情况较少。因此,当事人希冀通过司法审查胜诉的可能性微乎其微。欧共体反倾销程序各个阶段在时限要求上与美国反倾销程序比较要灵活得多，甚至并无严格的时限规定。时限的伸缩性对当事人来讲，其有利的一面是有宽余的时间准备有关的资料证据，而不利的一面则是反倾销调查拖延的时间较长，影响当事人抓住时机、作出正确的判断。

第四节 欧美反倾销实施程序情况概览

一、美国反倾销实施程序概况

(一)反倾销程序中的初步决定和最终决定评析

1980~1989 年，美国商务部和国际贸易委员会共受理反倾销案 435 件。其中，因各种原因中止或当事人撤回申诉的 109 件，最终执行征收反倾销税令的 157 件。反倾销案的初步决定和最终决定，是美国反倾销程序中的两个核心环节，初裁和终裁的结果直接导致反倾销案的最终命运。参阅表 6-2 提供的数据，可以对美国实施反倾销措施的情况有一个概略的了解。

如表 6-2 所示，1980~1989 年，在初步决定阶段，国际贸易委员会肯定性初裁 335 件，否定性初裁 78 件；商务部肯定性初裁 287 件，否定性初裁 23 件。在最终决定阶段，国际贸易委员会肯定性初裁 158 件，否定性初裁 63 件；商务部肯定性初裁 232 件，否定性初裁 25 件。据此，可作如下分析：

表 6-2 美国商务部(国际贸易管理局)和国际贸易委员会初步决定与最终决定

单位：件

年份	初步决定				最终决定			
	国际贸易委员会		国际贸易管理局		国际贸易管理局		国际贸易委员会	
	肯定	否定	肯定	否定	肯定	否定	肯定	否定
1980	18	13	10	1	10	1	6	3
1981	7	2	5	2	4	2	3	1

续表

年份	初步决定				最终决定			
	国际贸易委员会		国际贸易管理局		国际贸易管理局		国际贸易委员会	
	肯定	否定	肯定	否定	肯定	否定	肯定	否定
1982	26	19	21	2	6	0	5	1
1983	25	7	23	2	20	3	13	7
1984	44	4	31	7	29	5	19	9
1985	63	13	50	4	27	5	12	7
1986	48	11	46	2	40	3	30	9
1987	52	2	51	1	48	3	39	9
1988	13	2	13	0	11	1	8	3
1989	39	5	37	2	37	2	23	14
合计	335	78	287	23	232	25	150	63
否定比率(%)	—	18.9	—	7.4	—	9.7	—	28.5

1. 反倾销案肯定性初裁居多数,否定性初裁居少数

(1)国际贸易委员会在1980~1984年间,73%的案例为肯定性初裁;1985~1989年间,87%的案例为肯定性初裁,肯定性初裁呈上升趋势。

(2)商务部在1980~1989年间,否定性初裁仅占7.4%,而肯定性初裁高达92.6%,肯定性初裁占绝大多数。

2. 反倾销最终决定与初步决定比较

(1)商务部最终决定与初步决定前后矛盾的案例约占5%,多数案例终裁与初裁是一致的;

(2)国际贸易委员会终裁推翻初裁决定的案例约占30%,否定性终裁占28.5%。

3. 综合初裁与终裁情况,可得出以下几点结论:

第一,在美国反倾销实践中,凡立案调查的案件中,大多数反倾销案例都以反倾销机构采用反倾销保护措施而终结。这充分表明,美国利用反倾销保护措施给予国内工业救济保护的趋向十分明显。反倾销法已成为美国推行贸易保护主义的重要工具。

第二,由于国际贸易委员会终裁推翻肯定性初裁的占 1/3,误差比例为 28.5%,这就对受到不公正处罚的外国企业产生了不良后果,实际上使进行公平贸易的外国企业遭受不应有的损失。因为根据美国反倾销法规定,肯定性初裁的后果是外国进口产品须交纳相当于倾销幅度的保证金或提供担保后,才能完税通关。同时因反倾销调查,出口商需投入一定的资金和时间,并且产品销售在美国严重受阻,其造成的消极影响是巨大的。这对外国产品进入美国市场无疑是一个沉重打击。然而,因反倾销机构裁决的前后矛盾而给出口商和进口商造成的损失却无法弥补,这不能不使人怀疑美国反倾销法的公正性和公平性。而从另一个角度看,临时反倾销措施的滥用情况是相当严重的。资料表明,在被采取临时反倾销措施的 63 件案例中,终裁确定外国生产商并未给美国工业造成损害的,约占过去 10 年中反倾销案件的 14.5%。

第三,降低立案标准和初裁标准,是美国反倾销程序的一个特点。美国商务部否定性初裁之所以只有 7.4%,其中一个重要原因在于商务部具体负责反倾销事务的国际贸易管理署一般按照倾销幅度低于 1.5%,才作出否定性初裁。这样低的立案和裁决标准,将把众多的外国生产商拉入反倾销的漩涡中。同时,美国的这种做法也不符合国际反倾销法律规范,世界贸易组织的《反倾销协议》第 6 条第 8 款规定"如果倾销幅度按正常价值的百分比表示小于 2%,则该幅度被视为最小的",即最低的立案和裁决标准不应当低于 2%。

(二)反倾销程序中倾销差额的计算

在美国反倾销法意义上,倾销差额是公平价格和美国价格之间的差额。根据 1980~1989 年反倾销案统计,反倾销机构确定"美国价格"的方法主要有购买价格、出口商销售价格的结合,依据可得到的最可靠资料,确定"公平价格"的方法主要是国内价格、第三国价格、构成价格、对国家控制经济采取的价格、依据可得到的最可靠资料等。现结合表 6-3 进行分析。

表 6-3　公平价格与美国价格的适用(1980~1989 年)

美国市场价格	购买价格	出口商销售价格	购买价格和出口商销售价格	可得到的最终可靠资料	总的结果
公平价格 国内价格	32.3% (16.4)	4.4% (34.2)	8.9% (17.7)	0.0% —	45.6% (18.4)
第三国价格	5.6% (3.6)	2.4% (7.7)	1.4% (16.2)	0.0% —	9.4% (6.5)
估定价格	11.7% (14.9)	1.7% (40.9)	2.5% (16.2)	0.0% —	15.9% (17.9)
国家控制经济	9.6% (28.8)	0.0% —	0.3% (56.5)	0.0% —	10.4% (30.9)
可得到的最可靠资料	2.8% (18.4)	0.0% —	0.4% (42.2)	15.2% (70.7)	18.4% (62.1)
总计	62.0% (17.0)	8.5% (28.0)	14.0% (20.2)	15.2% (70.7)	100.0% (26.5)

注:(1)本表是公平价格与美国价格定义一览表。

(2)表中有两组数字,第一组统计数字是在 1980~1989 年所有案例中,采用美国价格中的各价格与公平价格中的各价格的组合计算出倾销幅度所占案例的比例;第二组统计数字是该组合相联系的平均倾销幅度。

(3)例示:如表中,国内价格和购买价格的组合为 32.3%(16.4),其意思:①采用购买价格确定“美国价格”和采用国内价格确定“公平价格”之组合;②采用该种组合方法占所有反倾销案例的 32.3%;③使用该种组合方法计算出的平均倾销幅度为 16.4%。

通过表 6-3 提供的数据,可作如下综述:

1. 计算倾销幅度的综合情况分析

(1)较多采用“国内价格”确定“公平价格”。在美国的反倾销调查案例中,确定“公平价格”使用最多的方法是“国内价格”,占 45.6%;其次是依据“可得到的最可靠资料”确定“公平价格”的方法,占 18.4%;以下依次是构成价格、国家控制经济方法和第三国价格。

(2)较多采用购买价格确定美国价格。占所有案例的 62.0%,其次为依据“可得到的最可靠资料”,占 15.2%。

(3)依据“可得到的最可靠资料”方法确定公平价格和美国价格计算出的倾销幅度最高为 70.7%。

(4)购买价格和国内价格是一组使用率较高的方法,在所有案例中超过32%。

(5)美国1980~1989年反倾销案例的总平均倾销幅度为26.5%。

2.计算倾销幅度的总体评价

(1)在全部组合方法中,采用"可得到的最可靠资料"方法确定公平价格和美国价格,其计算的平均倾销幅度高达70.7%,几乎比总平均倾销幅度26.5%高2倍。目前,这种组合方法已呈现广泛采用的迹象。例如,在1989年的反倾销案例中,采用该组合方计算倾销幅度的案例已超过40%。[①]

这里存在两个问题:其一,适用"可得到的最可靠资料"方法的条件是什么?其二,广泛采用该种方法计算倾销幅度说明了什么?

根据美国1979年贸易法,"当一方或任何人拒绝或不能及时以要求的方式提供所要求的资料,或严重阻碍调查时",美国反倾销机构可以采用可得到的最可靠资料方法,确定公平价格或美国价格,并计算倾销幅度。这一适用条件的缺陷和弊端是显而易见的。

第一,贸易法的规定具有相当大的弹性,从而为反倾销机构任意适用该方法提供了极大的便利,法律规定当事人必须提供反倾销机构"所要求的资料"。在这里,法律对当事人是"强制性"的,即须提供"所要求的资料";而对反倾销机构则是"选择性"的,即法律没有规定"所要求的资料"的标准和范围,而是赋予反倾销机构任意选择的权利。强制当事人去接受和适应任意性标准——"所要求的资料",这种双重法律标准的适用,对出口商来讲,是极不公平的。当事人无从了解所要求资料的具体范围,或者当事人根本无法提供反倾销机构所要求的资料,都极有可能被认定为"拒绝或不能及时"提供资料的行为,从而被适用"可得到的最可靠资料"的方法。例如,当事人缺少"所要求资料"的文件记录账册项目等,或者缺少"所要求资料"的计算设备及手段,或者没有足够的时间取得"所要求的资料"等,均可能认定为"严重阻碍调查"而受到惩罚。

---

① 英国《世界经济杂志》1990年第3期。(编者注:原著注释,因年代久远无法查询具体文章和作者信息。)

第二,“可得到的最可靠资料”是以反倾销机构“主观认定”为标准,缺乏客观性、合理性和规范性。何为“可得到的最可靠资料”,在美国反倾销实践中,当然是反倾销机构取得的、自己认为的最可靠资料。在不能从出口商处获得资料的情况下,或者认为或不愿意通过其他方式获得资料的情况下,大多数情况是从申诉人——本国生产厂商处获得的资料,而申诉人作为指控方,其提供资料的真实性、公正性和合理性是值得怀疑的。然而,反倾销机构却主观认定反倾销程序中的一方当事人——申诉人的资料是“最可靠的”,并依据被扭曲的标准计算倾销幅度,从而导致法律的天平向一方当事人——申诉人极度倾斜,这对另一方当事人——被申诉人来讲,是不公正、不公平的。“可得到的最可靠资料”的方法,其实质是赋予反倾销机构不受约束的自由裁量权,其主观随意性和不规范性十分明显。它有悖于法律的严肃性、公正性和规范性。

第三,“可得到的最可靠资料”,是对出口商的惩罚。美国反倾销专家詹姆斯·德沃待也承认,“使用可得到的最可靠资料,是为了鼓励外国企业参与倾销情况的调查。拒绝合作的企业往往受到严量处罚”。诚然,外国企业不予以合作可能要付出一定的代价,但是这种代价必须是以存在倾销为前提。如果出口商根本不存在倾销,却因各种原因“不能及时提供所要求的资料”而遭受倾销惩罚,这等于是对一个没有违反法律准则的人实施法律制裁。法律制裁的前提条件只能是当事人实施了法律禁止的行为,而不是当事人的主观态度或动机。美国反倾销法实践中的这种主观随意性裁决,只能反映出美国贸易保护主义的日益强化。

(2)依据“国家控制经济”的特别规定计算倾销幅度,是对发展中国家的一种价格歧视。美国对“国家控制经济”的国家计算倾销幅度时,采取了两种组合方法计算倾销幅度:①“国家控制经济”产品的公平价格与购买价格之组合;②“国家控制经济”产品的公平价格与购买价格及出口商销售价格结合之组合。

按照上述两种方法计算的倾销幅度均高于总平均倾销幅度,而后一种方法则高出总平均倾销幅度一倍。而“国家控制经济”平均倾销幅度高达30.9%,仅次于“可得到的最可靠资料”所计算的62.1%平均倾销幅度。在所有的方法中居第二位。

造成倾销幅度较高的主要原因在于替代国制度的适用。由于采用的替代国与发展中国家发展水平差距甚大,其产品成本高于发展中国家。用高生产成本产品价格代替低生产成本产品价格必然导致"国家控制经济"的倾销幅度普遍偏高。

例如,美国对中国的钢制丝钉反倾销案,采用韩国对美国的出口价格确定公平价格,甚至采用美国进口平均价格作为替代价格,其倾销幅度高达 51.4%。因此,抛弃反倾销法律机制中的"国家控制经济"方法,是维护自由、公平贸易的重要保障。

二、欧共体反倾销程序图示

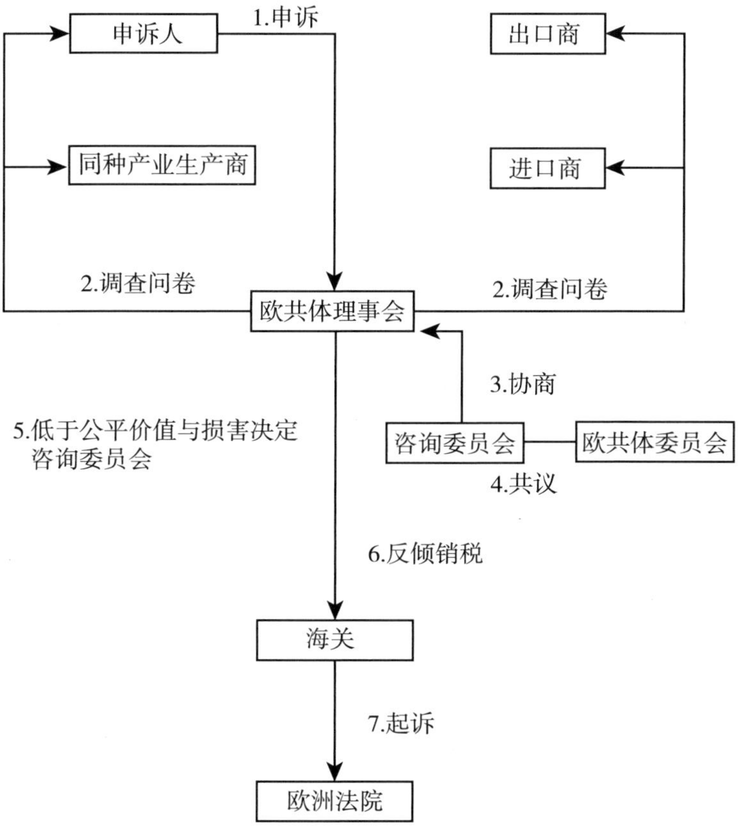

三、美国反倾销程序图示

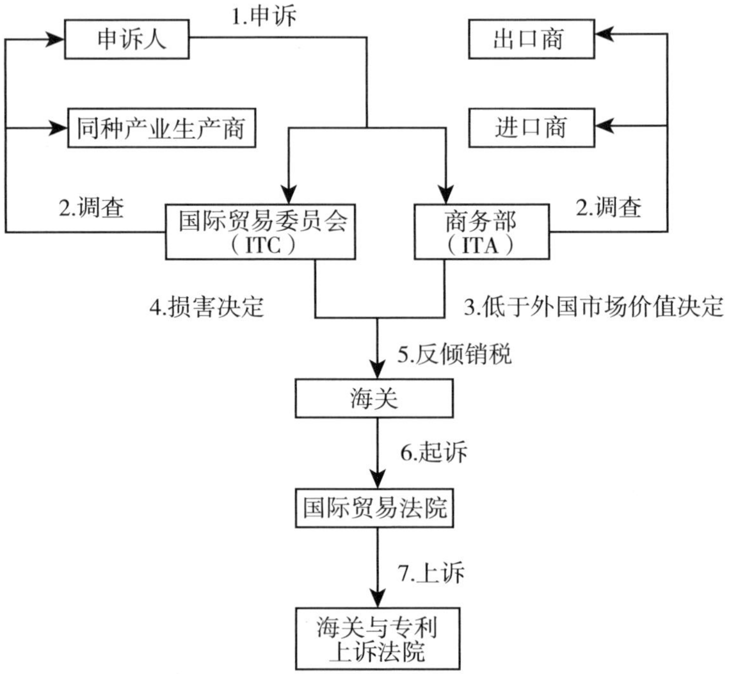

ITA——商务部国际贸易署
ITC——国际贸易委员会

四、美国反倾销调查时限图示

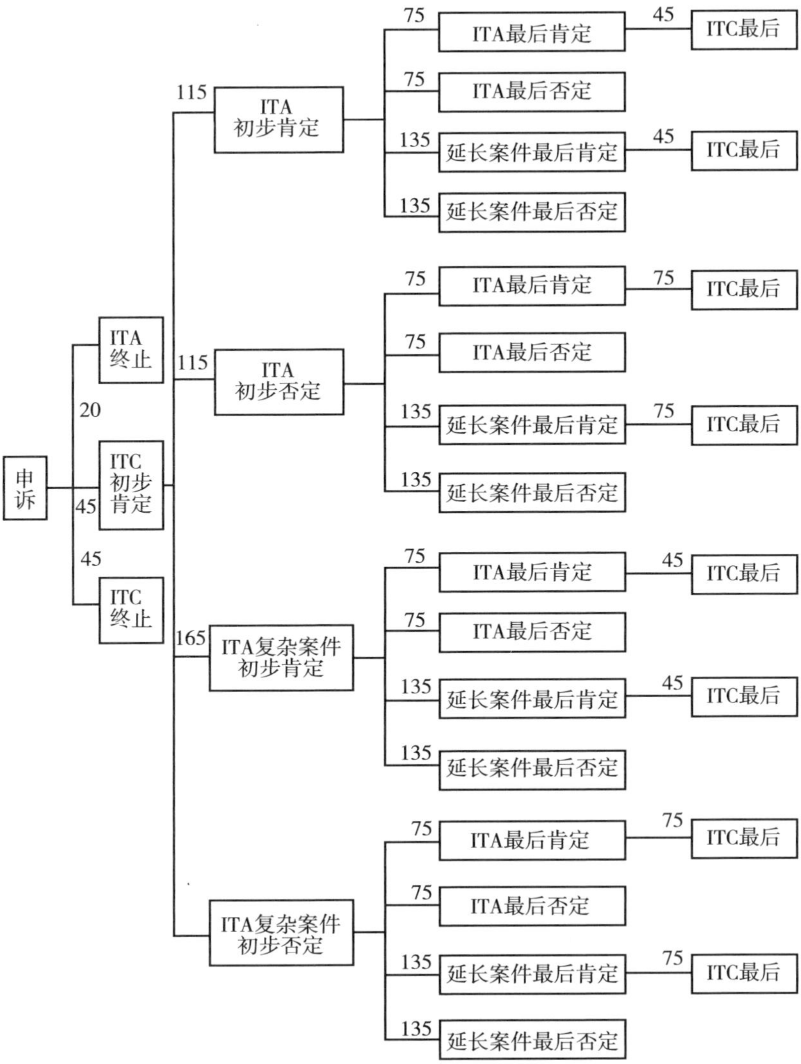

ITA——商务部国际贸易署
ITC——国际贸易委员会

第七章　反倾销案的终止

第一节　反倾销案终止的几种情况

一、反倾销案终止的含义

反倾销案的终止有广义和狭义之分，广义上，反倾销案终止不仅包括反倾销调查程序的终结，还应当包括反倾销征税令实施期满和当事人履行完毕义务承担的各项义务。因此，从广义上讲，反倾销案终止应当包括反倾销调查、行政复审、司法审查、反倾销征税令实施和义务承担协议的履行等活动的终结。狭义上，反倾销案终止仅指因各种原因终结反倾销案调查的情况。例如，申诉人撤回申诉，反倾销机构下达终止令等。因而对反倾销案终止狭义上的含义，可作如下表述：所谓反倾销案终止，是指反倾销机构依法终结反倾销案调查的情况。

本章采用反倾销终止的狭义概念，反倾销案终止包括反倾销案调查终结和反倾销案调查中止两种情况。

二、反倾销案调查终结

欧美反倾销法规定，只要符合结束反倾销调查的条件，并经反倾销机构同意或认可，即可终结反倾销调查。欧美反倾销案终结主要包括下列几种类型。

（一）申诉人撤回申诉

美国反倾销法规定，如果申诉人撤回申诉并且这种撤回不违反社会公共利益，经商务部与国际贸易委员会协商并通知所有当事人后，可在《联邦公报》上公布结束反倾销调查程序的通知。至此，反倾销案调查终结。统计资料表明[①]，在1980～1989年美国受理并立案调查的435件反倾销案中，共有32件因申诉人撤回而终结调查。其中，9件在商务部开始反倾销调查前撤回，7件在申诉人提出申诉后不久撤回，余下的18件则是申诉人与被申诉人之间在“反倾销程序外”私自达成某种协议而结束。美国反倾销专家詹姆斯·德沃特将这种结束调查的情况称为当事人之间“可能达成了某种共同勾结的协议”。

欧共体反倾销条例第2423/88号第5条第4款规定：“申诉可以撤回，在这种情况下，诉讼可以终止，除非该终止不符合共同体的利益”。可见，允许申诉人撤回申诉而终止调查，欧共体与美国的反倾销法规定是一致的。

（二）申诉被反倾销机构驳回

欧共体反倾销条例第2423/88号第5条第5款规定：“经协商后，当申诉人明显地未能提出充分证据以证明开始调查是正当时，则应将此情况通知申诉人。”换句话讲，如果咨询委员会经协商后认为，申诉人没有提供充分的证据足以证明反倾销调查是正当的，则驳回申诉人的申诉，并终止调查。

世界贸易组织的《反倾销协议》对原《反倾销守则》（1979）作了修改和补充。欧共体反倾销条例的第5条第5项的规定也被吸引成为该协议的一个新内容。“乌拉圭回合”反倾销协议第5条第8款规定：“有关当局一旦对没有充分的倾销或损害证据以证明案件程序开始感到不满意时，则应对根据本条第1款规定提出的申请予以驳回，并尽速终止调查。”

反倾销机构驳回申诉可能基于下列理由：

（1）申诉的事实和理由不充分、不准确，没有足够的证据证明发起

---

① 英国《世界经济杂志》1990年第3期。（编者注：原著注释，因年代久远无法查询具体文章和作者信息。）

调查是正当的；

(2)申诉未能达到同类产品国内生产商一定的支持程度；

(3)反倾销机构认为采取保护措施没有必要。例如，申诉不符合欧共体利益时，申诉可能被驳回。

(三)反倾销案件未达到规定的最低标准而终止

在案件进入程序后，如果反倾销机构确定倾销幅度是最小的，或者倾销产品的数量或者损害可以忽略不计时，无论事实上是否存在倾销和损害，或者潜在地存在重大损害威胁，反倾销调查都应立即终止。"乌拉圭回合"反倾销协议的这一规定表明：如果反倾销案件未能达到规定的最低标准时，应立即终止调查。"乌拉圭回合"反倾销协议第5条第8款对终止调查的最低标准，作出了具体、明确的规定，即倾销幅度和数量的最低标准：

(1)倾销幅度按正常价值的百分比表示小于2%；

(2)倾销产品的数量被确定为占进口国国内市场上相同产品不足1%，则该倾销产品的数量通常可被忽略不计，除非占进口国国内市场上相同产品不足1%的那些单个国家，其聚合性的数量超过了该市场的2.5%。

"乌拉圭回合"反倾销协议规定的数量最低标准实际上包含两层意思：其一，单个国家倾销产品数量占进口国国内市场上相同产品不足1%；其二，数量最低标准例外，按"累积计算"方法几个国家的倾销产品数量累积计算不足2.5%。

(四)因否定性初裁或否定性终裁而终止调查

由于美国有两个反倾销机构，因而制衡机制在反倾销程序中体现得异常突出。根据《美国商务部反倾销税规则》，反倾销机构在作出下列否定性决定情况下，反倾销调查程序即告终止：

(1)国际贸易委员会对损害的初步决定是否定的；

(2)国际贸易委员会对损害的最终决定是否定的；

(3)商务部对倾销的最终决定是否定的；

(4)国际贸易委员会对倾销和损害的因果关系的决定是否定的。

例如，1989年美国对中国台湾地区机车电瓶反倾销案，商务部终裁存在倾销，国际贸易委员会终裁不存在重大损害和重大损害威胁，该反倾销案即以国际贸易委员会的否定性终裁而终止。

欧共体反倾销条例同样规定，如果欧共体委员会对损害或倾销的终裁是否定的，或者对倾销与损害的因果关系的终裁是否定的，只要欧共体理事会不持相反意见，则终止反倾销调查。

（五）以采取征收固定反倾销税措施终止调查

美国反倾销法规定，当商务部和国际贸易委员会分别对倾销和损害作出肯定性最终决定时，美国商务部在《联邦公报》上发布征收反倾销税令，至此反倾销调查即告终结。

欧共体反倾销条例也规定，如果终裁确定存在倾销和损害，并存在因果关系，则以采取征收固定反倾销税而终止程序。

欧美反倾销法规定，无论采用上列何种形式终止调查，美国和欧共体都应将结果分别在《联邦公报》和《欧共体官方公报》上公布。

三、反倾销案调查中止

反倾销调查以义务承担形式而终止，这是欧美反倾销法规定的一种终结调查的形式，也是欧美反倾销实践中的一种通行做法。

义务承担（Under taking），欧共体反倾销条例称为“价格承担”（Price Undertaking）；美国反倾销法称为“中止协议”（Suspension agreement）；“乌拉圭回合”反倾销协议称为“价格承诺”。

价格承担在欧共体反倾销法中占有重要地位。据统计，近几年来，以价格承担形式终止反倾销调查的案件约占一半以上，例如，1986 年以前欧共体对中国的反倾销案计 16 件，除 3 件因无损害和因果关系被否定，1 件征收反倾销税外，其余 12 件都以价格承担形式中止调查。

美国的反倾销法规定，在一定条件下可以不征收反倾销税而中止反倾销调查。但美国对采用中止协议而中止反倾销调查的做法持谨慎态度，在反倾销实践中较少采用，在 1980～1989 年，只有 6 件案例以中止协议终结反倾销调查，绝大多数案件均以征收反倾销税而结束。

第二节　价格承担——欧共体终结反倾销调查的形式

一、价格承担的含义及法律性质

(一)价格承担的含义

正如本章第一节所述价格承担是欧共体终结反倾销调查的一种重要形式。欧共体反倾销条例对价格承担的含义并未作出明确的解释。但去年结束的“乌拉圭回合”所达成的《反倾销协议》则对价格承担作出具体、明确的解释。该协议第8条第1款规定“当收到出口商令人满意的主动承诺提高其价格或停止以倾销价格向该地区出口,从而使当局对倾销有害结果影响的消除感到满意时,诉讼程序可以暂时中止或终止而不采取临时措施或征收反倾销税”。因此,所谓价格承担,是指出口商主动承诺提高其产品价格或不再以倾销价格向欧共体出口以消除倾销的损害影响,欧共体对其承诺表示满意并予以接受后而中止调查的一种协议。

价格承担是欧共体对其工业提供保护的一种法律救济措施。它不是以征收临时反倾销税或固定反倾销税的方式对欧共体工业提供保护,而是以出口商承诺提高出口产品价格,消除倾销损害的方式对欧共体工业给予救济。

(二)价格承担的法律性质

价格承担是以正式协议形式体现,出口商与进口国之间的权利和义务由协议加以确定。从这个意义上讲,出口商与进口国之间是一种“契约关系”。但价格承担毕竟不同于普通意义上的协议或合同。其法律特点集中反映在以下几个方面:

1.价格承担必须由出口商主动作出承诺而不能由代表进口国的反倾销机构提出,更不能由申诉人提出

依照欧共体法律,如果出口商与申诉人接触并私下达成协议,将被指控违反垄断法。美国反倾销专家将这种协议称为“勾结协议”。欧共

体反倾销条例规定，反倾销机构可以提出价格承担建议，但不能主动提出价格承担的具体条件。显而易见，合同的“意思自治”原则在价格承担中几乎无法实现。传统合同法理论认为“意思自治”是合同的灵魂和核心。双方当事人彼此向对方作出订立合同的意思表示，这是“意思自治”原则最基本的要求。然而，价格承担却与之不同，它要求必须由出口商主动提出价格承担。

2. 提出价格承担具有严格的时间限制

价格承担必须在初裁后终裁前提出，而不能在初裁前或终裁后提出。对此“乌拉圭回合”反倾销协议第 8 条第 2 款明确规定：“除非进口国当局已经作肯定性的倾销和由该倾销造成损害的初步裁决，否则不得寻求或者接受出口商的价格承诺。”由此可见，价格承担提出的时间要求是：

(1) 应当在初裁后提出；

(2) 必须是对倾销的肯定性初裁及对损害的初裁后提出。

提出价格承担严格的时间要求与合同有很大的不同，合同法没有对当事人提出订立合同建议的时间作强制性规定。对合同当事人来讲，他可以在自己认为最恰当的时间向对方作出订立合同的意思表示。

3. 价格承担具有出口商单方承担义务的特点

根据欧共体反倾销法规定，价格承担必须同时满足下面两个条件，才能为反倾销机构所接受：

(1) 价格承担必须符合提高价格或停止以倾销价格向进口国出口的条件；

(2) 反倾销机构对价格承担能够消除倾销损害结果的影响，表示满意。

反倾销机构接受价格承担的上述两个条件，实际上意味着出口商承诺单方履行提高价格、停止倾销出口和消除倾销损害影响的义务。在价格承担中，并不存在义务对价或对等，反倾销机构没有履行价格承担的义务和责任。从这个角度讲，价格承担与合同差异甚大。合同的一个显著特点，就是强调双方当事人义务的对等性，合同法理论认为，当事人单方面承担合同义务，违背了合同的基本原则，是一种显失公平的合同。

4. 当事人法律地位的不平等性

反倾销机构对出口商违反价格承担的行为享有单方制裁权，欧共体反倾销条例第10条第6款规定："当一项价格承担已被撤回或委员会有理由相信其已被违反，而且共同体的利益要求做出干预时，则经协商及在已给予有关出口商评论的机会之后，委员会可以在接受价格承担前认定的事实基础上，立即适用征收反倾销税或反补贴税的措施。"

该条款的规定充分表明：在价格承担中，出口商与反倾销机构之间的法律地位是不平等的，即出口商必须承担单方义务，不得实施任何违反价格承担的行为。否则，另一方当事人——反倾销机构有权对出口商采取制裁措施，即采用征收反倾销税的措施。而在合同关系中，双方当事人的地位是平等的，即使一方违约，也不存在另一方采取强制性制裁措施的问题。

5. 价格承担是进口国对本国工业提供救济保护的替代方法

在反倾销法理论上当国内工业遭受倾销产品损害时，进口国对本国工业提供保护的法律手段是对倾销产品征收反倾销税。也就是说，进口国采用反倾销措施是基于为本国工业提供法律救济之目的。但是，采用价格承担形式同样能实现对本国工业给予法律救济之目的，因为出口商承诺提高产品价格，停止以倾销价格在进口国市场上销售，消除倾销对国内工业的损害影响。因此，价格承担只是进口国不对倾销产品征收反倾销税时的一种对本国工业提供法律救济的替代方法。

综上所述，价格承担由进口商单方主动承诺，它所具有的严格时间限制，进口商单方面承担义务，双方当事人法律地位的不平等性，以及作为反倾销措施的替代方法等特点，就把价格承担与一般的协议或合同严格区别开来。那种把价格承担视为出口商与反倾销机构之间的协议之观点，是不正确的。

二、价格承担的主要内容

（一）价格承担的提出

根据欧共体反倾销条例，价格承担应由出口商主动向欧共体委员会提出请求，但欧共体委员会也可以提出价格承担建议。

提出价格承担的时间，应当是反倾销程序中对倾销作出肯定性初裁与作出终裁前的这段时间，尽管欧共体反倾销条例没有明确规定提出价格承担的具体时间，但在反倾销实践中，通常都是在初裁后一段时间提出。同时，“乌拉圭回合”反倾销协议已明确规定应在肯定性初裁后提出价格承担。欧共体各成员国是关贸总协定的缔约国，按照共同缔结的国际条约优先适用原则，该规定同样适用于欧共体反倾销实践。反倾销法之所以规定初裁后提出价格承担，是基于以下几点考虑：

(1)从性质上讲，价格承担是取代征收反倾销税的一种保护国内工业的救济手段。它是反倾销保护措施的一种形式。根据反倾销法规定，适用反倾销措施的前提条件，必须是存在倾销和损害。因此，只能在对倾销作出肯定性初裁后，才有可能适用反倾销措施，如果在是否存在倾销尚未确定的情况下用反倾销措施，那就意味着反倾销措施的滥用。因而，价格承担只能在肯定性初裁后提出。

(2)从进口商角度讲，在反倾销机构尚未进行调查，本人未作充分抗辩申诉的情况下，就对可能并没有实施倾销行为的出口商采用反倾销措施，这是极不公平的。法律的公正性不允许对无过错的当事人实施制裁。

(3)对反倾销机构来说，其主要职责是收集资料，调查核实有关证据，确定是否存在倾销和损害，并决定是否采取反倾销措施。调查获取的证据资料，是反倾销机构作出倾销和损害裁决的基础，而对倾销和损害的肯定性裁决，则是采取反倾销措施的依据。因此，如果反倾销机构不进行充分调查，不对倾销和损害作出裁决，就接受出口商提出的价格承担，适用反倾销措施，则会被指控违反法律。

(二)价格承担的内容

根据欧共体反倾销条例第10条的规定，出口商应就下列主要问题作出承诺并采取具体步骤：

(1)出口商提高出口商品的价格，以达到足以消除倾销差额的程度；

(2)出口商在一段时间内停止倾销产品向欧共体出口以消除影响；

(3)出口商将出口产品的数量限制在一定数额内，以消除损害影响；

(4)定期提供与价格承担有关的信息资料，包括向欧共体的出口数量、价格、交易条件、支付方式、支付货币、提高价格的日期等；

(5)同意欧共体就有关资料、数据进行核实；

(6)违反价格承担的责任。

三、价格承担的生效

欧共体委员会和咨询委员会在考虑是否接受出口商提出的价格承担时，一般要考虑以下几个因素：

(1)出口商所提出的提价限度、数量限制、停止一段时间销售倾销产品是否能在一个合理时间内消除对国内工业的损害；

(2)出口商是否曾有反价格承担的历史；

(3)出口商是否有规避价格承担的可能；

(4)对执行价格承担是否有切实有效的监督检查措施；

(5)价格承担是否由出口商提出；

(6)倾销产品出口国是否允许采用价格承担终止反倾销调查。

对上列各项，如果欧共体委员会和咨询委员会均无否定意见，则价格承担被接受；如果欧共体委员会同意而咨询委员会对价格承担持异议，则价格承担应提交理事会审议，理事会在一个月内未作出否定性裁决，价格承担视为接受；如果欧共体委员会对价格承担持否定意见，则价格承担不能被接受。

价格承担一旦被接受，应在《欧共体官方公报》上公布，至此，价格承担生效，反倾销调查即告终止。

四、价格承担的期限和价格承担的法律后果

价格承担开始为1年，其后自动延长至5年届满为止。

价格承担一旦生效即具有法律约束力。出口商必须按照承诺的价格承担履行义务。根据欧共体的反倾销条例的规定，凡是下列情形之一的，欧共体委员会有权终止价格承担：

(1)出口商撤回价格承担；

(2)出口商违反价格承担，诸如未按期提供数量限制、提价未达到规定的限度等；

(3)出口商拒绝或不配合反倾销机构的监督和检查；

(4)出口商不按期提供有关资料和数据,或者提供的有关资料数据不真实、不全面;

(5)因情况变化,继续执行价格承担已不再符合欧共体利益。

凡属上列情况的,欧共体委员会终止价格承担,“迅速采取行动,利用最好的现有资料,立即采用临时措施”。① 临时反倾销措施是指:

第一,依据肯定性初裁确定的倾销差额,立即征收临时反倾销税;

第二,实施追溯征收临时反倾销税,即对自开始征收临时反倾销税之日前 90 天内进口的产品或者自违反价格承担之日起进关的产品征收反倾销税。

近几年来,欧共体委员会对履行价格承担加强了监督和检查,出口商因违反价格承担而被终止价格承担,重新调查,征收反倾销税的案件时有发生。例如 1988 年一年间,中国出口公司因违反价格承担,有 3 件被终止价格承担,征收反倾销税。其中,高锰酸钾被征收 20%的固定反倾销税,自行车链条被征收 35%的固定反倾销税,油刷、胶刷、漆刷及同类刷子被征收 69%的反倾销税。可以预料,在中国连续发生违反价格承担的情况下,欧共体对中国的价格承担案将采取更加严厉的措施。

第三节　中止协议——美国中止反倾销调查的形式

美国原倾销法的“中止协议”(Suspension agreement),类似欧共体的“价格承担”。美国反倾销法规定,在一定条件下,出口商承诺提高价格或停止倾销产品向美国出口,以消除倾销产品对美国工业损害的影响,并与美国商务部达成协议,则可以不征收反倾销税而中止一项反倾销调查。

在《1984 年贸易与关税法》实施前,中止协议并没有被视为替代反倾销税而对美国工业的一种救济手段,因而在反倾销实践中很少被采用。美国 1980~1989 年的 435 件反倾销案例中,仅有 6 件适用中止协议而中止调查。在 1980~1990 年,美国对中国的 30 件反倾销案,尚未

① 《反倾销协议》第 8 条第 1 款。

出现采用中止协议而中止反倾销调查的案例。

美国《1984 年贸易与关税法》规定，出品商可以就数量限制与美国商务部达成中止协议而中止反倾销调查。其后，美国反倾销机构对中止协议采取了更加灵活、现实的态度，《1988 年综合贸易与竞争法》又规定，"非市场经济国家"的出口商可以就数量限制与美国商务部达成中止协议而中止反倾销调查。

一、中止协议的类型

在美国反倾销实践中，基于不同的条件，可以将中止协议分为不同的类型。

（一）完全消除低于公平价值销售的中止协议

倾销，是低于公平价值（正常价值）销售的行为。制止倾销，就是采取强制措施迫使出口商以相当于或高于公平价值销售出口产品。对倾销进口采用反倾销措施也正是基于此目的。反倾销法理论认为，采用征收反倾销税措施，迫使倾销产品的出口价格相当于公平价值，即可完全消除倾销的影响。因此，应当按照倾销产品的公平价值或出口价格之间的差额——倾销幅度征收反倾销税。

完全消除低于公平价值销售的中止协议，就是指出口商承诺提高产品出口价格，其提价幅度相当于美国商务部初步决定所确定的倾销幅度（倾销差额）。例如，商务部对一项产品初步决定测定为 48%，则出口商必须承诺至少提价 48%。只有在达到这一提价幅度时，商务部才有可能接受中止协议，中止反倾销调查并不征收反倾销税。

（二）停止出口倾销产品的中止协议

"乌拉圭回合"《反倾销协议》规定，"停止以倾销价格向该地区出口，从而使当局对倾销损害结果影响的消除感到满意时，诉讼程序可以暂时中止"。① 可见在一定时期内停止向进口国出口倾销产品，同样能达到对本国工业保护的目的。

根据美国反倾销法规定，美国商务部与出口商达成中止协议，并同

① 《反倾销协议》第 8 条第 6 款。

意中止反倾销案调查,必须是出口商承诺下列停止出口条件:必须在调查中止之日起 6 个月内停止对美国出口,并保证在停止出口前期间内所出口的产品数量不能多于最近代表期间内的出口数量。

(三)消除倾销进口造成的损害影响的中止协议

美国商务部与出口商达成该协议,必须同时满足下列条件:

(1)商务部认为存在达成中止协议的“特殊情况”(Extraordinary Circumstance),即因存在特殊情况,中止反倾销调查对美国工业有利。所谓特殊情况,一般是指案件本身较复杂,涉及的生产商较多,调查费用较高,或者调查中出现了过去从未遇见的新问题等情况;

(2)能够避免因商品进口造成国内同类产品价格降低或价格抑制,即全部消除倾销产品对美国同类产品的削价或压价作用;

(3)中止协议达成后,出口商的每一批货物进口不能将价格差异高于加权平均倾销差额的 15%以上,即出口商必须承诺消除 85%以上的倾销幅度。

二、中止协议的接受

无论是上述何种类型的中止协议,美国商务部除了要求中止协议本身必须符合要求外,还要考虑其他能否接受的因素。凡不符合下列情况之一的,商务部不会接受中止协议:

(1)中止协议必须符合美国公共利益。例如,中止调查是否对美国工业产生不利影响;是否对美国消费者产生较大的副作用;是否有利于美国的对外贸易等。

(2)中止协议的执行是否具备切实有效的监督措施和有效的检查手段。如果缺乏必要而有效的监督检查措施,商务部不会接受中止协议。

(3)申诉人及案件中的其他利害关系人是否赞同采用中止协议方式中止调查。在反倾销调查中止前,美国商务部就中止调查通知申诉人及其他利害关系人,并附上中止协议草案和解释文件,说明监督执行中止协议的措施,消除倾销及损害影响的方式及办法。如果大部分申诉人和利害关系人不同意中止调查,商务部有可能不会接受中止协议。

(4)出口国 85%以上的出口商必须承担中止协议的各项义务,即出口国85%以上的从事生产经营倾销产品的生产企业及经营应承担中止协议的义务。

三、中止协议的后果和违反中止协议的责任

(一)中止协议的后果

如果美国商务部接受了中止协议,应当在《联邦公报》上发布中止反倾销调查的通知并说明中止协议的要点。同时,中止协议是在反倾销机构确定倾销和损害存在的情况下达成的。因此,如果肯定性初步决定未公布,应在发布中止调查的通知同时,一并公布初步决定。

除停止出口的中止协议外,其他内容的中止协议生效后,商品通关不应中止,过去停止通关的商品,应在中止协议公布之日起恢复通关。如果进口商曾缴纳保证金或提供担保而通关的,则应退还保证金和担保。

根据美国反倾销法的规定,中止协议的通知在《联邦公报》上公布后20天内,如果反倾销程序的当事人提出对案件调查的申请,商务部和国际贸易委员会应对该案继续调查。但在调查期间,中止协议继续有效。如果商务部或国际贸易委员会的一方作出否定性终裁,则中止协议应予撤销,反倾销调查案即告终止,如果商务部和国际贸易委员会均作出否定性终裁,仍应继续执行中止协议,商务部不得下达征收反倾销税的命令。

(二)违反中止协议的责任

从法律角度讲,尽管中止协议是出口商与美国商务部达成的一种"契约"形式,但实质上仍是出口商承诺单方面履行中止协议的各项义务。在中止协议中,并不存在美国反倾销机构对出口商承担义务的问题。因此,与其说"中止协议"是合同或协议,不如说"中止协议"是出口商单方承担消除倾销损害影响的承诺书。对出口商违反中止协议的行为,美国商务部有权采取下列措施:

(1)撤销中止协议,应立即重新调查。如果调查已经完成,应当发布一项征收反倾销税令。

(2)停止出口商的货物通关,除非进口商缴纳相当于倾销幅度的保

证金或提供担保后,始能准允货物通关。

(3)行使追溯征税权,即对公布违反中止协议通知之日前90天,或对违反中止协议后的进口货物,进行追溯征税。

(4)如果确认出口商或进口商有意违反中止协议,商务部可通知海关对出口商或进口商处以罚金。其罚金数额最高可达进口货物的金额。

第四节　反倾销实践中的价格承担

【案例一】欧共体对中国S商品反倾销案评析

(一)案情简介

1982年2月,欧共体委员会对中国S商品立案调查。其立案调查的主要理由是:

(1)中国S商品出口到欧共体的数量自1977~1982年间迅速增加,1982年与1978年比较,出口数量增加了2倍;

(2)中国S商品在欧共体市场上的占有份额增幅较大。1977年中国S商品仅占欧共体同类商品销售量的0.8%,1981年则上升到41%。

欧共体委员会公布了立案调查通知后,即向中方寄送了问题单,要求中方限期作出答复,否则可依据申诉人的单方申诉资料作出裁决,并征收4个月的临时反倾销税。

欧共体委员会经初步调查后认为,选择澳大利亚的S产品的价格作为确定非市场经济国家中国S商品的正常价值,其中价格调整的项目应扣除5%的市场流通费,计每箱S商品为13.35美元;但应加上外贸经营费0.35美元,中国S产品至欧共体边境运费为0.89美元,确定中国S商品CFR汉堡应为每箱14.58美元(S商品的正常价值),而依据澳大利亚替代国假定S商品出口价格为每箱10.86美元CFR汉堡。S商品的正常价值与出口价格的差额为3.72美元,倾销幅度为34.25%。

中方收到欧共体限期(30天)答复问题单的通知后,因时间短促,收集国内外的答复资料有一定困难，即用传真向欧共体委员会反倾销处请求延期，并派员赴欧共体委员会陈述事实和理由。其后，在规定时间内，中方派人到欧共体递交申辩书，并与欧共体委员会反倾销处谈判解决办法。中方申辩书的主要观点是：

第一，中国的S商品在国内销售较少，主要供出口。中国与澳大利亚是两个不同体制的国家，两国的经济发展水平不同，采用澳大利亚同类产品价格作为中国S产品的正常价值是不能接受的。

第二，中国产品的出口价格是依据国际市场价格制定的，主要是参考进口国的市场价格制定的。产品的出口价一般都高于生产成本。

第三，中国S产品向欧共体国家的出口数量仅占欧共体市场销售量的1%～4%，其销售价格与欧共体国家同类产品的价格基本相同，有时比欧共体产品价格略高。因此，不构成对欧共体工业的重大损害。

第四，法国和意大利是S产品的生产国，其产品主要出口到英国和德国。在1977～1980年，法国和意大利的S产品生产量不仅没有减少，而且有相当幅度的增长。法国S产品产量1980年比1977年增长247%；意大利S产品产量1980年比1977年增长约50%。由此可见，申诉人指控中国S产品倾销并对欧共体工业造成重大损害是没有理由和证据资料的。如果中国S产品对欧共体工业造成损害，就不可能出现欧共体工业生产量增长的情况。

第五，申诉人指控中国倾销S产品，造成欧共体对该产品的自给率由100%下降到31%，中方认为，造成对该产品自给率下降的真正原因在于：1978年英国、丹麦、爱尔兰正式加入欧共体后，欧共体市场发生了根本的变化。英国一直主要从澳大利亚和南非进口S产品，从两国进口量占英国年销量的75%，而中国的S产品则主要销往德国，占其年销售量不大，由于英国是欧共体S产品的主要需求国，其加入欧共体后主要从澳大利亚、南非进口，因此英国是影响欧共体对S产品自给量的重要因素。其成为欧共体成员国后，欧共体对S产品的绝对自给率自然下降，但相对自给率并未减少，并且中国S产品对英国销量很少。所以申诉人指控中国S产品造成欧共体自给率下降的理由是不能成立的。

（二）处理结果

经中方陈述理由和事实，并与欧共体委员会反倾销处谈判，欧共体反倾销机构初步认定,中国S商品存在倾销,倾销幅度为34.75%,建议中方提价以消除倾销影响。否则,欧共体将征收临时反倾销税4个月,如果终裁肯定,将征收固定反倾销税。在这种情况下,中方提出以价格承担方式中止反倾销调查,欧共体委员会接受了中方提出的价格承担。

本案价格承担的主要内容:

(1)中方承诺对S产品提价10%,提价自1983年6月30日以后对出口到欧共体的所有装船量开始生效;

(2)在此以前签订的合同约300吨不在提价范围内;

(3)提价计算基础是欧共体计算的1983~1984年度欧共体同类产品售价,该价格不应包括同类产品,生产者取得的生产补贴;

(4)如果协议限定的价格致使中国对欧共体的出口量或所占市场份额大幅度减少,出口者将保留与欧共体委员会再次协商最低限价的权利;

(5)本协议承诺者(中国出口商)声明,同意提价并接受欧共体委员会关于倾销和损害的决定;

(6)本协议有效期为1年。

(三)案情评析

本案以价格承担方式中止反倾销调查,在欧共体反倾销实践中,约50%的反倾销案以价格承担方式终结。

1. 价格承担的效应分析

(1)价格承担的正面效应,主要反映在以下几个方面:

①由于价格承担是替代征收反倾销税的一种措施,对进口商或出口商来说,采用价格承担可以避免交纳临时反倾销税和固定反倾销税,出口商只是承诺提价、限制出口数量或停止一段时间向进口国出口。结合本案,中方承诺提价10%,但中国S产品的进口商避免交纳反倾销税。从短时期看,中方和进口商没有遭受损失。

②价格承担与征收反倾销税比较,其适用的范围要小,它可以针对欧共体的某一特定地区;而征收反倾销税则有所不同,它必须适用于欧共体的整个范围。从这个角度看,适用价格承担较之征收反倾销税措施对出口商造成的消极影响要小。

③采用价格承担中止反倾销调查,对出口商有一定的好处。其一,

尽管执行价格承担,但出口商仍可以请求调查并作出终裁,这就不排除否定性终裁的可能。在这种情况下,价格承担失效,就从根本上否定了倾销。其二,出口商执行价格承担具有一定灵活性,如果市场发生变化,取消价格承担较容易;而在征收反倾销税的情况下,出品商只有在征收反倾销税2年后提出复审,而复审抗辩胜诉的可能性较小。针对本案的价格承担来说,生效期为1年,并且在市场占有份额减少的情况下,可与欧共体委员会重新协商限价。这对出口商是有利的。

④价格承担作为对进口国工业的一种救济手段,能够在短期内提供,并且不用担心败诉的风险。

⑤反倾销机构接受价格承担,对其节约调查费用、缩短调查时间有一定好处。

(2)价格承担的负面效应

第一,价格承担在肯定性初裁后提出。由于初裁是对倾销和损害的初步裁决,并不是最终的确定性认定。由此反倾销法产生了个令人困惑不解的问题:根据反倾销法的规定,反倾销措施的适用必须是依据事实上构成倾销和损害,即必须存在倾销和损害事实,并且这种事实是明确无误的、确定的。然而,价格承担作为一种反倾销措施却是在初裁对倾销和损害事实并非完全查证核实无误的情况下加以适用,这就不能不使人产生这样的疑问:反倾销法是否公正?

第二,在初裁没有完全查证核实倾销和损害事实的情况下适用价格承担,对出口商来说也是不公正的。尽管出口商主动承诺价格承担的条件,但他总是基于这样一种担心:如果不提出价格承担,可能会遭受更严厉的制裁——征收固定反倾销税。因此,虽然倾销和损害的事实还没有完全查清,出口商也没有进行充分的陈述抗辩,但出口商迫于无奈也不得不主动承诺价格承担,在这种情况下,出口商可能要承担较高的价格幅度。本案中,中方因时间短促在证据资料未充分收集的情况下,承诺10%的提价就是明显的佐证。

第三,反倾销机构对价格承担的监督和检查难度较大,由于裁量出口商是否遵守价格承担需要收集大量的信息和资料,这是一项十分复杂的工作。这也是美国很少采用中止协议的原因之一。

第四,价格承担的主要内容是提高价格、限制进口数量和出口商停止一段时间出口,无疑将对出口国的对外贸易造成较大的冲击。

第五,由于适用价格承担而不征收反倾销税,意味着进口国财政收入一定程度的减少。

2. 对本案的几点思考

(1)倾销的抗辩。倾销是出口价格低于正常价值的销售行为,是两种价格比较的结果。在本案中,否定欧共体委员会对S产品倾销的认定,关键在于依据何种方法确定S产品的正常价值。由于欧共体将中国视为"非市场经济国家"而采用替代国价格确定中国S产品的正常价值,所以中方应将抗辩的重点放在替代国的选择上。

欧共体一般按照"适当""合理"原则选择替代国。替代国的选择方法较灵活,范围也较广泛,既有发达国家,也有发展中国家作为替代国。对具体案例替代国的选择,欧共体与美国不同,一般不考虑作为替代国的市场经济国家的经济发展水平与非市场经济国家是否具有可比性,通常考虑产品的生产规模、生产水平及原材料使用的可比性。如果出口商不能提出选择替代国的具体方案及理由,一般按照申诉人提出的替代国确定该被调查商品的正常价值。在这个问题上,中方有下列几点不足之处:

①中方认为欧共体委员会确定的替代国不能接受,其理由是:中国与澳大利亚是两个不同经济体制的国家,两国的经济发展水平不同。这种抗辩恰好说明欧共体委员会的做法是妥当的。因为经济体制不同,等于承认中国是"非市场经济国家",而经济发展水平不同则不属于欧共体委员会选择替代国的考虑因素,这说明中方对欧共体的反倾销做法不太了解。

②中方不能提出选择替代国的具体方案和理由,这就使欧共体委员会选定替代国具有较大的主动性和灵活性,从而导致对中方的不利。

③中方认为S产品出口价高于生产成本因而不存在倾销。诚然,生产成本是决定正常价值的一个重要因素,但必须有一个前提,即出口国是市场经济国家。欧共体认为非市场经济国家的生产成本具有国家定价的因素,不能反映产品生产成本的真实情况。因此,中方的抗辩不可能被采用。

(2)损害的抗辩。对倾销产品采用反倾销措施,除了认定存在倾销外,还须认定损害的存在及损害与倾销之间的因果关系,欧美反倾销机构在确定倾销进口对国内工业的重大损害时,一般要考虑被调查商品的进口数量、市场占有率、对国内同类产品价格的影响、国内工业生产等因素。

针对申诉人的损害指控,全面收集有关资料及数据,特别是通过进口商了解进口国市场同类产品的销售信息及数据、申诉人的生产经营情况等,对于反驳申诉人的不实指控,影响反倾销机构的裁决,是十分重要的。

本案在这方面有成功之处。例如,用数据证实欧共体工业在1977~1980年产量不仅没有下降,反而有较大幅度的增长,从而证实申诉人的倾销指控不能成立,在S产品自给率问题上,区分绝对和相对自给率概念,说明自给率下降的原因和理由具有一定的说服力。但中方对本案损害的申辩也有不尽完备之处:市场占有率相对较小,固然能说明一定的问题。但短时期内占有率增长过猛,是一个不容忽视的因素。

(3)注重收集资料、制订具体的应诉方案,是取得应诉中主动地位的关键环节。本案反映的情况表明,因中方档案制度未建立,难以在反倾销机构规定的限期内提出有关的资料和数据,反倾销调查开始就使中方处于一种被动局面。因而无法提出具体的替代国选择方案,也难以作出有力的抗辩。

根据欧共体反倾销法规定,当事人不在规定的限期内提交问题单,反倾销机构就有权依据自己获取的证据资料进行裁决,而"自己获取的证据资料",实际上是申诉人提供的资料,其裁决的最终结果对谁有利是不言而喻的。

在承诺价格承担问题上,必须先进行有说服力的抗辩,才能争取较公平合理的提价条件。不进行充分抗辩就提出价格承担,无异于首先承认倾销和损害的存在。在这种情况下与反倾销机构谈判价格承担不可能获得较好的条件。

(4)切实履行价格承担,避免违反价格承担的严重后果。价格承担一旦公布生效后,出口商应切实履行价格承担的各项义务。欧共体反倾销实践表明,违反价格承担的后果是严重的:

第一,终止价格承担,立即恢复反倾销调查,并征收临时反倾销税;

第二,由于有违反价格承担的前科,对出口国其后采用价格承担方式中止反倾销调查将是困难的,势必严重影响出口国的对外贸易;

第三,欧共体反倾销机构对违反价格承担的重审案件,一般都采用较为严厉的态度,其最终确定的倾销幅度普遍高于价格承担前的初裁倾销幅度。

1986 年后,中国出口公司与欧共体委员会达成的 12 项价格承担中,其中 4 项因违反价格承担协议而被重审。对中国是否认真地履行价格承担,已经引起欧共体反倾销机构的特别关注。欧共体反倾销机构对中国违反价格承担的重审案件,采取了较严厉的做法。

【案例二】欧共体对中国出口公司违反价格承担的草酸重审案

从 20 世纪 80 年代初至今,中国草酸一直是被欧共体多次指控倾销的老产品。1981 年被欧共体立案调查,1982 年终裁确定草酸反倾销案成立,被征收 342%的反倾销税。5 年期满,1987 年又被指控倾销,1988 年 12 月欧共体委员会接受了中国出口公司承诺的价格承担,以此中止反倾销调查。

1990 年 8 月,西班牙的 DAVSA 公司指控中国出口公司违反价格承担,从而导致欧共体委员会终止价格承担,对中国草酸反倾销案立案重审。1991 年 11 月 28 日,欧共体理事会发布第 3434/91 终裁法规,对中国草酸征收 20.3%的固定反倾销税。

欧共体委员会终裁的主要理由是:

(1)认定中方在调查中没有给予配合。由于我国外贸体制的改革,草酸作为三类产品,各外贸公司均可经营,而价格承担的原承诺人——中国化工进出口总公司已不再经营草酸出口业务。其属下的各分公司也没有从事草酸出口业务,对于此种情况,中国化工进出口总公司理应向欧共体委员会说明情况,但却未通知欧共体委员会。而向欧共体出口草酸的其他外贸公司中,仅有某省的一家外贸公司按期填写并寄送了问题单,该外贸公司向欧共体的出口量只占中国整个出口量的 1/5,显然不具备代表性。

(2)依据可以得到的最可靠资料裁决。由于中方不按期答复问题单的问题,按照欧共体反倾销的通常做法,将此种行为的当事人视为不合作者。原则上对其以后提供的证据资料和数据不再接受,也不再考虑价格承担,而欧共体委员会“可以得到的资料”一般都是依据申诉人提供的资料进行裁决。这就对中方极其不利。

中方先是违反价格承担,调查中又不积极应诉,欧共体反倾销机构采取了较严厉的做法,向欧共体出口草酸的除中国外,还有捷克。中国草酸的出口价格高于捷克,对二者均采用印度作为替代国确定草酸的正常价值。结果捷克确定的倾销幅度为 0.01%,而中国的倾销幅度则高达 20.3%。

对本案中捷克与中国草酸倾销幅度的悬殊差距,既有欧共体委员会采用证据资料及计算的错误,但也包含有对中方不予合作而给予惩罚的因素。

本案的教训是深刻的,如何对待反倾销,认真做好应诉工作,已成为当前我国对外贸易的严峻问题。就本案来讲,中方可以通过司法审查程序,向欧共体法院提起上诉,但能否取得胜诉,结果难以预料。

附:价格承担范例(译文)

中国××公司与欧共体委员会就 PS850
商品达成的价格承担协议(译文)

布鲁塞尔,6,16,1983

代表:A 先生,B 先生

职务:中国××公司,××

同意保证:

1. PS850 CIF 欧共体边境未完税的加权平均出口价不少于:H 型号每公吨 ECU651 和 P 型号每公吨 ECU586,每公吨平均价格不少于 ECU632。

2. 采取一切必要措施避免该价格协议被来自欧共体内外的转售行为所规避。

3. 从此期间到 1983 年 9 月 15 日及随后每 3 个月,向委员会提供关于出口到欧共体的 PS850 的数量、价格、型号的表格形式的报告。这些报告将在立案后 30 日内如实提供。

4. 尽力提供欧共体委员会所需的任何资料。

5. 此价格协议的效力及于 1983 年 6 月 30 日后所有的装船货物，对于此日期前签订的合同中总量不超过 300 公吨，详细情况将在协议日后 1 个月内提供。

6. 上述各条款 1 年内有效。

7. 上面关于价格的保证是以每公吨 ECU632 的价格应被计入欧共体 PS850 生产商取得的生产补贴以内为条件，如不计算在内，此协议将不发生效力。

8. 为达成上述协议，中国××公司××正式声明接受欧共体关于"倾销"和"损害"的审查结果。

9. 由于该价格协议将导致中国出口到欧共体和其他市场产品数量大大减少，中国出口商保留与欧共体委员会协商调整最低限价的权利。

10. 进口中国生产的 PS850 不应承担较进口澳大利亚、南非的同类产品更多的不利条件。

第八章　反倾销税的征收

第一节　反倾销税的种类

一、反倾销税的概念

征收反倾销税,是进口国对倾销产品采用的一种反倾销措施,是对国内工业提供保护的一种救济手段。在进口国反倾销机构未接受“价格承担”或“中止协议”的情况下,或者因出口商违反“价格承担”或“中止协议”而被反倾销机构终止协议的情况下,如果终裁确定一项反倾销案成立,则进口国征税机关对倾销产品征收反倾销税。

一国的关税包括进口税、出口税和转口税三大类。反倾销税实际上是在进口税之外征收的一种特别税。因此,对反倾销税的含义可以用这样一句话概括:所谓反倾销税是指在进口关税之外对倾销产品课征的一种特别税。

二、反倾销税的种类

按不同的标准和方法,可以将反倾销税分为不同的种类。

(一)按征税方式分类的反倾销税

1. 从价税(Ad Value Duty)

指反倾销税按进口产品价格的固定百分比计算,在欧共体反倾销实践中,是以倾销产品到达欧共体边界的净价百分比计算。

2. 从量税(Specific Duty)

指反倾销税按倾销产品的单位为标准计算税额,在欧共体反倾销实践中,通常以欧洲货币单位表示的绝对值。

3. 综合税

也称"混合税"(Mixed Duty),是指在一定情况下,对倾销产品同时征收从价税和从量税。当欧共体反倾销机构认定出口商和进口商降低了产品的出口价格时,采用混合税征收。

4. 差价税(Variable Duty)

指按倾销产品的正常价值与倾销产品的实际进口价值之间的差额计征反倾销税。欧共体反倾销实践中的做法是:倾销产品的确定基准价(正常价值)与在欧共体内申请有关的倾销产品的实际 CIF 欧共体边界价之间(实际进口价值)的差额计征反倾销税。

(二)按反倾销程序分类的反倾销税

1. 临时反倾销税

它是反倾销程序中,反倾销机构作出肯定性初裁后征收的反倾销税,之所以将这种反倾销税称为"临时的",是因为它是根据初步测定的倾销幅度预估征收的反倾销税。如果肯定性终裁确定的税额小于初裁临时反倾销税的税额,应将多征部分退还给纳税人。

根据欧共体反倾销税条例,征收临时反倾销税的条件是:(1)倾销事实上存在;(2)具有损害的足够证据;(3)欧共体利益要求干预以避免遭受的损害;(4)成员国或欧共体委员会自己提起。欧共体委员会应在成员国提出请求后 5 日内作出是否征收临时反倾销税的决定,但欧共体理事会可以否决委员会的征税的决定。在发布征税条例后,商品通关时,进口商必须提供相当于临时反倾销税的担保。临时反倾销税的有效期为 4 个月,根据出口商的请求,可延长 2 个月。

在美国反倾销实践中,征收临时反倾销税是在反倾销机构作出肯定性初步决定时,其条件是:(1)初步确定被调查商品以低于公平价格销售;(2)存在合理证据显示倾销进口对美国工业造成重大损害或重大损害威胁。美国商务部下达征收临时反倾销税令后,进口商在办理被调查商品的通关或从海关仓库提取的手续时，必须向海关缴纳相当于临时反倾销税额的保证金或提供担保，由于美国反倾销程序的时间限制较严格，一般终裁应在初裁后的 75 天内作出，因而没有规定临时反倾销税的有效期限。

凡有下列情况之一的，临时反倾销税应予退还：

(1)在欧共体。退还临时反倾销税有两种情况：其一，欧共体委员会作出否定性终裁；其二，“临时反倾销税有效期届满，欧共体理事会还未作出固定征税的决定”。[①]

(2)在美国。退还临时反倾销税分为以下几种情况：第一，商务部作出否定性终裁；第二，国际贸易委员会作出否定性终裁。

2. 追溯征税

从严格意义讲，追溯征税不是单独的反倾销税，而是反倾销机构对倾销产品行使追溯征税权。它是反倾销实践中较为严厉的一种制裁措施。对追溯征税将在本章第二节专门介绍。

3. 固定反倾销税

指根据反倾销机构的终裁裁决确定的税率征收的一种反倾销税。反倾销机构经过调查，最终确定的事实表明在调查期间存在倾销及由此造成对国内工业的损害，即发布征收固定反倾销税令。海关依照征收反倾销税令确定的税率征收反倾销税。

由于终裁和初裁确定的倾销幅度可能不同，因而终裁后应按规定对临时反倾销税进行处理。在欧共体，进口商一般都是向海关提供银行保函来办理被征收临时反倾销税的货物之通关手续。因此，即便出现终裁与初裁倾销幅度不同，只需按固定反倾销税额及确定的起征点交纳税款即可，并不存在退还或补交反倾销税款问题。但这只是针对办理征税手续不退税而言。从法律角度讲，仍可能存在当事人额外履行纳税义务的问题，即多交了税款。换言之，事实上仍存在退税问题。正因为如此，欧共体反倾销条例规定，如果进口人能够证明课征的税额超过实际倾销差额，进口人必须在作出决定后的 3 个月内提出退税的申请。而在美国，临时反倾销税大多数情况都是以保证金的形式交缴，

---

① EEC，No. 2423/8811 条。

如果初步决定和最终决定确定的倾销幅度出现不一致时,则发生退还多交纳的反倾销税款的问题。如果初步决定时倾销幅度高于最终决定的倾销幅度,应当将高出的部分的税款退还给进口商;如果最终决定的倾销幅度高于初步决定的倾销幅度,则进口商不承担补交反倾销税的义务。

第二节　追溯征税

追溯征税,是进口国对倾销产品行使征税权的溯及既往。所谓追溯征税,是指在一定条件下,进口国可以对适用临时措施前的一段时间内的倾销产品征收反倾销税。欧共体反倾销立法、美国反倾销法和关贸总协定的《反倾销协议》都对追溯征税作出了具体的规定。

一、美国反倾销法的追溯征税

美国反倾销法规定,在紧急情况下,反倾销税具有溯及既往的效力,即可以对采用临时征税措施前 90 天内的倾销产品征收反倾销税。美国反倾销法规定的紧急情况,也就是适用追溯征税的条件,凡有下列情况之一的,可以对倾销产品溯及既往征收反倾销税:

(1)被调查产品在进口国或其他国家曾有倾销行为的历史。

(2)进口商已知或应知被调查产品以低于公平价格销售。美国反倾销实践裁量“进口商已知或应知”的尺度是,如果被调查产品的倾销幅度在 54%以上,可以判定进口商理应知道产品以低于公平价格销售。

(3)偶发性倾销,即短时期内被调查产品大量进口。一般表现为被调查产品在短时期内进口急剧增长,其增长幅度高于调查前 3 年的平均水平。

美国反倾销案例表明,短时期内大量进口是确定紧急情况的主要因素。至于“短时期”的时限标准及“大量进口”的数量标准是什么,美国反倾销法并没有具体规定,反倾销机构享有较大自由裁量权。短时期内大量进口,特别是调查期间的大量进口,将被视为“紧急情况”而被追溯征税。例如,1983 年美国对中国的高锰酸钾反倾销案。该案 9 月立案,1982 年同期向美国出口的高锰酸钾为 14.9 万磅,而调查开始后一个月输美高锰酸钾急剧增加到 50 万磅,美国商务部认定属于"短时期内大量进口",符合追溯征税条件,故中国的高锰酸钾被追溯征税 90 天。而 1991 年美国对中国闪光雷烟花反倾销案作出终裁时,申诉人提出紧急情况的主张,要求对中国烟花实行追溯征税。美国商务部认为:"鉴于未发现大量进口,我们就无需考虑是否存在倾销历史,或者考虑有理由相信或怀疑该产品的进口商知道或理应知道产品是以低于公平价值销售。"①

除紧急情况适用追溯征税外,出口商违反中止协议,也可能导致追溯征税。

二、欧共体反倾销立法的追溯征税

欧共体反倾销立法关于追溯征税与美国反倾销法的规定大致相同。根据欧共体反倾销条例,凡有下列情况之一的,可以对倾销产品追溯征收反倾销税:

(1)"存在造成损害的倾销历史或进口商知道或理应知道出口商实行倾销并且该倾销会造成损害";②

(2)"突发性的倾销,即在一个相对短的期间内出现大量的倾销进口产品,造成了损害,以至为了防止其再次发生,有必要对那些进口追溯征税";

(3)"价格承担遭到违反"。③

欧共体反倾销条例规定,追溯征税的溯及期限应是适用临时征税之日前的 90 天内。

三、《反倾销协议》的追溯征税

在追溯征税问题上,《反倾销协议》与"东京回合"《反倾销守则》(1979)比较,其内容更加广泛,条款更加具体,征税溯及期限更长。这充分表明关贸总协定更加重视和强化反倾销措施,对倾销行为采取了

---

① 张玉卿:《国际反倾销法律与实务》,中国对外经济贸易出版社 1993 年版。(编者著:原著注释,因年代久远无法查询引用具体信息。)

② EEC,No. 2423/88 第 13 条。

③ EEC,No. 2423/88 第 13 条。

更加严厉的制裁手段。

《反倾销协议》分别对 90 天追溯征税和 150 天的追溯征税作出了具体规定。

《反倾销协议》确立了追溯征税的基本原则，即"在损害最终裁定（但不是损害威胁或者对某项工业的建立有重大阻碍）作出时，或者在损害威胁最终裁决的情况下，由于缺乏临时措施，倾销产品导致了作出损害的决定时，反倾销税可以溯及既往征收，从临时措施（如果存在的话）已经适用的时候开始"。[①]

（一）临时措施前 90 天内的追溯征税

临时反倾销税 90 天内的追溯征税，适用于下列情况之一：

（1）存在造成损害的倾销历史，即被调查产品在进口国或其他国曾有倾销行为；

（2）进口商知道或应当知道出口商实施的是倾销产品，并且知道或应当知道该倾销进口会对进口国国内工业造成损害，即知道或应当知道倾销和损害；

（3）损害是由于在短时期内倾销产品的大量进入造成的，根据倾销产品的时间和数量以及其他情况（例如进口产品存在急剧增加），很可能严重损害适用固定反倾销税的补救效果。

在上列三种情况出现时，均可适用追溯征税。实际上，《反倾销协议》对临时措施前 90 天内的追溯征税的规定，完全吸收了美国反倾销法关于"紧急情况"的规定，与欧共体反倾销条例的规定也无二致。

（二）临时措施前 150 天内的追溯征税

临时措施前 150 天内的追溯征税，是《反倾销协议》新增加的一个内容。根据《反倾销协议》，凡有下列情形之一的，反倾销税的溯及效力可在临时措施前 150 天内：

（1）倾销产品是进口国国内已生效被征收固定反倾销税的同类产品，并且是被征收固定反倾销税的国家生产或出口的；

（2）被征收固定反倾销税国家的生产商或出口商对从第三国出口受到反倾销调查产品的当事人存在控制性收益。例如，他们之间存在

① "乌拉圭回合最后文件协议案文"《反倾销协议》第 10 条第 1 款。

的联属关系或补偿安排；

(3)第三国受到调查的出口产品，自开始调查后，已经大量增长，导致征收固定反倾销税，而被征收固定反倾销税国家的生产商或出口商的出口产品则相应下降，并且他们对第三国的当事人有着控制的权益；

(4)受到反倾销调查的第三国产品的生产是用已有的设备生产该产品的，即第三国用已被征收固定反倾销税产品的设备生产被调查产品的情况；

(5)倾销产品是进口国国内已生效被征收固定反倾销税的同类产品，并且是被征收固定反倾销税国家在第三国加工装配或制成成品的。

(三)追溯征税的其他规定

对临时措施前90天和150天内的追溯征税，应按下列规定执行：

(1)只要反倾销机构掌握了充分证据证实追溯征税符合条件，可以采用预扣估价税的措施。

(2)对在开始调查以前进入消费领域的产品，一般不适用追溯征税。但例外情况是：对临时措施前150天内的追溯征税情况不适用，并且对临时措施前150天内追溯征税的第一种情况，其溯及效力可到开始反倾销调查的30个月时间。

(3)在作出重大损害威胁或重大损害阻碍的裁决时，固定反倾销税只能从终裁作出那天起计征。

《反倾销协议》对违反价格承担的行为，规定可以适用追溯征税。

该协议第8条第6款规定，对违反价格承担的情况，反倾销机构可以立即采用临时措施，并可对在采用临时措施前90天内的产品征收固定反倾销税。

第三节 反倾销税的征收

一、反倾销税税额

(一)《反倾销协议》对税额的原则规定

对倾销产品征收多少反倾销税，是反倾销税的核心问题。反倾销的税额,即征税幅度,与倾销幅度是密切相关的,国际反倾销法认为,消除倾销损害,关键在于清除倾销产品的出口价格与正常价值之间的倾销差额——倾销幅度。只要采取反倾销措施消除了倾销差额,就达到了对国内工业提供救济的目的。因此,世界贸易组织《反倾销守则》第9条第3款明确规定,反倾销税的税额不得超过倾销幅度。也就是说,征收反倾销税税额的原则和标准,应当以不超过倾销幅度为限。正因为如此,各国反倾销实践的普遍做法均是以倾销幅度为基准确定征收的反倾销税税额。

(二)欧美反倾销法对反倾销税税额的规定

1. 美国的反倾销税额。美国反倾销法规定,反倾销税税额由倾销产品的外国市场价值(公平价格)与美国价格之间的差额决定。因此,外国市场价值超过美国价格的数额就是需征收的反倾销税税额。

在美国的反倾销实践中,发布反倾销税令并不必然导致反倾销税的征收,如果出口商在停止清关令下达前,对价格进行调整以消除倾销差额,即提高美国价格,则可以避免潜在的反倾销税。但如果出口商不对价格进行调整,则美国反倾销税税额也就是美国商务部最终决定的倾销差额。

2. 欧共体的反倾销税税额。欧共体在计算和确定反倾销税税额时,通常要计算和确定"倾销幅度"和"损害幅度"。在确定"倾销幅度"时,一般是正常价值超过出口价格的差额;在确定"损害幅度"时,通常考虑倾销产品市场占有率的增长幅度,倾销产品对欧共体工业造成损害的其他因素。但是在最终确定征收反倾销税税额时,以倾销幅度和损害幅度的低者为基准。例如,1991年欧共体对中国沙滩鞋的反倾销案,欧共体委员会确定该产品的倾销幅度为93.3%,损害幅度为221%。以二者的低者为基准,即以倾销幅度93.3%为基准,最终确定征收93%的反倾销税。

(三)加拿大反倾销法对税额的规定

在反倾销税税额问题上,加拿大反倾销法与美国、欧共体反倾销法的规定有所不同。

加拿大是世界上第一个制定和颁布反倾销法的国家,自1904年颁布海关关税法以来,迄今已有近100年的历史,其反倾销法律体系较为完备。为了进一步完善反倾销立法,1984年12月,加拿大颁布实施《特别进口措施法》,1985年2月,公布了该法实施细则——《特别进口措施规则》,同年11月又颁布了《加拿大进口裁决庭规则》,从而形成了加拿大反倾销法规的总体框架。

根据加拿大反倾销法,反倾销税税额原则上应等于国家税务部确定的"正常价值"与"出口价格"之间的差额,即正常价值超过出口价格的数额。加拿大反倾销法对反倾销税税额的规定,与美国、欧共体及关贸总协定的规定是一致的。

但是美国和欧共体反倾销法,没有规定反倾销税的减免,而加拿大反倾销法却对反倾销税的减免作了规定,即基于公共消费利益的考虑,可以减低或者免除反倾销税。

二、反倾销税的纳税人

(一)纳税人

谁是反倾销税的纳税义务人,反倾销法必须作出明确的规定。由于反倾销税是以倾销产品为征税对象的一种特别进口税,它的征税机构是代表进口国的海关。又因为反倾销税是在进口货物的进口环节征收,而各国海关的惯例规定是货物进口关税的纳税义务人应当是货物的收货人或持有人。正因为这个道理,各国反倾销法无例外规定,反倾销税的纳税义务人是进口商而不是出口商。

加拿大反倾销法规定,反倾销税的纳税人原则上是进口商。如果谁是进口商有疑义,最终由裁决庭裁决,进口者在纳税通知后30天内未缴税,除进口者外,从进口者购得倾销品的买者,在收到税务部纳税通知后,也是纳税义务人。

(二)反倾销税的"吸收规则"

反倾销法规定,出口商不得直接或间接替代进口商承担反倾销税的纳税义务。否则,将被征收一项额外的反倾销税。欧共体现行反倾销条例第13条第11款规定:"如果发现出口商直接或间接地承担了部分或全部的反倾销税,并且共同体的利益要求进行干预时,经协商后,应按照第11条和第12条规定的程序征收一项额外的反倾销税。”这就是所谓“税的吸收规则”(Duty absorption rules)。

所谓“反倾销税的吸收”,是指本应由进口商承担反倾销税纳税义务而由出口商部分或全部承担,即反倾销税被出口商吸收而未显示在倾销商品的价格上。美国反倾销法将“税的吸收”称为“反倾销税的补偿”。反倾销税的吸收具有下列几个特点:

1. 从纳税义务人来看,形式上纳税义务人是进口商,但实际承担反倾销税纳税义务的则是出口商。

2. 从纳税义务承担方式看,出口商替代进口商承担部分或全部反倾销税的纳税义务。既可以是直接承担方式,即出口商直接承担反倾销税的部分或全部税款;也可以是采用间接承担方式,如通过价格转移、补偿性安排形式。

3. 从征收反倾销税的效果看,尽管征收了反倾销税,但倾销产品的价格并未随征税数额增加而相应提高,从而使反倾销措施失去了应有的制裁功能。正如欧共体反倾销条例第13条第11款(3)项指出:只要调查结果表明,价格未随反倾销税的数额相应增加不是由于进口商对有关产品的成本和/或利润的降低,则价格未能上涨应被认为是反倾销税业已由出口商承担的显示。

4. 从出口商的动机看,之所以采用吸收进口商承担的反倾销税做法,其目的在于,通过税的吸收继续维持其产品低于正常价值向进口国的销售。

反倾销立法的宗旨在于通过对倾销产品征收反倾销税,提高倾销产品的价格,以消除倾销损害在进口国的影响,但是因反倾销税被出口商吸收,倾销产品的价格未相应提高,这就使征收反倾销税措施失去了应有的作用。而出口商品通过吸收反倾销税虽然使出口商为倾销付出了一定代价,但事实上倾销局面并未消失,而倾销占领市场的获利远远高于吸收反倾销税所出的代价。

对制止“税的吸收”行为,欧共体反倾销条例第13条第11款规定:“当直接有关的任何当事人递交足够的证据表明出口商已承担了税款,即受征收反倾销税约束产品向第一个独立的买主的转售价格未随着反倾销税的数额相应地增加时,对此情况应进行调查。如果出口商和进口商不能证明已缴纳反倾销税的商品在共同体市场上的价格没有提高，是因为生产成本降低或进口利润减少所致，则欧共体委员会可以推定反倾销税已被出口商吸收，从而有权对倾销商品另行额外征收反倾销附加税。以此促使倾销产品价格的提高，消除倾销进口对欧共体工业的损害影响，并补偿由出口商所承担的税款。”根据美国反倾销法，为了制止进口商从出口商处获得补偿，或者为了制止进口商与出口商之间订立补偿协议，美国海关要求进口商提交一份书面证明，以担保或保证他与外国出口商之间没有补偿协议，每一批进行特别反倾销税评估的商品都必须提供此种证明。

根据欧共体反倾销法，反倾销附加税可以追溯征税，即可以对根据欧共体第632/79号指令一直承担支付进口税义务相关联的产品征收额外的反倾销税。

三、反倾销税的征收

(一)《反倾销协议》对征税的规定

1. 当反倾销税数额是按照溯及基础估算时，最终支付反倾销税责任的裁决应在12个月内作出，最长不超过18个月。

2. 在征收反倾销税时，反倾销机构应列明出口商的名称。如果溯及产品出口商来自几个国家，可列明有关供应国的名称。

3. 任何一项反倾销税应尽快支付，一般应在终裁后90天内支付。

(二)美国反倾销法对征税的规定

根据美国反倾销法的规定，反倾销税的征收，按下列步骤进行：

1. 美国海关在接到反倾销税征收令后，应立即收集有关资料，计算每期每批进口商品的倾销差额，在6个月内开始计征。

2. 反倾销税的起征日。反倾销税的起征日一般应是停止清关日期。具体分为下列三种情况：

(1)如果国际贸易委员会最终决定倾销已对美国工业造成重大损害，应从商务部下达封关令(停止清关)之日起征收；

(2)如果国际贸易委员会最终决定有重大损害威胁，则一般应自国际贸易委员会作出决定之日起征收；

(3)如果申请人提出的“紧急情况”获准成立,则对未清关的货物的追溯征税应自作出低于公平价格决定之前的90天。

3.征收反倾销税的终止。美国反倾销实践的具体做法是,反倾销税征税令下达一年后的每12个月内,由商务部至少进行一次行政复查,核实是否仍有倾销差额存在。如果2年以上无倾销行为,出口商可向商务部提出撤销该征税令的申请,如果征税令下达3年后,商务部审核倾销产品不可能再恢复进口,或者倾销差额已被消除,或者其他适于撤销征税令的情况发生,则征税令可以撤销。反之,征税令一直生效。

(三)欧共体反倾销税的征收

1.反倾销税的征收措施和原则。主要包括以下几点内容:

(1)必须以条例形式征收反倾销税,该征税条例应在《欧共体官方公报》上公布;

(2)征税条例应特别注明征收反倾销税的数量和种类、所包括的产品、原产地国或出口国、供应商的名称;

(3)反倾销税税额不应超过临时估计的倾销幅度或终裁确定的倾销幅度,如果征收较少的税额足以消除损害,则应征收较少的税额。

2.反倾销税征收的终止,欧共体反倾销税法中关于反倾销税税额的终止有所谓“日落规定”(Sunset Provision)。根据“日落规定”,无论是价格承担还是征收反倾销税的决定,都会自生效之日起5年后像太阳落山一样自动失效。其具体做法是:在5年期届满前6个月,欧共体委员会发布一个该反倾销税或价格承担失效的通知。

如果欧共体工业认为,出口商仍存在倾销,或者反倾销税或价格承担失效后,欧共体工业仍可能遭受损害,可以书面提出重审要求。重审的程序与一个新的反倾销程序相同。由此可见,“日落规定”的真正实施是难以做到的。例如,中国的草酸和扑热息痛反倾销案,按“日落规定”到1987年届满应自动失效,但因欧共体生产商提出重审要求,故重新立案调查。

四、对“非市场经济国家”反倾销税的征收

美国和欧共体对来自市场经济国家的倾销产品采用分别征收反倾销税的办法,即对同一市场经济国家的各出口商按各自的倾销差额计

征反倾销税。而对“非市场经济国家”倾销产品的所有出口商则采用单一征收反倾销税的办法,即对“同一个非市场经济国家”的所有出口商按照单一的倾销差额计征反倾销税。

欧共体在对中国的反倾销案中,其具体做法是:按照中国所有出口公司的出口价格计算加权平均出口价,然后选择一个替代国的正常价值进行比较,从而确定一个适用于中国同类产品所有出口公司的单一倾销差额,该单一倾销差额对所有中国出口公司均有约束力。例如,1991 年欧共体在对中国沙滩鞋反倾销案的裁决中指出,该案中的反倾销税率适用于全体中国出口公司。

西方国家的“替代国制”及按单一反倾销税税率征收反倾销税的做法,是对“非市场经济国家”的歧视性规定,理所当然应遭到“非市场经济国家”的反对。近几年来,欧共体和美国对“非市场经济国家”适用单一反倾销税税率计征反倾销税的做法有所变化。例如,1991 年 5 月,美国商务部对中国烟花反倾销案中,第一次对中国出口企业分别裁决,按不同的税率分别征收反倾销税。同年 9 月,美国对中国镀铬螺母反倾销案,美国商务部首次选用我国首钢的钢材市场价格作为公平价格,第一次改变了全部采用替代国价格的传统做法。1991 年 7 月,欧共体对中国的小屏幕彩电反倾销案中,首次对我国外商投资企业实行单独裁决,即对华强三洋合资企业单独征收 7.5%的反倾销税,而对中国长城、电子和轻工公司则统一征收 13.1%的反倾销税。

在对“非市场经济国家”实行“替代国制”和单一征收反倾销税方面的上列细微变化,反映出美国和欧共体对“非市场经济国家”的歧视性反倾销措施有了一定程度的改变。然而,国际上公认的“无国别待遇”原则要真正在反倾销法中得到体现,还需要走很长一段路程。

五、反倾销税的减免和退税规定

(一)反倾销税的减免

关贸总协定的反倾销规则、美国和欧共体的反倾销法没有关于反倾销税的减免规定。从反倾销法理论上讲,倾销是一种不公平的贸易做法。倾销的不公平性集中反映在“倾销差额”上,对倾销产品征收反倾销税,其征收的反倾销税税额是正常价值和出口价格的差额——倾销差额的那一部分。反倾销法正是用这种征税措施来消除倾销的不公平性。如果对不公平的倾销差额实行减免,这等于是对倾销行为的宽容和放纵。因此,大多数采用反倾销措施的国家都不对反倾销税实行减免。

加拿大可能是实行反倾销税减免的少数国家之一。根据加拿大反倾销法的规定,基于公共消费利益的考虑,有时可以对反倾销税给予减免。这种减免一般要经过下列两个步骤:

第一,加拿大进口裁决庭经过审查,如果认为征收部分或全部反倾销税有损公共消费利益,在作出裁决后,向财政部长提出报告,并说明处理意见的事实和理由;

第二,财政部长根据进口裁决庭的意见,如果认为裁决庭的意见是正当的和必要的,可以向加拿大内阁提出减免反倾销税的建议,内阁决定后下达减免令。

(二)反倾销税的退还

欧共体反倾销税条例第 16 条对退税作了专门规定,根据该条规定,反倾销税的退还包括下列内容:

1. 退税的条件。进口商必须有证据表明其交纳的税款超过了实际的倾销幅度,在考虑到适用加权平均方法的情况下,对超过部分予以退还。

2. 提出退税申请。在反倾销机构裁决征收固定反倾销税之日起 3 个月内,或者在以征收临时反倾销税作为担保,在作出征收决定之日起 3 个月内,进口商向欧共体委员会提出退税申请,其具体运作规程是,申请者应通过放行倾销产品的成员国递交,该成员国应尽快将申请呈交欧共体委员会。

3. 欧共体委员会收到申请后,按照原调查中所使用的相同方法,特别是有关适用平均或取样技术,通过对原来调查中对输往欧共体的进口商的货物所确定的倾销幅度已发生的变化进行计算。

4. 欧共体委员会将退税的处理意见及观点通知各成员国,各成员国在收到通知后 1 个月内不表示异议,则欧共体委员会可根据其处理意见和观点作出决定。

5. 欧共体委员会在与咨询委员会协商后,应对是否退税作出决定。

第九章　国际反倾销法律机制的强化

——反规避措施的适用

第一节　国际反倾销法中的反规避措施

一、规避反倾销行为和反规避措施

欧美反倾销法理论认为，对外国倾销产品适用反倾销措施的目的在于给本国同类产品的生产者提供有效、连续的法律救济，使国内工业免受倾销行为的损害和冲击。然而，外国出口商则希冀通过廉价销售获取更大的商业利益，总是力图利用贸易方式和生产方式的变动来躲避反倾销法的管制，逃避反倾销措施的制裁。针对出口商这种规避反倾销法的行为，必须在反倾销法律机制中注入反规避强化剂——反规避措施。反规避措施就是在这种背景下应运而生的。

反规避措施的创导者应属欧共体。1968 年欧共体发布第 802/68 号条例，其中第 6 条规定："任何一个已建立的加工设施或工厂，如果从已获得的事实中有理由推断，其建立的唯一目标是规避欧共体或任何一个成员国的适用于来自特定国家之货物的规定，则在任何情况下均不考虑依第 5 条（关于原产地规则的规定）赋予如此生产之货物为生产国之货物。"该条规定的目的在于防止出口商为规避欧共体法律而将产品转移到他国生产的行为。1987年6月,欧共体立法确定了对在欧共体内生产或组装的产品课征反倾销税的权力。这一原则通常称为“改锥规则”(Screwdriver rules),或“组装规则”(Assembly rules)。1988年欧共体发布第2423/88号反倾销条例,对反规避措施作出具体的规定。

所谓规避反倾销的行为,是指出口商在其产品被确定为倾销产品并被征收反倾销税的情况下,将该产品之元器件、零部件出口到进口国或第三国再装配出口销售的行为。而所谓反规避措施是指对出口商采用规避反倾销方式出口销售的产品课征反倾销税的措施。

二、反规避措施:反倾销措施的强化剂

自1987年6月欧共体在反倾销法中引进反规避措施以来,就在国际上引起不同的看法。对反规避这一全新概念的含义、内容及其适用,各国之间存在诸多争议。不仅发展中国家对欧共体的做法提出批评,就连日本、新加坡、韩国等发达国家和新兴国家也对欧共体的做法提出了异议。不少国家认为欧共体的反规避措施违背了关贸总协定。对欧共体的反规避措施持批评态度的国家主要是基于下列理由:

(1)欧共体的反规避措施违反了关贸总协定,是对国际反倾销规则的曲解和扩展。

(2)欧共体的反规避措施违反了欧共体内部“货物自由流通”的法律,是对货物自由流通设置的一个新障碍。

(3)欧共体的反规避措施对国际投资产生了消极影响,是对向欧共体投资的外国企业的一大打击。因为投资者不得不考虑在欧共体内生产加工的产品被征收反倾销税的风险。

1990年3月,关贸总协定派出的一个特别专家小组对欧共体调查后作出一致结论,认为欧共体对使用进口部件在欧共体组装的产品课征反倾销税违反关贸总协定的规则,该结论得到了关贸总协定理事会的批准。其主要内容是:

第一,欧共体依据反规避条款对在欧共体内组装或生产的产品征税,不符合关贸总协定第3条第2款的规定(关于内地税或内地费用的规定);

第二，欧共体以限制在组装生产中使用非欧共体零部件或材料的方式来中止反规避诉讼程序，违反了关贸总协定第 3 条第 4 款的国民待遇原则；

第三，关贸总协定第 20 条(d)项(一般例外中关于加强法律的规定)并非欧共体适用反规避措施的法律依据。

尽管关贸总协定对欧共体的反规避措施作出了结论，但由于美国《1988 年综合贸易与竞争法》的实施，而该法对反倾销和反补贴作了广泛的修正，其中最引人注目的便是该法增加的第 781 节“规避反倾销和反补贴税命令的行为的防止”，从而将反规避措施全面地引入了美国的法律。

美国是反规避措施的鼓吹者和推行者。虽然美国的反规避立法受欧共体反规避措施的影响和启迪，然而却有“青出于蓝而胜于蓝”之势。与欧共体的反规避措施规则比较，美国的反规避立法更加具体、完备，它针对出口商已使用的或可能使用的规避办法制定了相应的反规避法律对策。正如美国的一些反倾销专家所指出的那样，“反规避条款可能给反倾销反补贴法律机制——美国进口救济的中流砥柱——注入了润滑剂，甚至强化了这些法律的适用”。①

由于美国、欧共体坚持反规避措施的适用，关贸总协定成员方之间一时难以形成共识，只能将该问题留待“乌拉圭回合”谈判中解决。1994 年结束的“乌拉圭回合”达成的《反倾销协议》，已经将反规避措施正式纳入关贸总协定的规则范围，这就表明，反规避措施已用国际法律规范的形式确定下来。

三、《反倾销协议》的反规避措施

《反倾销协议》增加反规避措施的内容，可能是美国和欧共体争取到的一个谈判成果。该协议第 12 条对规避问题作出专门规定。

该协议规定的反规避措施包括临时措施和最终措施，并对这两种措施的适用条件和范围作了严格的规定。

---

① 《中外法学》1991 年第 6 期。(编者注：原著注释，因年代久远无法查询作者和文章具体信息。)

（一）反规避临时措施的适用条件和范围

对加工或装配活动中使用的进口零部件采用反规避临时措施——征收临时反倾销税，必须同时满足下列条件：

1. 在进口国用该零部件加工或装配的产品被征收最终反倾销税（固定反倾销税）的产品是相同产品。

2. 在进口国加工装配相同产品的当事人与该产品被征收最终反倾销税的出口商或进口商有关系，或者代表他们从事活动。例如，当事人与出口商或进口商的契约关系、经济或贸易代理等。

3. 从事产品组装的零部件来源于被征收最终反倾销税的出口商或生产商、历史上一贯向出口商或生产商供应此类零部件的供应商、代表出口商或生产商从事活动的供应商。

4. 自出口商或生产商的产品被征收最终反倾销税以来，在进口国的加工装配活动已经开始或者大大扩展，并且供应加工装配活动使用的零部件的进口已经大量增加。

5. 进口零部件的总成本高于组装产品所使用的全部零部件总成本的 70%。

6. 在进口国加工装配的组装产品的销售价格低于原先被征收最终反倾销税的相同产品的正常价值。

在符合上列 6 个条件的情况下，进口国反倾销机构可以作出存在倾销证据的裁决，并可以采用反规避临时措施——征收临时反倾销税。

（二）反规避最终措施的适用条件和范围

根据《反倾销协议》第 12 条第 2 款的规定对加工装配活动中使用的进口零部件采用反规避最终措施，除了应当具备反规避临时措施的全部条件外，还应当具备另外一个条件，即"有证据表明在适用最终反倾销税范围之内的所有这些零部件，对防止或消除对国内工业继续造成损害或重新生产损害是必要的"。

换句话讲，在具备了反规避临时措施的 6 个条件的情况下，只要进口国有充分证据证明为防止或消除对国内工业损害或重新发生损害而采取征收最终反倾销税是必要的，即可采用反规避最终措施。

（三）规避反倾销税的规定

根据《反倾销协议》，反规避临时措施具体表现为征收临时反倾销税,其征收的临时税税额不应超过有效的最终反倾销税。反规避最终措施表现为征收最终反倾销税,其征收的最终反倾销税税额,应是组装制成品的销售价格与原被征收反倾销税相同产品的正常价值之间的差额。

第二节　美国反规避措施立法

美国的反规避措施立法集中反映在《1988年综合贸易与竞争法》中的反规避条款,即第781节分别规定的4个条款,并授权商务部对其发布的反倾销命令的范围加以界定。

一、反规避措施的范围

(一)在美国制成或装配的商品

根据《1988年综合贸易与竞争法》第781节(a)项,是否把在美国制成或装配的商品(以下简称组装品)所使用的进口零部件纳入被征收反倾销税产品的范围,美国商务部享有自由裁量权。商务部在决定将组装品所使用的零部件纳入被征收反倾销税产品的范围时,应当符合下列两个条件:

第一,该零部件必须是从被征收反倾销税产品的国家进口的;

第二,在美国出售的组装品的价格和进口的零部件的价格之间的差额较小。对差额较小的标准,法律并没有作出具体的量化规定,而是由商务部自由裁量。

商务部在作出决定时,还必须考虑下列因素:(1)是否属于正常贸易方式;(2)被征收反倾销税产品的出口商或生产商与组装品的当事人是否有联系;(3)自产品被征收反倾销税以来,从倾销产品国家进口的零部件是否大量增加。

商务部在作出决定前,应当将决定方案通知国际贸易委员会,并考虑国际贸易委员会提出的建议。

(二)在其他国家制成或装配的商品

根据《1988年综合贸易与竞争法》第781节(b)项,在其他国家制成或装配的商品，主要是针对下列两种规避反倾销的情况：

第一，被征收反倾销税的产品，其出口商将该产品所使用的零部件转移到第三国制成或装配成组装品，然后以第三国的产品向美国出口。这种情况与第781节(a)项的规定相似，即与在美国制成或装配的商品的情况类似。

第二，被征收反倾销税的产品，其出口商将该产品运往第三国进一步加工装配后再出口到美国的行为。

不论属于上列哪一种情况，美国商务部在作出决定时，都必须符合第781节(a)项规定的2个条件及考虑的3个因素。

(三)商品的细小变化

根据《1988年综合贸易与竞争法》第781节(c)项，一项产品被征收反倾销税后，出口商为了使出口到美国的该产品脱离被征税产品的范围，将该产品进行细微加工，对其形状和外表作细小改变，然后再向美国出口，如果美国商务部认为这种细小变化是为了规避反倾销税，则可将经过细小改变或加工的产品纳入原被征收反倾销税产品的范围，而不管这两种产品是否属于不同的海关商品分类。

(四)后期改进的商品

根据《1988年综合贸易与竞争法》第781节(d)项，在反倾销调查开始后改进的商品，即后期改进的商品，只要符合下列5个条件，即可将后期改进的商品纳入原被征收反倾销税产品的范围：

(1)后期改进产品与被征收反倾销产品在物理情况上相同；

(2)消费者对后期改进产品与原被征收反倾销税产品的最终期望相同；

(3)两种商品的最终用途相同；

(4)两种商品的贸易渠道相同；

(5)两种商品的宣传广告及陈列方式相同。

除后期改进商品新的功能反映出该商品的主要用途及生产总成本与被征税商品不同外，商务部不得依据海关商品分类，而将后期改进商品排除于被征税商品范围之外。

商务部在将后期改进商品纳入被征税商品的范围时，须考虑国际贸易委员会提出的建议。

二、反规避措施的适用

《1988年综合贸易与竞争法》颁布实施以来，仅1989年1~8月，商务部就收到了要求进行反规避调查的5项投诉。商务部对其中4项投诉立案调查，并对两项案例按“商品的细小改变”作出裁决，征收了反倾销税。

（一）反规避案的调查程序

1. 立案调查。商务部根据第781节规定的条件，对反规避投诉进行审查。如果认为符合立案调查的条件、投诉的理由充分，即向商务部的国际贸易署提出建议开展调查的备忘录。一旦负责国际贸易署的助理秘书同意便开始调查。

2. 问卷调查表。立案调查开始，商务部应向反规避调查案的有关当事人发出通知，并向外国出口商寄送问卷调查表，必要时也可以将问卷调查表寄送给美国进口商，调查表应在30天内作出答辩。

3. 作出裁决。在反规避程序中，美国国际贸易委员会实际上只起“咨询”作用，而最终决定权属于商务部。因此，反规避调查程序与反倾销程序具有很大的不同。并不存在两个反倾销机构分别作出的初裁和终裁，也不存在因国际贸易委员会的否定性初裁或否定性终裁致使调查终止的情况。商务部依据调查获取的证据资料，即可对反规避案是否成立作出裁决。

由于反规避案无先例可遵循，商务部一般是参考立法历史，依据《1988年综合贸易与竞争法》第781节作出同类商品范围的决定。同时，对反规避案的调查并无严格的时限规定。

4. 调查终止。反规避程序与反倾销程序不同，商务部关于调查的通知和决定不在《联邦公报》上公布，商务部对反规避案作出的决定直接通知有关当事人，如果当事人不服商务部的决定，可以向国际贸易法院提起上诉，请求进行司法审查。

（二）反规避程序中的抗辩

一项反规避案是否成立，关键取决于对下列两个问题的认定：

1. 受到反规避指控的组装品是否属于原被征收反倾销税产品的同类产品,即是否将组装品纳入被征税商品的范围;

2. 受到反规避指控的组装品是否对美国工业造成损害或可能造成损害,即组装品是否事实上存在"规避"损害认定的行为。

无论对申诉人还是被申诉人,都是围绕上列两个核心问题展开抗辩。

鉴于美国商务部对规避行为的认定具有自由裁量权,其确定组装品属于被征税商品的范围并无严格的界限标准。因此,当事人必须考虑《1988 年综合贸易与竞争法》第 781 节规定的规避行为成立的两个条件,并将具体案件与第 781 节规定的 4 种规避行为加以对照分析,从而进行具有说服力的抗辩。否则,难以取得反规避案的胜诉。

三、在反规避程序中商务部与国际贸易委员会的关系

如前所述,反规避程序不同于反倾销程序,因而商务部和国际贸易委员会在这两个程序中的地位和作用是不一样的。

在反规避程序中,两个反倾销机构的职责和作用发生了质的变化。首先,在反倾销程序中,商务部和国际贸易委员会是两个平行的反倾销机构,各自对其调查的问题具有最终决定权;而反规避程序不同,商务部对案件具有最终决定权,国际贸易委员会只发挥咨询作用。其次,反倾销程序中,国际贸易委员会对同类产品享有认定权,如果国际贸易委员会认定被指控倾销的产品不是国内工业的同类产品,则导致反倾销调查程序终止;而在反规避程序中,对是否将组装品纳入被征收反倾销税商品的范围,商务部享有最终决定权,国际贸易委员会可以提出建议。最后,在反倾销程序中,对损害的确定权属于国际贸易委员会,商务部无权对损害作出决定;在反规避程序中,商务部对损害享有自由裁量权,即如果商务部有证据证明为防止或消除工业损害或再次发生工业损害而采取反规避措施是必要的,即可以对组装品发布征税令,尽管国际贸易委员会可以对损害提出建议,但商务部有权决定是否采纳建议。在反规避案实践中,一旦商务部确定组装品属于被征收反倾销税商品的范围,就可能意味着存在损害,这实际上是属于法律逻辑推理的范畴,因为被征收反倾销税的商品,已表明其存在损害,否则不会被征

税;组装品被认定与被征税商品相同,当然意味着构成工业损害。由此可见,确定反规避案是否成立,关键在于确定组装品是否与被征税商品相同。

综上所述,根据美国反规避措施立法,在反规避程序中,商务部是决策机构,而国际贸易委员会则是咨询机构。当然,完全区分两机构的地位和作用并非易事,正如美国反倾销学者指出:“恐怕很难准确地预测他们在作出反规避裁定中的关系。”①

第三节 欧共体的反规避措施

欧共体的反规避立法集中反映在《欧共体反倾销条例》第 13 条第 10 款中,该条款即为欧共体的反规避条款。此外,还包括欧共体第 802/68 号条例的原产地规则。综观欧共体反规避措施立法,大体上有两个层次的内容:一个层次是针对在欧共体内组装生产的反规避规定,通常称为“组装原则”(Assembly rules);另一个层次是针对在第三国组装生产的规定,一般又称为“产地规则”(Rules of origin)。

一、对欧共体内组装产品适用反规避措施的条件

对在欧共体内组装的产品课征反倾销税,是欧共体反规避立法的重要内容。欧共体反倾销法认为,使用被征收反倾销税产品的配件或原材料在欧共体内组装的产品,属于规避反倾销税的行为,必须适用反规避措施——加征反倾销税。

根据《欧共体反倾销条例》第 13 条第 10 款的规定,对在欧共体内组装的产品采用反规避措施,必须符合下列 4 个条件。

(一)用进口的零部件或原材料组装的产品与被征收反倾销税的产品是同类产品

反倾销机构在认定当事人的组装加工行为是否规避行为,关键在

---

① 《中外法学》1991 年第 6 期。(编者注:原著注释,因年代久远无法查询作者和文章具体信息。)

于组装的产品是否与被课征反倾销税的产品是同类产品。如果组装产品与被征税产品属于同类产品,则是构成规避行为的条件之一,因此,反倾销机构在决定对组装产品课征反倾销税时,首先必须确定两种产品是否同类产品。

组装产品所使用的进口零配件或原材料可以是来源于被征收固定反倾销税产品的出口商,也可以是来源于一贯向出口商供应该零配件或原材料的供应商,还可以是代表出口商从事活动的供应商。

（二）组装产品的当事人与被征收反倾销税产品的出口商之间存在联属关系

确定组装产品的当事人与出口商是否存在联属关系,是决定是否采用反规避措施的重要条件。这里的“联属关系”一般是指下列几种情况:(1)出口商与组装产品当事人是一种联营关系;(2)出口商与组装产品的当事人是一种合资或合伙关系;(3)出口商与组装产品的当事人是一种控股关系;(4)出口商与组装产品的当事人存在契约关系;(5)出口商与组装产品的当事人存在经济和商业上的联系。

（三）组装或经营业务在反倾销调查提起后开始或大量增加

本项对在欧共体内的组装产品采用反规避的条件包含下列三个层次的内容:

第一,对在欧共体内的组装产品适用反规避措施,具有时间要求。即以提起反倾销调查时为裁量时限,以这一时限判定组装活动是否开始或大量增加。

第二,这里的反倾销调查的提起,是指被征收反倾销税产品的出口商,在其产品被进行反倾销调查后,转而在欧共体内开始从事同类产品的组装活动。

第三,反倾销调查提起后,组装产品大量增加、组装业务大幅度扩展或者组装产品使用的零部件及原材料进口大量增加等。必须强调指出,欧共体规定的时限条件与“乌拉圭回合”《反倾销协议》规定有很大的不同,欧共体是以“开始进行反倾销调查时”为标准,而《反倾销协议》则是以“征收最终反倾销税后”为标准。显而易见,欧共体放宽了反规避措施的适用尺度。这充分反映出欧共体贸易保护主义的严重趋向。

（四）来源于被征税产品国家的零部件或原材料价值必须超过其他来源的零部件或原材料价值的50%

《欧共体反倾销条例》第13条第10款（1）项规定："在组装或生产经营中使用的并且来源于被征收反倾销税产品的出口国的零部件或原材料的价值超过使用的所有其他配件或原材料价值的50%。"换言之，对组装产品采用反规避措施，必须符合两种零部件或原材料的价值比例关系，即来源于被征收反倾销税产品的出口国的零部件或材料价值必须超过其他来源的部件或原材料价值的50%。

在欧共体反倾销实践中，欧共体委员会要求的比例关系则是前者的价值须超过后者价值的60%，通常被称为"60%规则"。

欧共体委员会在确定零部件或原材料的价值时，一般采用出厂价或仓库价的办法来计算前者的价值是否占60%以上。

二、欧共体反规避立法的产地规则

在国际经济活动中，贸易方式和生产方式日益多样化，生产厂商既可以在本国生产零部件而在其他国家组装成制成品出口，也可以在本国生产零配件，在第三国组装成半成品，而在进口国最后组装成制成品，从而规避反倾销税。由于产品涉及两个或两个以上国家，因而产生对产品原产地的认定问题。而出口商正是利用产品的原产地待遇规避反倾销法的管辖。欧共体针对出口商的这种做法，采用产地规则进行反规避。

（一）产品原产地国的认定

欧共体第802/68号条例第5条规定："一项产品，如果生产涉及两个或更多的国家，应视其来源于其最后实质性的，在经济上证明是合理的加工或生产所履行的国家，而加工或生产是在专为此目的而装备的设施中完成，并且在制造中生产出一项新的产品或者代表制造的一个重要阶段。"根据该条规定，在确定产品的原产地国时，欧共体依据下列因素判定：

（1）产品是否符合"最后实质性加工"的标准，即产品的实质性部分是在该国生产加工；

(2)产品所需的设备、厂房是否专为该产品的生产加工使用；

(3)在第三国生产加工产品是否有正当的经济上的理由；

(4)加工生产的产品，或代表产品的一个重要阶段，是否在海关商品分类中有改变；

(5)产品是否存在价值上的重大增加。

欧共体的产地规则在反倾销法律中具有重要作用，它是限制出口商规避反倾销税的法律依据。依照产地规则，一项产品的原产地国待遇应当根据上列 5 个因素加以认定。即使一项产品的最后一道工序在某国完成，但如果不符合产地规则，也不能认定该国是产品的原产地国。

(二)在欧共体内的组装产品原产地国的认定

根据产地规则，在欧共体内的组装产品是否属于欧共体产品，主要是依据价值标准认定，凡符合价值标准规定的组装产品，可视为欧共体产品。否则，该组装产品的原产地不是欧共体，而是其他国家。欧共体反倾销实践中价值标准掌握的原则是：

(1)组装产品在欧共体增加的当地价值超过 50%以上的，该组装产品可视为欧共体产品；

(2)组装产品在欧共体增加的当地价值为 45%～50%，并且组装产品的欧共体当地价值高于来源于其他国价值的，一般可视为欧共体产品；

(3)组装产品在欧共体增加的当地价值为 40%以下的，不能被视为欧共体产品；

(4)组装产品在欧共体增加的当地价值为 40%～45%的，根据具体情况确定是否属于欧共体产品，但通常不会被视为欧共体产品。

根据欧共体的反倾销条例，即使一项组装品已经取得了欧共体或其他国家的原产地证书，如果不符合“产地规则”，其法律上的效力是相当有限的。在反规避调查中，欧共体委员会可能不予考虑，而依据产地规则确定组装产品的原产地国。

例如，1985 年，欧共体对在中国台湾地区组装生产、持有中国台湾地区产地证书的日本电子打字机进行反倾销调查，认定原产地不是中国台湾地区而是日本，并对其征收反倾销税。又如，1987 年欧共体对日本理光静电复印机进行反倾销调查,其中涉及在美国生产的理光复印机是否原产地为美国的问题。欧共体调查后按照产地规则认定,根据理光复印机增值的比例及使用当地零部件的情况,不能认为理光复印机的原产地是美国,而应视日本为其原产地国,并对理光复印机征收反倾销税。

三、对组装产品的征税

欧共体反倾销条例规定,只要组装产品符合规避行为的 4 个条件,就应对其采取反规避措施。按价值条件确定对在欧共体的组装产品征收反倾销税,是欧共体反倾销实践中的通常做法。如果来自被征收反倾销税产品国家的进口零配件超过其他来源的零配件的 60%就要征收反倾销税。

《欧共体反倾销条件》第 13 条第 10 款(3)项规定:"反倾销税的税率应是对在共同体内开展组装或生产,并属相关或合伙关系的当事人适用于被征收反倾销税的原产地国的生产商之相似产品的税率。"

反倾销税以在欧共体内组装加工的组装产品为单位,并在该组装产品进入商业领域时征收。反倾销税税额以使用的来源于原倾销产品出口国的零配件的 CIF 价为基础计算,但因采取反规避措施所征收的反倾销税不应超过原被征收反倾销税产品的税额。

第十章　中国复关[①]与国际反倾销法

第一节　反倾销法对中国经济的影响

自世界经济进入20世纪80年代以来，西方主要工业发达国家的经济处于长期停滞或低速增长状态，到90年代初，西方发达国家的经济尚未出现经济复苏的曙光。为了摆脱经济滞涨及贸易失衡的困境，频繁采用反倾销措施，已成为西方发达国家推行贸易保护主义的重要手段。而与西方发达国家形成强烈反差的则是中国经济的快速增长。1993年我国进出口贸易额达到1957.2亿美元，比1949年的34亿美元增长了575倍，我国已跃居世界贸易国排名第11位，对外贸易已占我国国民生产总值的1/3，这充分表明我国经济与国际经济的融合达到了一个较高水平。在这种情况下，中国日益成为国外采取反倾销行动的重要对象，对中国出口产品的反倾销措施逐渐成为我国对外贸易的严重障碍，对

① 编者注：中国是关贸总协定23个原始缔约方之一，中国台湾当局在1950年擅自宣布中国退出关贸总协定。1986年中华人民共和国通知关贸总协定，希望恢复缔约方地位，并愿意就成员资格条件重新谈判。审查中国地位的工作组1987年3月成立，一直持续到1995年。1995年1月1日世界贸易组织取代关贸总协定开始运行，1995年12月工作组转变为中国加入世贸组织工作组，直到2001年12月11日中国正式加入世贸组织。本书写作于1994年，在中国复关谈判期间。

我国经济的消极影响日渐明显。

一、国外对我国采取反倾销措施的基本概况

1979 年欧共体对中国糖精发起首例反倾销调查，截至 1994 年 7 月 1 日美国对我国甘氨酸提出反倾销指控，15 年间，国外对中国的反倾销调查案已达 172 件，产品涉及 140 多种，金额涉及数十亿美元。遭遇反倾销已成为我国对外贸易面临的严峻形势。仅以 1991 年为例，我国出口产品继续成为欧美等国反倾销措施的重点对象，22 种中国商品被立案调查。美国指控中国低价倾销购货车、钨砂、滚珠轴承、氯化锑、钢管弯头、氨基磺酸等 6 个品种；欧共体对自行车、塑料编织袋、电脑软盘、金属硅、轻烧镁、重烧镁、碳化硅等 7 个品种商品立案调查；澳大利亚对中国玻璃纤维、番茄罐头、花生仁提出反倾销指控；墨西哥、阿根廷分别对我国陶瓷、涤棉、衬衫布展开反倾销调查；在亚洲，日本首次援用本国反倾销法，对我国硅锰金属展开反倾销调查，土耳其指控我国低价倾销普通车床和大轿车。

1991 年国外对我国 12 种商品作出肯定性终裁，征收反倾销税；对 3 种商品采取最低限价措施；对 5 种商品的反倾销案因缺少损害或因果关系而被否决。美国对我国 6 种商品作出肯定性裁决，确定的倾销幅度分别是：手工具 18%～54%，电光花 1.64%～93.45%，金属硅 128%，电风扇 2.7%，汽车螺母 4.24%，钨砂 151%。欧共体对 8 种中国产品作出了裁决，其中 3 种商品采用价格承担方式结案，即麻底鞋每双最低限价为 0.93～0.9 埃居，VHS 录像带每盒 0.76～2.22 埃居。而对 5 种商品裁决征收固定反倾销税，其税率分别为：小屏幕彩电 7.5%～15.3%，氯化钡 25.8%，一次性气体打火机 16.9%，草酸 20.3%，链霉素 37.4%～47.6%。土耳其对中国陶瓷器每公斤征收 2 美元的反倾销税；澳大利亚对中国的水果罐头作出否定性终裁，免予征收反倾销税。

此外，1991 年国外对我国已作出肯定性初裁并征收临时反倾销税的 4 种商品分别是：墨西哥对我国陶瓷每公斤征收 0.49 美元的临时反倾销税；欧共体对我国涤纶纱征收 29.6%的临时反倾销税；土耳其对我国普通车床征收 60%的临时反倾销税；美国对我国氯化锦征收 3.18%的临时反倾销税。

1991年欧美国家对我国商品采取反倾销措施共涉及中国商品的出口总金额为4亿~5亿美元;相当于1990年外贸出口总额的0.7%。其中,涉及1亿元的出口商品有:对欧共体出口的自行车、对美国出口的电风扇;出口额0.1亿~1亿美元的商品有塑料编织袋、轻重烧镁、涤纶纱、金属硅、手工具、小屏幕彩电、录像带和麻底鞋等。

二、国外对我国反倾销案的研究评析

近年来,我国出口到北美、西欧、澳大利亚等发达国家的商品,屡遭反倾销指控,已给我国对外出口造成极大困难,综观欧美国家对我国的反倾销案件,不难发现其主要特点集中表现在以下几个方面。

(一)反倾销案件急剧增加,涉及商品金额较大

随着我国近几年来外贸出口的迅速发展,国外对中国商品的反倾销案件急剧增加。我国1980~1990年的11年内遭反倾销指控的案件98件,平均每年8件,被征收反倾销税的共32件。仅在1991年,国外对中国商品立案调查就达22件,约占前11年总量的1/4,1992年国外对中国商品提出反倾销、反贴补的投诉案超过100件。

在1988~1990年,我国有21种商品在欧共体受到反倾销调查,约占我国在欧共体反倾销案件的一半以上,涉及我国轻纺、化工、医药、机电、轻工等产业部门,涉及我国出口贸易额达3亿美元以上。

目前,国外对中国的反倾销案有继续增长的趋势。根据有关资料及信息,欧共体正在酝酿对中国的鞋类、丝绸服装、金属锰、氯化锑、重晶石、甜石、荧石、相册等产品发起反倾销调查。美国1991年和1992年终止了中美钨制品协议和钢铁产品数量协议后,美国钢铁工业界正在策划对中国产品提出反倾销指控,以便在失去进口数量限制保护下通过反倾销措施保护美国工业。

在1990年前,国外对我国出口产品提出反倾销指控的主要是美国和欧共体,而截至1993年年底,对中国出口产品发起反倾销调查的国家扩展到南、北美的墨西、阿根廷、巴西;亚洲的日本、土耳其;大洋洲的澳大利亚等国家。

对中国出口产品的反倾销案件急剧增加,涉及的产品品种之广,涉及的金额之大,发起反倾销调查的国家日益增多,已成为我国产品在国

外遭受反倾销指控的主要特点之一。

(二)受到调查的中国产品,其被确定的倾销幅度普遍较高

美国和欧共体对中国反倾销案,其反倾销机构的裁决所确定的倾销幅度普遍较高。例如,在美国对中国的16件反倾销案中,确定不构成倾销的1件,占16件的6%;确定倾销幅度为0~10%的4件,占25%;确定倾销幅度为10%~30%的3件,占18%;确定倾销幅度为30%以上的9件,占51%,在1979~1985年间欧共体对中国的16件反倾销案中,除糖醛因不存在因果关系,铁锤因不存在损害而终止外,余下的14件所确定的倾销幅度情况如下:倾销幅度为0~10%的2件,占14件的15%;倾销幅度为10%~30%的4件,占28%;倾销幅度为30%以上的8件,占57%。

倾销幅度是美国和欧共体征收反倾销税或采取其他反倾销措施的重要依据,倾销幅度越高,征收的反倾销税税额就越大,对出口国的对外贸易影响就越大。

由于欧美的反倾销法规定,对被调查产品实行初裁和终裁两次裁决。初裁和终裁对倾销幅度的确定差异较大,甚至出现初裁倾销幅度较大而终裁却不存在倾销的案例。例如,美国一家公司指控中国轴承倾销,倾销幅度为15.9%,美国商务部初裁确定倾销幅度为18.9%,而1987年3月终裁确定中国轴承没有构成倾销。

对中国产品初裁和终裁的前后矛盾现象,给中国的对外出口造成了严重损害。因为在反倾销实践中,肯定性初裁的结果须按其确定的倾销幅度征收临时反倾销税,这就限制了中国产品的出口,由此而给中国出口公司造成不应有的损失。

(三)对中国的反倾销案适用替代国制度

欧美国家将中国视为“国家控制经济”或“非市场经济国家”。欧共体采用条例形式将中国列入“非市场经济国家”,美国在反倾销调查中,把中国作为非市场经济国家对待。因而采用替代国价格确定中国产品的正常价值。

欧共体1979~1990年已裁决的对中国的32件反倾销案,几乎全部采用替代国。其选用的替代国多数为发达国家和新兴工业国家,与中

国的经济发展水平根本不相符合,完全不具备可比性。选用的替代国主要有:美国、西班牙、挪威、韩国、南非、南斯拉夫、奥地利、澳大利亚、德国、泰国、印度、斯里兰卡等。同时,无论采用替代国的国内价格,还是适用替代国的构成价格,都普遍高于中国产品在国内的实际成本价格。其确定的倾销幅度普遍较高。例如,欧共体对中国的氯化钡反倾销案,选用美国作为替代国,其确定的倾销幅度为75%;对中国的糖水梨罐头选用南非作为替代国,其确定的倾销幅度为35.5%;而对高锰酸钾选用美国为替代国,其倾销幅度达94.5%。

在1980~1991年,美国对中国已裁决的30件反倾销案中,除3件采用“可得到的最可靠的资料”方法外,其余全部选用替代国,其选用的替代国主要有:泰国、印度尼西亚、巴拉圭、印度、斯里兰卡、比利时、法国、意大利、日本、瑞士、英国、韩国、马来西亚、阿根廷、加拿大、德国、荷兰、菲律宾、巴基斯坦、秘鲁等。从美国选用类比国的广泛性及不同类型的国家可以看出,类比国的标准和适用条件有很大的随意性和可塑性,例如,美国对中国的铸铁件反倾销案,其类比国有德国、日本等7个国家和地区,其终裁的倾销幅度为45.92%。

将替代国制度适用于中国,是对中国产品的一种价格歧视。它既缺乏公正性和可比性,也缺乏透明度和确定性,导致中国的外贸出口无所适从,也不可能预测其出口商品是否可能遭受反倾销指控,根本无法避免欧美国家的反倾销诉讼。从而对中国的外贸出口造成重大损害。

(四)对中国同类产品的出口厂商按单一的反倾销税率征税,实行连带倾销责任

在反倾销实践中,美国和欧共体对所谓市场经济国家和非市场经济国家实行歧视性的差别待遇原则,对来自市场经济国家的倾销产品按照每个出口商的不同倾销幅度分别征收反倾销税;而对来自所谓非市场经济国家的倾销产品适用同一个反倾销税税率。在对中国的反倾销案中,对同类产品均适用单一的反倾销税税率,即只要一家中国出口公司的商品被指控倾销,经调查裁决反倾销案成立,并被征收反倾销税,那么其他所有中国公司在出口该商品时,不论这些中国出口公司是否有倾销行为,均按同一税率征收反倾销税。

欧美国家对中国产品按单一加权平均税率征收反倾销税。例如,

欧共体对中国小屏幕彩电,除一家三资企业外,均按13.1%的税率征收反倾销税。实际上奉行的是“倾销株连”政策,使出口同类产品的所有中国外贸公司替一家有倾销过错的公司承担连带倾销责任,其主要目的是将中国产品完全挤出进口国市场。

(五)对中国同一产品屡次展开反倾销调查

近年来,欧美国家对被征收反倾销税或采用价格承担提价的中国产品,在其期限届满或因其他原因终止后,又重新展开反倾销调查,并再次征收反倾销税。在1988年,欧共体以中国公司违反价格承担为由,对已中止调查的自行车链条、高锰酸钾、毛刷等商品,重新展开反倾销调查,并分别征收35%、28%和69%的固定反倾销税。

中国出口到欧共体的草酸,自20世纪80年代初至今,是屡遭反倾销投诉的产品。1982年被征收34.2%的反倾销税,按欧共体的“日落条款”,5年期届满征税失效,然而1987年征税期刚届满却又遭投诉,1988年采用价格承担中止诉讼。1990年8月,西班牙DAUSA公司以中国违反价格承担为由,提起反倾销投诉,欧共体委员会又重新再审,展开调查,1991年11月,欧共体理事会发布第3434/91终裁法规,对中国草酸征收20.3%的反倾销税。

欧美国家对中国产品连续采用反倾销措施,屡次封杀中国产品,就是力图将中国有关产品排斥于欧美市场之外。这应当引起我国的高度重视,并采取相应的措施。

(六)对中国反倾销案的其他不公平做法

根据欧美反倾销法规定,一项反倾销案成立,必须同时具备倾销、损害、倾销和损害之间的因果关系三大要素。缺少其中任何一个要素,反倾销调查应当终止。然而,在反倾销实践中,美国和欧共体对中国被指控倾销的产品采取了不公正的做法,主要反映在以下几个方面:

1. 把不能归因于中国产品的国内工业损害强加于中方。例如,美国在对中国蜡烛的反倾销调查中,美国蜡烛工业1983年产量为9442.7万磅,1985年产量为9470.3万磅;工厂对外交货1983年为9092.9万磅,1985年为9093.3万磅,按照美国确定重大损害的考虑因素,生产量并未减少,库存量并未明显增加,不应当确定存在损害。但美国反倾销机构仍确定中国蜡烛造成损害,并且确定倾销进口与损害之间存在因果关系。其确定的倾销差额高达54.1%。欧共体同样对中国产品采取歧视性做法,在对中国PS 850产品的反倾销案中,中国的该商品主要出口到德国,且仅占市场份额的1%~4%,而在中国商品进口的同期,法国国内工业增长247%,意大利国内工业增长51%,显然中国商品根本未对欧共体工业造成损害,但初裁仍认定存在倾销损害,对中国PS 850商品采用价格承担中止调查。

2. 具体适用替代国的随意性及歧视性做法。不仅欧美国家对中国实行替代国制度本身是歧视性做法,而且在具体选用类比国时也有很大的随意性。替代国是否选择适当直接关系到倾销的确定,可是欧美国家在对中国的反倾销案中根本不考虑所选用的替代国与中国的可比性,而是采取为我所用的实用主义做法,从而导致中国商品的无端受害。

案例说明:1986年,欧共体对中国猪鬃刷立案调查,初裁确定倾销幅度为100%,中方承诺数量限制,欧共体委员会于1987年2月接受中方提出的价格承担后中止调查。

1988年5月,一家欧共体公司指控中方违反价格承担,欧共体委员会立即立案再审,经调查确定中国公司存在倾销和损害,欧共体理事会725/89号条例裁决对中国公司的猪鬃刷征收69%的固定反倾销税。

1989年5月30日,德国进口商向德国不莱梅海关提出的申诉被驳回,即向欧共体法院提起上诉,1991年10月欧共体法院判决理事会725/89号条例无效,当事人交纳的反倾销税应予退还。

在本案中,欧共体法院判决的主要理由是,欧共体委员会选用的替代国不当,影响了倾销事实认定的可靠性。其判决依据是:

(1)欧共体选择的替代国斯里兰卡,其猪鬃刷生产年总产量仅占中国对欧共体出口的1.25%,按照欧共体规定的类比国标准,必须在5%以上才能成为类比国。因此,欧共体委员会选用替代国的做法违反了欧共体法律规定的标准。

(2)斯里兰卡作为中国反倾销案的替代国,其生产猪鬃刷的原材料全部进口,其生产成本显然与中国猪鬃刷的生产成本不同,因而影响猪鬃刷生产成本的价格的真实性和可靠性。

(3)斯里兰卡仅有两家猪鬃刷生产厂商,完全垄断了国内市场,故不能真实地反映猪鬃刷的国内市场价格。

欧共体法院认为,欧共体委员会基于上列三点错误的依据,不能说明对中国猪鬃刷倾销事实认定的可靠性和真实性,因而撤销理事会第725/89号条例,中国猪鬃刷避免了反倾销制裁而重新进入欧共体市场。通过本案不难发现,欧美国家对中国适用替代国制度,其公正性是值得怀疑的。

3. 对与中国有双边数量限制的产品,仍然指控倾销。我国与美国、法国等12个国家就有关类别的中国商品出口签订有双边数量自动限制协议。对协议中的商品实行双边管理。如果有违反协议的行为,按协议的规定处理,而不应对实行双边数量管理的商品实行双重指控和双重制裁。但欧美国家则对已设立数量限制的中国商品,仍然指控低价倾销,并征收反倾销税。例如,中国的麻底鞋属于中法双边数量限制管理的商品,但法国厂商仍向欧共体委员会提出倾销指控,1989年被立案调查,1990年12月欧共体委员会选用乌拉圭作为替代国,初裁确定中国的麻底鞋构成倾销,并征收93.35%的临时反倾销税。

欧共体对已设立数量限制的中国商品仍指控倾销。实行双重指控和双重制裁的实例还有涤纶纱、塑料编织袋等商品。中国和欧共体双边纺织品协议已将塑料编织袋列入纺织品第33类,实行双边数量限制管理,但欧共体认为,配额限制不能对欧共体工业提供足够的保护,对损害欧共体利益的配额商品如果存在倾销,还要按反倾销条例处理。1989年的欧共体委员会对塑料编织袋立案调查,1990年11月欧共体理事会发布第8308/90号条例,决定对中国塑料编织袋征收43.3%的固定反倾销税。

三、反倾销对我国经济的影响

欧美国家将反倾销矛头逐渐转向中国产品,对中国拓展海外市场、加快中国经济与国际经济接轨的步伐,是一个严重障碍。反倾销诉讼对中国经济的消极影响是十分明显的。

第一,对我国的正常出口贸易造成严重损害和威胁。近年来国外对中国产品的反倾销案件急剧增加,涉及商品的种类较多,金额较大,已对中国外贸出口构成较大损害和威胁。可以预料,随着我国对外贸易的增长,反倾销案有继续扩大的趋势。

第二,对中国产品征收反倾销税,造成中国商品出口连连受阻,导致中国商品在国外市场的急剧萎缩。被征收反倾销税的中国商品难以继续进入该国市场。例如,1985 年美国对中国漆刷征收 127.07%的反倾销税后,1988 年对美出口已由 1984 年的 650 万美元急剧下降到 20 万美元,实际上中国漆刷已被挤出美国市场。而中国氯化钡在被美国征收 14.5%的反倾销税后,其对美出口已由 1983 年的 50 万美元下降到 1988 年的 10 万美元左右。

第三,欧美国家的反倾销措施压抑了中国产品的低成本优势。由于中国劳动力较低廉、原材料及管理费相对较低,所以产品的实际成本较低。然而,欧美国家选用替代国价格确定正常价格,均高于中国产品的国内价格,欧美国家不考虑中国产品的实际成本因素,而人为地拟制一个"替代国价格",对中国商品采取反倾销行动,致使中国较低的成本优势不可能得到发挥,这也就扼杀了中国产品有利的竞争条件。

第四,对中国产品的反倾销措施,给中国国内工业造成重大损害。我国生产出口产品的企业,因国外征收反倾销税而无法使其产品继续出口,从而导致开工不足、年年亏损、经济效益急剧下降。例如,中国的高锰酸钾被美国和欧共体征收高额反倾销税后,基本上丧失了在欧美的市场。尽管相关企业亏损的原因是多方面的,但不能不承认受反倾销影响是一个重要的原因。

第二节　中国反倾销案成因分析

我国出口商品屡遭反倾销制裁,其原因是多方面的,既有国外因素或称外部原因,又有国内因素或称内部原因。

一、中国反倾销案的外部原因

(一)反倾销成为贸易保护主义的重要手段

关贸总协定的 8 轮谈判,已使各缔约方的关税大幅度削减,关税壁垒的作用已大大削弱，西方发达国家已不指望从关税壁垒中寻求贸易保护主义的秘方，而是更多地考虑非关税壁垒推行贸易保护主义了。在当前贸易保护主义日益盛行的情况下，反倾销措施已成为保护本国产业的一种灵活而有效的手段。

反倾销措施之所以能成为限制外国产品进口、保护本国市场的重要工具，其主要原因在于：

第一，反倾销措施通过关贸总协定国际规范的形式确定下来，从而使它成为国际上通行的准则。反倾销措施在国际上已是一种惯例做法。

第二，各国的反倾销措施都以法律、条例法令等法律规范的形式出现，各缔约国几乎无例外地以贯彻实施关贸总协定的名义给反倾销措施披上一件合法的外衣。

正是由于上列两点主要原因，尽管当今欧美的反倾销立法已背离了制止不公平贸易的初衷，但却仍能行贸易保护主义之实。

（二）对中国适用歧视性的替代国制度

欧美国家将中国列入“非市场经济国家”，在反倾销实践中，依据选用的替代国价格确定中国产品是否存在倾销。而依据替代国价格确定的中国产品正常价值普遍高于其国内价格。根据有关统计资料表明，美国在1980~1989年共立案调查了47件反倾销案，主要采用“国内价格”、“第三国价格”、“构成价格”、“替代国价格”（国家控制经济）、“可获得的最可靠资料”等5种方法确定“公平价格”（正常价值）。在这5种方法中，采用“替代国价格”确定的平均倾销幅度高达30%，仅次于“可获得的最可靠资料”方法。①

欧美反倾销案例表明，对中国产品适用替代国的反倾销案件，90%以上均存在倾销。欧美国家的替代国制度实际上就是中国产品倾销的同义语。因此，对中国产品立案调查并适用替代国制度，是国外对中国产品反倾销案件急剧上升的一个重要原因。

---

① 英国《世界经济杂志》1990年第3期。（编者注：原著注释，因年代久远无法查询具体文章和作者信息。）

（三）扩大反倾销的范围

传统的反倾销法只涉及整体产品，对产品的零配件、原材料及组装品并不存在倾销问题。但欧共体加强了反规避立法和美国《1988 年综合贸易与竞争法》实施后，反倾销措施已经可以适用于产品的零配件、原材料及组装品。反倾销措施范围的扩大，无疑增加了中国产品遭受反倾销制裁的风险。

此外，欧美国家在反倾销调查中适用"累积方法"，将来自几个国家的同类产品累积计算倾销幅度，这对中国产品不能不是一个极大威胁，即便中国产品以高于正常价值的价格销售，但因叠加计算，致使中国产品也难以避免倾销指控。

欧美国家采用各种方式扩大反倾销范围，已经使中国出口产品屡遭封杀，被拒之于欧美国门之外，这是一个值得我们高度警觉的新动向。

二、中国反倾销案的内部原因

（一）我国外贸出口观念上的误区

国外对中国产品反倾销增加与我国外贸出口观念上的误区有很大关系。长期以来，我国外贸出口至少存在下列 3 个误区：

第一，"低价误区"。我国对外出口宣传及推销，喜爱强调价格低廉优势，认为只要价格低就能成交出口。在片面强调生产成本低、价格低时，却忽视了反倾销问题。从反倾销角度讲，大量低价产品涌入进口国，这本身就是对进口国同类产品的价格抑制，无疑是给进口国反倾销机构这样一个信息：中国的低价产品已对本国同类产品造成压价或削价影响。

我国外贸出口存在的"低价误区"必须消除，长期形成的"以低价取胜，而不是以质取胜"的出口策略必须转变。否则，反倾销案件不可能减少。

第二，"多出口、多创汇"的误区。由于我国急需进行现代化建设的资金，特别是技术引进需要外汇支付，因而各地区、各部门比较强调"多出口、多创汇"。在这种观念指导下，外贸企业更多的是考虑出口额，至于出口效益如何,是否可能导致倾销,这根本不属于考虑的范围。甚至将出口创汇与反倾销完全对立起来。然而,事实就是这样无情。随着我国出口贸易的扩大,反倾销案件也成倍增加。不顾及反倾销后果的“多出口、多创汇”可能事与愿违,将会使我国的外贸出口面临更加严峻的局面。

第三,“指标考核”的误区。我国习惯于用“静态指标”衡量各地区、各部门的业绩,在外贸出口方面也是如此。“注重出口指标考核,忽视出口效益考核”,一般用出口额指标说明某地区、某部门的外贸成绩。然而,对外贸企业的考核不能仅是单纯考核静态出口指标,而更重要的是考核动态指标,即出口指标、利润、成本等的综合比较分析考核。单纯指标考核带来的后果是,外贸企业单纯追求出口额而忽视出口效益。而出口效益既包括出口利润,也应当包括出口效应,即消极效应和积极效应。而消极效应则主要是指因出口而导致的反倾销指控,只有将出口指标与出口效益结合起来,才能促使外贸企业避免盲目追求出口额所带来的消极影响,重视反倾销问题。

(二)外贸出口秩序混乱,中国公司相互之间竞相削价出口

当前,我国外贸秩序存在一定的混乱现象,外贸公司之间为了抢客户、争场,相互削价竞销。1988 年,全国医药保健品出口数量比 1982 年增长 108%,然而出口平均价格却下跌 1/3。其中,中药材出口量增长 115%,价格下跌 45%;中成药出口增加 50%,价格下跌 36%;工业药品增长 111%,价格下跌 27%。1992 年与 1989 年相比,人参出口平均价由每吨 4.1 万美元跌至 2.6 万美元,跌幅达 45%;当归出口平均价由每吨 1.4 万美元降到 3900 美元;枸杞由每吨 1.4 万美元跌至 2000 美元;庆大霉素由每吨 52 万美元跌至 22 万美元,不及原价的 1/2。

在澳大利亚市场,我国纺织品的质量、规格、原料等基本上属于一个档次,主要是中国各公司之间的相互竞争,而各大公司的竞争手段主要是削价。由于低价竞销,导致出口亏损。

我国的商品出口,一方面是出口数量猛增,另一方面则是价格骤跌,这就极大地了扰乱了外贸出口,也为国外指控中国产品倾销提供了口实和把柄。我国部分外贸企业的低价竞销行为,一定程度上已经构成倾销。

（三）在相同时期内，中国同类产品集中向一个国家或地区出口

按照西方反倾销理论，出口商在一定时期向一个国家或地区集中低价销售其产品的偶发性倾销，对进口国市场的冲击极大，对进口国国内工业造成的损害更严重。因此，一个国家的出口商在相同时期内，集中向进口国出口同类产品，其出口数量过快过猛，极易遭受进口国的反倾销制裁。

1983 年，美国反倾销机构对我国高锰酸钾立案调查后作出肯定性终裁，对中国高锰酸钾征收 39.6%的反倾销税。我国高锰酸钾对美出口受阻后，即调头转向欧共体出口。

1986 年，欧共体对中国、原民主德国、原捷克斯洛伐克的高锰酸钾立案调后作出肯定性裁决，其裁决的一条理由是三国对欧共体的高锰酸钾出口从 1981 年的 1243 吨猛增到 1985 年的 3347 吨。之所以造成 1985 年向欧共体出口大量增加，中国的外贸公司集中向欧共体出口增长过快过猛是一个重要原因。

据有关部门调查，我国在国际市场上畅销商品只占全部出口商品的 51%，真正具有竞争能力的商品只有 25%，[①]对这些为数不多的具有优势的出口商品，各外贸公司纷纷抢夺货源，竞相外销，从而导致出口数量剧增。这种无序、集中地出口，一定程度上冲击了进口国的市场，难以避免遭受反倾销指控。

最近，欧共体委员会经过反倾销调查，决定对从中国、韩国、马来西亚、新加坡和泰国 5 个亚洲国家进口的彩色电视机征收 0~30%的反倾销税，对中国的彩电征收上限为 30%的反倾销税。欧共体反倾销机构裁决的主要根据是，上列 5 个国家在短时期内向欧共体出口的彩电大量增加，从 1989 年的 200 万台到 1992 年的 400 万台，增加了 1 倍。由此可见，出口数量短期内增长过猛过快，是导致反倾销指控的重要原因之一。

（四）对反倾销案缺乏足够的认识，应诉不力

我国有关部门及外贸企业对反倾销导致的严重后果认识不足、应

---

① 《国际贸易问题》1991 年第 8 期。（编者注：原著注释，因年代久远无法查询具体文章和作者信息。）

诉不力，是国外对我国反倾销案增加的原因之一。

自1979年欧共体对中国的首例糖精反倾销案以来，截至1991年上半年，在国外对中国产品共108例反倾销案中，大多数反倾销案均以我国外贸公司被征收反倾销税或承诺价格承担而终结。欧美生产厂商似乎得出这样一种结论：取得对中国出口商反倾销案的胜诉是一件并不困难的事。因此，欧美生产厂商为了保持市场的竞争优势，动辄对中国产品提出反倾销指控。例如，1990年11月欧共体对中国“打字纺”纺织品征收反倾销税就是一例。

申诉方S公司是欧共体唯一生产“打字纺”的厂商，产品占欧共体市场份额的83%。S公司与我国A公司自1977年就建立了贸易关系。我国A公司出口到欧共体的“打字纺”占市场份额的17%。由于S公司向中国A公司提出的某些过分要求未果，1989年S公司向欧共体委员会提起反倾销申诉，要求对中国A公司采取反倾销措施。欧共体委员会选用德国作为替代国确定中国“打字纺”构成倾销并对欧共体工业造成损害。中方被迫承诺提价，将每码“打字纺”从3.28美元提高到4.7美元，价格提高50%。1990年11月5日，欧共体理事会发布1937/90号条例，对中国“打字纺”作出终裁：接受中国A公司承诺提价50%的价格承担，另附加20%的固定反倾销税。

在对国外的反倾销问题上，我国有关部门及外贸公司存在的主要问题是：

1.对反倾销案重视不够，信息不灵，预防措施不力。例如，欧共体对中国的自行车反倾销案，在立案调查前，欧共体有关部门已多次打招呼，指出有进行反倾销立案的可能，但中方仍未引起重视，仍然低价出口，直至欧共体立案调查，并征收反倾销税。

2.在反倾销立案后不积极应诉并进行充分的抗辩。反倾销应诉的最大特点在于对应诉人员的专业和法律素质要求较高，应诉投入的人力、物力、财力较大，但胜诉后是大家及整个国家受益，正因为如此，有的中方公司干脆不应诉，声称这个市场不要了。这种不顾国家整体利益的错误做法，使进口国工业认为胜诉机会多，则反倾销指控屡屡发生。

随着我国对外贸易的进一步扩大，可以预料，国外对中国产品的反倾销指控还会不断增加，反倾销已成为制约和影响我国对外出口的重大障碍,对国外的反倾销指控采取放任做法的现象再也不能继续下去了。

第三节　反倾销案的对策研究

美国和欧共体是我国外贸出口的重要市场。面对欧美对中国反倾销案件的不断增加,特别是针对我国出口金额较大且有发展潜力的商品之反倾销案件,如何采取切实有效的措施,解决或避免反倾销制裁,已经是一个关系到我国对外贸易的重大问题。防范和正确处理反倾销案件,应从以下几个方面寻求对策思路。

一、走出外贸出口的误区,提高对反倾销的认识

价格是反倾销的核心。一定要纠正过去那种“多出口、多创汇”“低价取胜”“重视出口指标考核、忽视出口效益考核”的片面观念,走出外贸出口的误区。应当在稳步增加出口数量的基础上,更加注重出口品种的增加和质量的提高,彻底从“低价促销”的迷宫走向“高质促销”的坦途。在外贸“出口产品的结构方面”,我国相当部分的出口是低附加值的初级产品,而高附加值的高新技术产品并不多。因此,从外贸出口的长远战略来讲,应当走高附加值的高新技术产品的出口之路,这既能提高出口效益,又能在一定程度上避免低价倾销之嫌。

我国大部分出口企业对反倾销还是非常陌生的,对国际反倾销法知之甚少,也没有充分认识到反倾销带来的严重后果。因此,采取有效措施,通过各种方式宣传、学习国外反倾销法律知识,并对有关反倾销案例进行分析,逐步加深对西方国家反倾销法律制度、反倾销调查程序及有关问题的认识和了解,从观念上重视和强化外贸企业的自我约束机制,思想上和观念上加深对反倾销与外贸出口的辩证关系认识,是防范和减少反倾销案件的前提条件。

二、加强外贸出口的协调管理,制止削价竞销

外贸出口企业相互削价竞销,无疑等于自相残杀。不仅易导致反

倾销指控,而且也引起客户的不满,挫伤他们与我国交易的积极性,因而必须加强外贸出口的协调管理,坚决制止削价竞销行为。为此,应做好以下两个方面的工作:

1. 根据不同情况,制定好出口价格。各外贸企业应根据出口价格的总体战略和原则进行调整,切忌大幅度低价销售。在这方面,日本和韩国的经验是值得借鉴的。从 1980 年至 1993 年,日本在美国遭到反倾销指控的案件达 98 件,韩国 42 件,尽管美国对日本的反倾销案件较多,但日本对美国出口仍增长很快。1992 年日本对美出口达 9950 多亿美元,顺差就达 500 亿美元。① 原因何在? 主要在于日本各企业均服从对美出口的整体战略和出口价格,各企业均不采用竞相削价销售的自杀方法。以日本占领美国电视机市场为例,从 1956 年开始,日本以电视机为主导,向美国家电市场展开进攻,包括日本日立、三菱、东芝、三洋和夏普在内的各大株式会社,相互调整生产计划,拟定了向美国的出口价格并上报通产省,通产省将其批准为"最低出口价格",而后打入美国市场。

对照我国外贸企业,几乎是各自为政,片面地将市场价格理解为"放任性价格",想怎样降价就怎样定价,造成出口价格的严重混乱。例如,我国真丝服装在美国的平均价是 6 美元,相当于 2 米真丝绸的原料价;每台 20 寸的黑白电视机,国内协调价为 40.5 美元,现在只卖 28 美元。因此,国家规范外贸出口企业的价格行为,已成为扩大出口急需解决的问题。

2. 国家应加强对出口产品的宏观调控。出口产品数量的急剧增加,其在进口国的市场份额迅速扩大,是反倾销机构确定损害的主要因素。因而对同类产品向同一国外市场的出口数量必须进行宏观调控和管理,避免一哄而上,竞相挤入同一市场。在这方面,我国外贸企业是有教训的。1979 年我国对美国蘑菇罐头出口仅 120 吨,1981 年猛增至 13,006 吨,两年净增 107 倍,占当年美国同类产品进口金额的 289%,结果遭受反倾销指控。

---

① 《国际商报》1994 年 3 月 15 日。(编者注:原著注释,因年代久远无法查询具体文章和作者信息。)

在国外某市场,如果我国出口的同类产品已占据一定市场份额,则该国市场已呈饱和状态的情况下,必须采取措施控制向该国的出口数量,诸如实行出口许可证和出口配额管理等措施,以避免遭受反倾销指控。

三、认真做好应诉工作,进行具有说服力的抗辩

我国在国外的反倾销案件大多数以败诉告终。原因固然很多,但其中一个重要原因就是应诉不力,甚至不予应诉,任其产生和发展,这是损害我国整体经济利益的行为。

国外对我国的反倾销案中,也有少数几个成功的应诉案例。例如,1986 年 8 月,美国对中国轴承反倾销案,由于中国机械进出口总公司组织国内有关企业积极应诉,聘请当地律师进行认真的抗辩,从而促使美国商务部终裁裁决中国轴承不构成倾销,并中止调查。最近,欧共体委员会终止对中国松香的反倾销调查,也是中方及时应诉取得胜诉的成功范例。1992 年 8 月,欧共体委员会对中国松香立案调查。以中国土畜林化产品进出口公司牵头组织国内 7 家企业,并聘请欧洲高特兄弟律师事务所律师参与应诉,在听证会上据理力争,认真抗辩,以大量证据资料说服欧共体委员会否决申诉。1994 年 1 月,欧共体委员会决定终止对中国松香的反倾销调查,使中国公司打赢了这场官司。

通过我国反倾销的成功经验和败诉教训,可以为我们提供下列做好应诉工作的几点启示。

1. 选择得力人员做好证据的收集查证工作。在美国对中国的轴承案中,中方深入 8 个轴承厂和 4 个分公司调查取证,收集资料,并认真查验有关的数据及原始凭证,从而使中方应诉处于主动、有利的地位。

2. 按规定的期限认真填写和寄送问题单。问题单是反倾销机构裁决的重要依据之一,如果不按要求填写问题单,或不按规定的期限递送,欧美反倾销机构视该种行为是不予配合的行为,有权依据“可得到的最可靠资料”作出裁决。根据美国统计,采用“可以得到的最可靠资料”裁决案件,其确定的倾销幅度最高。

3. 争取外国进口商及有关方面的支持和配合。外国进口商基于维护自己利益的考虑,愿意与中方配合做好应诉工作,而他们对申诉人及

本国的情况比较了解，其提供的情况和建议，有利于中方取得主动地位。例如，在美国对中国陶瓷反倾销案中，中方积极联系美国进口商，使8家经营中国陶瓷的进口商组成“美国陶瓷进口商协会”参与应诉，最终取得该案胜诉。

反倾销案涉及的部门和单位较多，需要各方面的紧密配合，协调行动。特别是争取我国有关政府机构出面交涉，是争取应诉有利地位的重要保证。例如，香港贸易署十分重视反倾销事务，经常代表香港企业，对欧美不公平反倾销立法和不公平反倾销决定及时提出交涉，以维护香港对外贸易的整体利益。

4. 聘请当地律师，抓好应诉各环节工作。反倾销法律及程序较为复杂和严格，一般工作人员难以胜任，从反倾销实践看，凡是聘请当地有声望、精通贸易法的律师为中方抗辩，一般应诉效果较好。

5. 重视替代国的选择工作。欧美国家对中国的反倾销案通常适用替代国制度，替代国选用是否妥当直接关系到倾销的认定和倾销幅度的高低。因此，中方应广泛收集资料，拟定替代国的选择方案，争取反倾销机构选用对自己有利的国家作为替代国，是做好应诉工作的重要环节。

6. 听证会上据理陈述抗辩，影响反倾销机构作出对我方有利的判断。欧美反倾销程序一般要举行听证会，并要求当事人提交听证会前后的说明，因而听证会是中方进行抗辩的重要机会和场所。应当认真做好听证会的准备工作，在听证会上主动陈述，出示证据，以争取案件中的主动地位。

7. 采取一切措施，尽快从反倾销措施中摆脱出来。无论是采用征收反倾销税，还是采用价格承担方式终止调查，中方均应采取一切措施促使反倾销机构尽快解除反倾销措施。因而抓好行政复查和司法审查环节的工作是十分必要的。在行政复查方面，中方应首先减少或停止出口，提高产品价格，降低或消除倾销差额，创造条件争取通过行政复查撤销反倾销措施。在司法审查方面，如果反倾销机构违反法律或程序，裁决存在明显的错误和不公正，应当通过司法审查程序撤销反倾销机构的决定。例如，欧共体对中国猪鬃刷反倾销案，就是通过向欧共体法院上诉，撤销了欧共体理事会第725/89号裁决条例，从而使中国猪鬃刷又可以免予征税进入欧共体市场。

四、建立反倾销机制

反倾销工作是一项系统工程，要求各部门、各地区、各单位齐抓共管、统一行动、一致对外，其具体内容应当包括：

1. 建立对外贸易的档案制度。应追踪、收集出口商品的有关信息、资料，注重进口国市场的信息反馈，形成信息网络，并对有关信息数据、资料进行处理，分类存档保管。

2. 建立严密的反倾销应诉组织系统。我国外经贸部应是负责反倾销工作的主管机关，应当出面领导组织、协调反倾销工作。各地外经贸委（厅）应建立相应的机构负责反倾销工作。真正做到反倾销工作有人负责，措施落实。

3. 建立和完善反倾销应诉制度，对应诉中的人员组成、聘请律师、填写问题单、资料的收集和整理、听证会意见陈述等诸方面的工作，必须做到措施落实，专人负责。

同时，应尽快制定《反倾销应诉规则》《低价出口处理办法》等法规以及建立"反倾销应诉基金"，对于低价竞销、不认真应诉的外贸企业应给予处罚，对反倾销工作做得好的企业要及时奖励。

只有使我国的反倾销工作制度化、规范化和法制化，建立反倾销法律机制，才能根本扭转我国反倾销案件的被动局面，制止国外反倾销措施的滥用，为促进我国外贸出口的顺利发展提供可靠的保障。

第四节　中国复关与反倾销立法架构

一、加快反倾销立法的必要性和重要性

（一）尽快制定反倾销法是我国复关的需要

目前我国正在为早日恢复在关贸总协定的缔约方地位而积极努力，我国政府多次重申在恢复中国的缔约方地位后，中国在享受关贸总协定规定的各项权利的同时，也承担关贸总协定规定的各项义务。我

国采取了许多积极有效的措施和步骤，使对外贸易按照关贸总协定的规则运作，诸如1992年12月31日后，降低了3371种税目商品的进口关税税率；取消进口调节税；承诺在3年内取消2/3的进口许可证，5年内全部取消；赋予外贸企业"自主经营、自负盈亏"的独立法人地位；实行国家统一管理外贸的体制，增强对外贸易进出口的透明度，取消不规范的外贸管理文件，实行统一的外贸政策；取消进口替代制，大量削减直至取消进口行政审批制；实行人民币与外汇的汇率并轨，进行税收体制改革，使涉外税收更趋合理；取消国家对外贸出口的补贴，商品价格由市场调节，逐步开放国内的服务贸易市场，对外国厂商及外商投资企业逐步实行"国民待遇"原则等。

上列措施都是我国与关贸总协定衔接的配套改革。关贸总协定需要中国，中国也需要关贸总协定。在加快我国的生产要素、市场和体制与国际经济接轨的进程中，更需要制定符合关贸总协定规则的反倾销条例，1994年7月1日正式施行的《对外贸易法》第30、31条对反倾销问题作了明确规定。

（二）制定反倾销法是按照国际惯例发展我国对外贸易的需要

尽快实现我国经济与国际经济接轨，要求必须制定符合国际惯例的法律、法规，其中包括反倾销法。

迄今，反倾销法已有近百年的历史。对倾销行为采取反倾销措施，已成为国际贸易中的重要法律手段。对倾销产品征收反倾销税，以消除对国内工业的损害，也是国际上的惯例做法。目前，西方发达国家和部分发展中国家均制定了反倾销法律、法令、条例。而我国至今在反倾销立法领域仍是一个空白，这与国际上的惯例做法是不相适应的。

长期以来，我国实行的是行政计划经济，国内市场与国际市场处于相对隔离的状态，进出口贸易由外贸公司"专营"，国家对进出口贸易主要实行行政审批、许可证管理、配额、限制进口、高关税、计划指标等行政调控手段。一方面，我国出口产品不断遭受国外的反倾销指控，被征收反倾销税，部分或全部丧失了在一些国家的市场；另一方面，外国商品源源不断地流入我国，有的外国商品已泛滥成灾。例如，美国的可口可乐和百事可乐公司已占有我国软饮料市场份额的30%。如果按照欧美国家倾销考虑因素，已构成对国内工业的损害威胁。

外国商品是否存在倾销,在我们一些人中存在着认识上的误区:一是认为“外国商品价格普遍高于国内产品的价格,不存在倾销”;二是“只有在大量进口外国商品的情况下,才存在倾销”。这说明我们对倾销的认识是肤浅的。按照反倾销惯例,只要以低于正常价值的方式出口,就是倾销。例如,美国柯达彩卷在美国售价为5美元,在中国市场的售价约为2.5美元,两者差额为100%,显然柯达彩卷以低于正常价值的方式进入中国市场。对于这种不公平的贸易做法,必须采用符合国际惯例的反倾销措施加以制止。

在对外国商品进口方面,过去我国主要是采取高关税、行政审批等措施限制进口,这种传统的行政限制进口方式,一直遭到国际社会的诸多非议。因此,在争取早日复关的情况下,必须采用符合国际惯例的反倾销手段制止倾销进口,也就需要制定符合关贸总协定反倾销规则的反倾销法。

(三)加快反倾销立法,是保护国内产业免遭倾销损害的需要

我国复关后,关税将大幅度减让,由现在的加权平均关税税率22%降至13%左右,非关税贸易限制措施也将逐步减少,来自国外的进口商品将会大量增加,这就不能排除进口倾销对国内工业的损害,实际上倾销进口的现实性危险已日益迫近,如何为国内产业提供有效的救济保护,已提上了议事日程。防止倾销进口对国内工业的损害,尽快适应复关后的国际环境,必须参照国际惯例,尽快制定我国的反倾销法,对倾销进口加以规定,以保护国内产业。制定我国的反倾销法,一方面可以保护国内工业免受倾销进口的损害;另一方面,可以威慑外国对我国出口产品滥用反倾销措施,否则我国可以依法对其出口到我国的产品采取相应的措施。

由于我国还没有复关,对于欧美国家对我国出口产品滥用反倾销措施的行为,还不能诉诸关贸总协定求得公正的解决。因此,争取早日加入国际反倾销法典中,取得与其他缔约方同等的待遇,并可援用关贸总协定对发展中国家的特殊规定,按照“用尽当地行政和司法救济原则”之后,向关贸总协定仲裁小组提请审议,以求得公平、公正的解决反倾销问题。

二、我国反倾销法的构架思路

（一）我国反倾销法的立法模式

我国《对外贸易法》第 30 条规定："产品以低于正常价值的方式进口，并由此对国内已建立的相关产业造成实质损害或者产生实质损害的威胁，或者对国内建立相关产业造成实质阻碍时，国家可以采取必要措施，消除或者减轻这种损害或者损害的威胁或者阻碍。"《对外贸易法》规定的"可以采取必要的措施"就是指采取反倾销措施。

国际反倾销法产生发展至今，已形成一个较为成熟、完备的立法模式。各国的反倾销立法特别是欧美的反倾销立法，可以作为我国制定反倾销法的参考体例。综观欧美反倾销立法，不外乎是采取下列两种立法模式：

1. 分离式立法。即制定单行的反倾销法律、条例，对反倾销问题作出专门的规定。例如，《欧共体反倾销条例》EEC 第 2423/85 号，加拿大的《特别进口措施法》等。

2. 复合式立法。即在相关的综合式法律中，对反倾销作出专章或专节的规定。例如，美国《1988 年综合贸易与竞争法》、日本《海关与关税法》、澳大利亚《海关法》等。

不论是采用复合式立法模式还是分离式立法模式的国家，一般都有相应的配套法规。例如，加拿大是采用分离式立法的国家，在颁布了专门的《特别进口措施法》后，又制定了《特别进口措施规则》《加拿大进口裁决庭规则》，这些规则进一步解释、补充了《特别进口措施法》有关反倾销的规定。美国也制定有《商务部反倾销税规则》等。

我国反倾销可借鉴加拿大、欧共体的立法模式，即制定反倾销基本法——反倾销条例，再辅之以程序等方面的配套法规。

（二）我国反倾销法的指导思想和基本原则

制定适合中国国情的反倾销法，应当基于下列三点考虑：

第一，必须依据我国宪法制定反倾销法。宪法是我国的根本大法，具有最高的法律效力，反倾销法的各条款不得违反宪法。

第二，必须有利于维护国家利益。欧共体反倾销条例规定，在采取反倾销措施时,必须考虑欧共体的利益。对于我国的反倾销法来讲,也必须要服从和维护国家的利益。

第三,反倾销法应与关贸总协定相衔接,承担关贸总协定规定的义务。即我国的反倾销法应符合关贸总协定第6条及《反倾销协议》的规定,不得与该条例和规则相抵触。

我国的反倾销法应当遵循国家主权、尊重国际惯例、公平贸易、维护对外贸易秩序和对国内工业救济等原则。

(三)我国反倾销法的主要内容

参照各国反倾销法的体例及结构,我国的反倾销法应由下列四大部分构成:

1. 商品价格的规定。关于商品价格的规定是确定进口商品是否构成倾销的核心,这一部分的内容主要应包括:

(1)出口价格。反倾销法应对出口价格的含义、确定出口价格的原则及方法、出口价格的计算及调整等作出明确的规定。

(2)正常价值。反倾销法应规定正常价值的确定原则及方法、正常价值的调整等。

(3)倾销差额。主要包括正常价值与出口价格的比较、确定倾销差额的原则和方法等。

(4)进口商与出口商之间的关系,即反倾销应对影响价格的因素作出规定。

2. 倾销损害的规定。损害是确定采用反倾销措施的要素之一,反倾销法对倾销损害的规定主要有:

(1)同类产品。同类产品是确定反倾销调查范围的重要依据。因此,反倾销法应规定同类产品的涵义、确定同类产品的标准,即产品的使用特性、生产工艺、产品的互换性等。

(2)中国工业。反倾销法应当对中国国内工业的概念及范围等作出明确的规定。

(3)实质性损害。反倾销法主要规定实质性损害、实质性损害威胁及实质性阻碍,并规定损害的影响因素等。

3. 反倾销机构的规定。主要规定反倾销机构的权限及职责、反倾销机构与其他国家机关的关系等。

4. 反倾销程序的规定。主要是对反倾销调查的步骤及阶段作出规定。内容包括：

（1）反倾销程序的当事人。即反倾销法应对当事人的资格、权利和义务等问题作出规定。

（2）反倾销申诉及立案，其内容包括申诉的提起、申诉书的内容、反倾销的立案条件及期限、反倾销申诉的驳回和撤回等。

（3）证据资料。这是裁决反倾销案件的依据。其立法规定应有获取资料的调查方式、证据资料的类型、证据资料的认定、当事人提交证据资料的有效期限等。

（4）初步决定。其主要内容有初步决定的期限、临时反倾销措施的形式等。

（5）最终决定。作出最终决定的时间、最终决定的内容、最终决定的公布等。

（6）反倾销措施。包括征收固定反倾销税、临时反倾销税及义务承担协议等。

（7）反倾销调查的终止。反倾销法应规定申诉的撤回和驳回、否定性裁决、义务承担以及其他终止调查的情况。

（8）审查。主要包括行政审查和司法审查，反倾销法应规定审查提起的时间及内容、审查的进行、审查的决定、审查决定的效力等。①

---

①　编者注：1997年3月25日国务院颁布了《中华人民共和国反倾销和反补贴条例》，开始了我国真正意义上反倾销立法实践。随着2001年中国加入WTO，国务院公布新的《中华人民共和国反倾销条例》，2004年3月31日国务院根据形势需要对该条例进行了修订，并先后颁行了《反倾销调查抽样暂行规则》（2003）、《反倾销调查立案暂行规则》（2003）、《反倾销调查公开信息查阅暂行规则》（2003）、《反倾销调查实地核查暂行规则》（2003）、《反倾销调查信息披露暂行规则》（2003）、《反倾销退税暂行规则》（2003）、《反倾销新出口商复审暂行规则》（2003）、最高人民法院《关于审理反倾销行政案件应用法律若干问题的规定》（2018）、《反倾销和反补贴调查听证会规则》（2018）、《反倾销问卷调查规则》（2018）、《反倾销新出口商复审暂行规则》（2018）。由此，形成了以《中华人民共和国对外贸易法》为基本法，以《中华人民共和国反倾销条例》为主要规则，以有关配套法规为补充的反倾销法律体系。

附　录

附录一　《关税与贸易总协定》第六条关于反倾销的规定

第六条　反倾销税和反补贴税

1. 各缔约方认为：用倾销的手段将一国产品以低于正常价值的办法进入另一国市场内，如因此对某一缔约方领土内已建立的某项工业造成实质性损害或产生实质性威胁，或者对某一国内工业的新建产生实质性阻碍，这种倾销应该受到谴责。本条所称一产品以低于它的正常价值进入进口国的市场内，系指从一国向另一国出口的产品的价格：

(a)低于相同产品在出口国用于国内消费时在正常情况下的可比价格，或

(b)如果没有这种国内价格，低于：

(i)相同产品在正常贸易情况下向第三国出口的最高可比价格；或

(ii)产品在原产国的生产成本加合理的推销费用和利润。但对具体销售的条件差异、赋税差异以及影响价格可比性的其他差异，必须予以适当考虑。

2. 缔约方为了抵销或防止倾销，可以对倾销的产品征收数量不超过这一产品的倾销差额的反倾销税。本条所称的倾销差额，系指按本条第 1 款的规定所确定的价格差额。

3. 一缔约方领土的产品输入到另一缔约方领土时，

对这种产品征收的反补贴税，在金额上不得超过这种产品在原产国或输出国制造、生产或输出时，所直接或间接得到的奖励或贴补的估计数额。一种产品于运输时得到的特别补贴，也应包括在这一数额以内。“反补贴税”一词应理解为：为了抵销商品于制造、生产或输出时所直接或间接接受的任何奖励或补贴而征收的一种特别关税。

4. 一缔约方领土的产品输入到另一缔约方领土，不得因其免纳相同产品在原产国或输出国用于消费时所须完纳的税捐或因这种税捐已经退税，即对它征收反倾销税或反补贴税。

5. 一缔约方领土的产品输入到另一缔约方领土，不得因抵销倾销或出口补贴，而同时对它既征收反倾销税又征收反补贴税。

6. (a)一缔约方对另一缔约方领土产品的进口，除了断定倾销或贴补的后果会对国内某项已建的工业造成实质性损害或产生实质性威胁，或者实质性阻碍国内某一工业的新建以外，不得征收反倾销税或反补贴税。

(b)为了抵销倾销或补贴对另一个向进口缔约方领土输出有关产品的缔约方的领土内某一工业造成的实质性损害或产生的实质性威胁，缔约方全体可以解除本款(a)项规定的要求，允许这一进口缔约方对有关产品的进口征收反倾销税或反补贴税。如果缔约方全体发现某种贴补对另一个向进口缔约方领土输出有关产品的缔约方的领土内某一工业正在造成实质性损害或产生实质性威胁，它们应解除本款(a)项规定的要求，允许征收反倾销税。

(c)然而，在某些例外情况下，如果延迟将会造成难以补救的损害，一缔约方虽未经缔约方全体事前批准，也可以为本款(b)项所述的目的而征收反补贴税；但这项行动应立即向缔约方全体报告，如未获批准，这种反补贴税应即予以撤销。

7. 凡与出口价格的变动无关，为稳定国内价格或为稳定某一初级产品生产者的收入而建立的制度，即令它有时会使出口商品的售价低于相同产品在国内市场销售的可比价格，也不应认为造成了本条第6款所称的实质性损害，如果与有关商品有实质利害关系的各缔约方协商后确认：

(a)这一制度也曾使商品的出口售价高于相同产品在国内市场销售时的可比价格，而且

(b)这一制度的实施,由于对生产的有效管制或其他原因,不至于不适当地刺激出口,或在其他方面严重损害其他缔约方的利益。

附录二 “乌拉圭回合”《反倾销协议》

关于实施1994年关税与贸易总协定第6条的协议

各成员特此协议如下:

第一部分

第1条 原则

反倾销措施仅应适用于GATT 1994第6条所规定的情况,并应根据符合本协议规定发起和进行的调查实施。GATT 1994第6条的适用按下列规定执行,但仅限于根据反倾销立法或法规所采取的行动。

第2条 倾销的确定

2.1 就本协议而言,如一产品自一国出口至另一国的出口价格低于在正常贸易过程中出口国供消费的同类产品的可比价格,即以低于正常价值的价格进入另一国的商业,则该产品被视为倾销。

2.2 如在出口国国内市场的正常贸易过程中不存在该同类产品的销售,或由于出口国国内市场的特殊市场情况或销售量较低,不允许对此类销售进行适当比较,则倾销幅度应通过比较同类产品出口至一适当第三国的可比价格确定,只要该价格具有代表性,或通过比较原产国的生产成本加合理金额的管理、销售和一般费用及利润确定。

2.2.1 同类产品以低于单位(固定和可变)生产成本加管理、销售和一般费用的价格在出口国国内市场的销售或对一第三国的销售,只有在主管机关确定此类销售属在一持续时间内以实质数量且以不能在一段合理时间内收回成本的价格进行时,方可以价格原因将其视为未在正常贸易过程中进行的销售,且可在确定正常价值时不予考虑。如在进行销售时低于单位成本的价格高于调查期间的加权平均单位成本,则此类价格应被视为能在一段合理时间内收回成本。

2.2.1.1 就第2款而言,成本通常应以被调查的出口商或生产者保存的记录为基础进行计算，只要此类记录符合出口国的公认会计原则并合理反映与被调查的产品有关的生产和销售成本。主管机关应考虑关于成本适当分摊的所有可获得的证据，包括出口商或生产者在调查过程中提供的证据，只要此类分摊方法是出口商或生产者一贯延续使用的，特别是关于确定资本支出和其他开发成本的适当摊销和折旧期限及备抵的证据。除非根据本项已在成本分摊中得以反映，否则应对那些有利于将来和/或当前生产的非经常性项目支出或在调查期间支出受投产影响的情况作出适当调整。

2.2.2　就第2款而言，管理、销售和一般费用以及利润的金额应依据被调查的出口商或生产者在正常贸易过程中生产和销售同类产品的实际数据。如此类金额不能在此基础上确定，则该金额可在下列基础上确定：

(i)所涉出口商或生产者在原产国国内市场中生产和销售同一大类产品所产生和实现的实际金额；

(ii)被调查的其他出口商或生产者在原产国国内市场中生产和销售同类产品所产生的加权平均实际金额；

(iii)任何其他合理方法，但是如此确定的利润额不得超过其他出口商或生产者在原产国国内市场中销售同一大类产品所通常实现的利润额。

2.3　如不存在出口价格或据有关主管机关看来，由于出口商与进口商或第三者之间的联合或补偿性安排，而使出口价格不可靠，则出口价格可在进口产品首次转售给一独立购买者的价格基础上推定，或如果该产品未转售给一独立购买者或未按进口时的状态转售，则可在主管机关确定的合理基础上推定。

2.4　对出口价格和正常价值应进行公平比较。此比较应在相同贸易水平上进行，通常在出厂前的水平上进行，且应尽可能针对在相同时间进行的销售。应根据每一案件的具体情况，适当考虑影响价格可比性的差异，包括在销售条件和条款、税收、贸易水平、数量、物理特征方面的差异，以及其他能够证明影响价格可比性的差异。在第3款所指的情况下，还应对进口和转售之间产生的费用(包括捐税)及所产生的利润进行减免。如在这些情况下价格的可比性已经受到影响，则主管机关应在与推定的出口价格相同的贸易水平上确定正常价值，或应根据本款进行适当减免。主管机关应向所涉各方指明为保证进行公平比较所必需的信息，并不得对这些当事方强加不合理的举证责任。

2.4.1　如第4款下的比较需要进行货币换算，则该换算应使用销售之日的汇率进行，但是如期货市场上外汇的销售与所涉及的出口销售有直接联系，则应使用期货销售的汇率。汇率波动应不予考虑，且在调查中，主管机关应给予出口商至少60天的时间调整其出口价格，以反映调查期间汇率的持续变化。

2.4.2　在遵守适用于第4款中公平比较规定的前提下，调查阶段倾销幅度的存在通常应在对加权平均正常价值与全部可比出口交易的加权平均价格进行比较的基础上确定，或在逐笔交易的基础上对正常价值与出口价格进行比较而确定。如主管机关认为一种出口价格在不同购买者、地区或时间之间差异很大，且如果就为何不能通过使用加权平均对加权平均或交易对交易进行比较而适当考虑此类差异作出说明，则在加权平均基础上确定的正常价值可以与单笔出口交易的价格进行比较。

2.5　在产品不直接从原产国进口，而自一中间国出口至进口成员的情况下，该产品自出口国向进口成员销售的价格通常应与出口国中的可比价格进行比较。但是如产品仅为通过出口国转运，或此类产品在出口国无生产，或在出口国中不存在此类产品的可比价格，则也可以与原产国的价格进行比较。

2.6　本协定所用“同类产品”一词应解释为指相同的产品，即与考虑中的产品在各方面都相同的产品，或如果无此种产品，则为尽管并非在各方面都相同，但具有与考虑中的产品极为相似特点的另一种产品。

2.7　本条不损害GATT 1994附件Ⅰ中对第6条第1款的第2项补充规定。

第3条　损害的确定

3.1　就GATT 1994第6条而言，对损害的确定应依据肯定性证据，并应包括对下述内容的客观审查：(a)倾销进口产品的数量和倾销进口产品对国内市场同类产品价格的影响，及(b)这些进口产品随之对此类产品国内生产者产生的影响。

3.2　关于倾销进口产品的数量,调查主管机关应考虑倾销进口产品的绝对数量或相对于进口成员中生产或消费的数量是否大幅增加。关于倾销产品进口对价格的影响,调查主管机关应考虑与进口成员同类产品的价格相比,倾销进口产品是否大幅削低价格,或此类进口产品的影响是否是大幅压低价格,或是否在很大程度上抑制在其他情况下本应发生的价格增加。这些因素中的一个或多个均未必能够给予决定性的指导。

3.3　如来自一个以上国家的一产品的进口同时接受反倾销调查,则调查主管机关只有在确定以下内容后,方可累积评估此类进口产品的影响:(a)对来自每一国家的进口产品确定的倾销幅度大于第5条第8款定义的微量倾销幅度,且自每一国家的进口量并非可忽略不计;及(b)根据进口产品之间的竞争条件和进口产品与国内同类产品之间的竞争条件,对进口产品的影响所作的累积评估是适当的。

3.4　关于倾销进口产品对国内产业影响的审查应包括对影响产业状况的所有有关经济因素和指标的评估,包括销售、利润、产量、市场份额、生产力、投资收益或设备利用率实际和潜在的下降;影响国内价格的因素;倾销幅度大小;对现金流动、库存、就业、工资、增长、筹措资金或投资能力的实际和潜在的消极影响。该清单不是详尽无遗的,这些因素中的一个或多个均未必能够给予决定性的指导。

3.5　必须证明通过按第2款和第4款所列的影响,倾销进口产品正在造成属本协议范围内的损害。证明倾销进口产品与对国内产业损害之间存在因果关系应以审查主管机关得到的所有有关证据为依据。主管机关还应审查除倾销进口产品外的、同时正在损害国内产业的任何已知因素,且这些其他因素造成的损害不得归因于倾销进口产品。在这方面可能有关的因素特别包括未以倾销价格销售的进口产品的数量和价格、需求的减少或消费模式的变化、外国与国内生产者的限制贸易的做法及它们之间的竞争、技术发展以及国内产业的出口实绩和生产率。

3.6　如可获得的数据允许以工序、生产者的销售和利润等标准为基础单独确认同类产品的国内生产,则倾销进口产品的影响应与该生产相比较进行评估。如不能单独确认该生产,则倾销进口产品的影响应通过审查包含同类产品的最小产品组或产品类别的生产而进行评估,而这些产品能够提供必要的信息。

3.7 对实质损害威胁的确定应依据事实,而不是仅依据指控、推测或极小的可能性。倾销将造成损害发生的情形变化必须是能够明显预见且迫近的。在作出有关存在实质损害威胁的确定时,主管机关应特别考虑下列因素:

(i)倾销进口产品进入国内市场的大幅增长率,表明进口实质增加的可能性;

(ii)出口商可充分自由使用的或即将实质增加的能力,表明倾销出口产品进入进口成员市场实质增加的可能性,同时考虑吸收任何额外出口的其他出口市场的可获性;

(iii)进口产品是否以将对国内价格产生大幅度抑制或压低影响的价格进入,是否会增加对更多进口产品的需求;以及

(iv)被调查产品的库存情况。

这些因素中的任何一个本身都未必能够给予决定性的指导,但被考虑因素作为整体必须得出如下结论,即更多的倾销出口产品是迫近的,且除非采取保护性行动,否则实质损害将会发生。

3.8 对于倾销进口产品造成损害威胁的情况,实施反倾销措施的考虑和决定应特别慎重。

第 4 条 国内产业的定义

4.1 就本协议而言,“国内产业”一词应解释为指同类产品的国内生产者全体,或指总产量构成同类产品国内总产量主要部分的国内生产者,除非:

(i)如生产者与出口商或进口商有关联,或他们本身为被指控的倾销产品的进口商,则“国内产业”一词可解释为指除他们外的其他生产者;

(ii)在特殊情况下,对所涉生产,一成员的领土可分成两个或两个以上的竞争市场,在下述条件下,每一市场中的生产者均可被视为一独立产业:(a)该市场中的生产者在该市场中出售他们生产的全部或几乎全部所涉产品,且(b)该市场中的需求在很大程度上不是由位于该领土内其他地方的所涉产品生产者供应的。在此种情况下,则可认为存在

损害,即使全部国内产业的主要部分未受损害,只要倾销进口产品集中进入该孤立市场,且只要倾销产品正在对该市场中全部或几乎全部产品的生产者造成损害。

4.2　如国内产业被解释为指某一地区的生产者,即按第1款(ii)项规定的市场,则反倾销税只能对供该地区最终消费的所涉产品征收。如进口成员的宪法性法律不允许以此为基础征收反倾销税,则进口成员只能在下列条件下方可征收反倾销税而不受限制:(a)应给予出口商停止以倾销价格向有关地区出口的机会或按照第8条作出保证,而出口商未能迅速在此方面作出保证,且(b)此类反倾销税不能仅对供应所涉地区的特定生产者的产品征收。

4.3　如两个或两个以上国家已根据GATT 1994第24条第8款(a)项达到具有单一统一市场特征的一体化水平,则整个一体化地区的产业应被视为第1款所指的国内产业。

4.4　第3条第6款的规定应适用于本条。

第5条　发起和随后进行调查

5.1　除第6款的规定外,确定任何被指控的倾销的存在、程度和影响的调查应在收到由国内产业或代表国内产业提出的书面申请后发起。

5.2　第1款下的申请应包括以下证据:(a)倾销,(b)属由本协议解释的GATT 1994第6条范围内的损害,以及(c)倾销进口产品与被指控的损害之间的一种因果关系。缺乏有关证据的简单断言不能被视为足以满足本款的要求。申请应包括申请人可合理获得的关于下列内容的信息:

(i)申请人的身份和申请人提供的对国内同类产品生产的数量和价值的说明。如代表国内产业提出书面申请,则申请应通过一份列出同类产品的所有已知国内生产者的清单(或同类产品的国内生产者协会),确认其代表提出申请的产业,并在可能的限度内,提供此类生产者所占国内同类产品生产的数量和价值的说明;

(ii)对被指控的倾销产品的完整说明、所涉一个或多个原产国或出口国名称、每一已知出口商或国外生产者的身份以及已知的进口所涉产品的人员名单;

(iii)所涉产品销售供一个或多个原产国或出口国国内市场消费时的价格信息(或在适当时,关于该产品自一个或多个原产国或出口国向一个或多个第三国销售价格的信息,或关于该产品推定价格的信息),出口价格信息,或在适当时,该产品首次转售给进口成员领土内一独立购买者的价格信息;

(iv)被指控的补贴进口产品数量变化的信息,这些进口产品对国内市场同类产品价格的影响,以及由影响国内产业状况的有关因素和指标所证明的这些产品对国内产业造成的影响,例如第3条第2款和第4款中所列的因素和指标。

5.3　主管机关应审查申请中提供的证据的准确性和充分性,以确定是否有足够的证据证明发起调查是正当的。

5.4　除非主管机关根据对国内同类产品生产者对申请表示的支持或反对程度的审查确定申请是由国内产业或代表国内产业提出的,否则不得按照第1款发起调查。如申请得到总产量构成国内产业中表示支持或反对申请的国内同类产品生产者生产的同类产品总产量的50%以上,则该申请应被视为"由国内产业或代表国内产业提出"。但是,如表示支持申请的国内生产者的产量不足国内产业生产的同类产品总产量的25%,则不得发起调查。

5.5　主管机关应避免公布关于发起调查的申请,除非已决定发起调查。但是,在收到一份附有适当证明文件的申请后和在开始发起调查之前,主管机关应通知有关出口成员政府。

5.6　在特殊情况下,如有关主管机关在未收到国内产业或代表国内产业提出的发起调查的书面申请的情况下决定发起调查,则只有在具备第2款所述关于倾销、损害和因果关系的充分证据证明发起调查是正当的情况下,方可发起调查。

5.7　倾销和损害的证据应(a)在有关是否发起调查的决定中及(b)此后在调查过程中同时予以考虑,调查过程自不迟于依照本协议规定可实施临时措施的最早日期开始。

5.8　主管机关一经确信不存在有关倾销或损害的足够证据以证明继续进行该案是正当的,则根据第1款提出的申请即应予以拒绝,且调查应迅速终止。如主管机关确定倾销幅度属微量,或倾销进口产品的实际或潜在的数量或损害可忽略不计,则应立即终止调查。如倾销幅度按出口价格的百分比表示小于 2%,则该幅度应被视为属微量。如来自一特定国家的倾销进口产品的数量被查明占进口成员中同类产品进口的不足 3%,则该倾销进口产品的数量通常应被视为可忽略不计,除非占进口成员中同类产品进口不足 3%的国家合计超过该进口成员中同类产品进口的 7%。

5.9 反倾销程序不得妨碍通关程序。

5.10 除特殊情况外,调查应在发起后 1 年内结束,且绝不能超过 18 个月。

第 6 条 证据

6.1 应将主管机关要求的信息通知反倾销调查中的所有利害关系方,并给予它们充分的机会以书面形式提出其认为与所涉调查有关的所有证据。

6.1.1 应给予收到反倾销调查中所使用问卷的出口商或外国生产者至少 30 天时间作出答复。对于延长该 30 天期限的任何请求应给予适当考虑,且根据所陈述的原因,只要可行即应予以延期。

6.1.2 在遵守保护机密信息要求的前提下,一利害关系方提出的书面证据应迅速向参与调查的其他利害关系方提供。

6.1.3 调查一经发起,主管机关即应将根据第 5 条第 1 款收到的书面申请的全文向已知出口商和出口成员的主管机关提供,并应请求,应向其他涉及的利害关系方提供。应适当注意按第 5 款规定的保护机密信息的要求。

6.2 在整个反倾销调查期间,所有利害关系方均有为其利益进行辩护的充分机会。为此,应请求,主管机关应向所有利害关系方提供与具有相反利益的当事方会面的机会,以便陈述对立的观点和提出反驳的论据。提供此类机会必须考虑保护机密和方便有关当事方的需要。任何一方均无必须出席会议的义务,未能出席会议不得对该方的案件产生不利。利害关系方还有权在说明正当理由后口头提出其他信息。

6.3 只有在随后以书面形式再次提出并按照第 1 款第 2 项的规定向其他利害关系方提供的情况下,主管机关方可考虑根据第 2 款提供的口头信息。

6.4 只要可行,主管机关即应迅速向所有利害关系方提供机会,使其了解与其案件陈述有关的、不属第5款规定的机密性质,且主管机关在反倾销调查中使用的所有信息,并使其能以此信息为基础准备陈述。

6.5 任何属机密性质的信息(例如,由于信息的披露会给予一竞争者巨大的竞争优势,或由于信息的披露会给信息提供者或给向信息获得者提供信息的人士带来严重不利影响),或由调查参加方在保密基础上提供的信息,主管机关应在对方说明正当原因后,按机密信息处理。此类信息未经提供方特别允许不得披露。

6.5.1 主管机关应要求提供机密信息的利害关系方提供此类信息的非机密摘要。这些摘要应足够详细,以便能够合理了解以机密形式提交的信息的实质内容。在特殊情况下,此类利害关系方可表明此类信息无法摘要。在此类特殊情况下,必须提供一份关于为何不能进行摘要的原因的说明。

6.5.2 如主管机关认为关于保密的请求缺乏正当理由,且如果信息提供者不愿公布信息,或不愿授权以概括或摘要的形式披露信息,则主管机关可忽略此类信息,除非主管机关可从适当的来源满意地证明该信息是正确的。

6.6 除第8款规定的情况外,在调查过程中,主管机关应设法使自己确信利害关系方提供的、其调查结果所依据的信息的准确性。

6.7 为核实提供的信息或获得进一步的细节,主管机关可根据需要在其他成员领土内进行调查,但它们应获得有关企业的同意并通知所涉成员的政府代表,但该成员反对调查时除外。附件1中所述程序应适用于在其他成员领土内进行的调查。在遵守保护机密信息要求的前提下,主管机关应使任何此类调查的结果可获得,或根据第9款向有关企业披露,并可使申请人可获得此类结果。

6.8 如任何利害关系方不允许使用或未在合理时间内提供必要的信息,或严重妨碍调查,则初步和最终裁定,无论是肯定的还是否定的,均可在可获得的事实基础上作出。在适用本款时应遵守附件2的规定。

6.9 主管机关在作出最终裁定之前,应将考虑中的、构成是否实施最终措施决定依据的基本事实通知所有利害关系方。此披露应使各方有充分的时间为其利益进行辩护。

6.10　主管机关通常应对被调查产品的每一已知出口商或生产者确定各自的倾销幅度。在出口商、生产者、进口商的数量或所涉及的产品种类特别多而使作出此种确定不实际的情况下，主管机关可通过在作出选择时可获得的信息基础上使用统计上有效的抽样方法，将其审查限制在合理数量的利害关系方或产品上，或限制在可进行合理调查的来自所涉国家出口量的最大百分比上。

6.10.1　任何根据本款作出的对出口商、生产者、进口商或产品类别的选择，最好应与有关出口商、生产者或进口商进行磋商并取得他们的同意后作出。

6.10.2　在主管机关按本款的规定限制其审查范围的情况下，它们仍应对及时提交在调查过程中将进行考虑的必要信息的、但最初未被选择的任何出口商或生产者单独确定倾销幅度，除非出口商或生产者的数目特别大，使单独审查给主管机关带来过分的负担并妨碍调查的及时完成。不得阻止自愿作出的答复。

6.11　就本协议而言，“利害关系方”应包括：

(i)被调查产品的出口商或外国生产者或进口商，或大多数成员为该产品的生产者、出口商或进口商的同业公会或商会；

(ii)出口成员的政府；以及

(iii)进口成员中同类产品的生产者，或大多数成员在进口成员领土内生产同类产品的同业公会和商会。

除上述各方外，本清单不排除各成员允许国内或国外其他各方被列为利害关系方。

6.12　主管机关应向被调查产品的工业用户，或在该产品通常为零售的情况下，向具有代表性的消费者组织提供机会，使其能够提供与关于倾销、损害和因果关系的调查有关的信息。

6.13　主管机关应适当考虑利害关系方、特别是小公司在提供所要求的信息方面遇到的任何困难，并应提供任何可行的帮助。

6.14　上述程序无意阻止一成员主管机关依照本协定的有关规定，迅速发起调查，作出无论是肯定还是否定的初步或最终裁定，也无意阻止实施临时或最终措施。

第7条 临时措施

7.1 临时措施只有在下列情况下方可实施：

(i)已依照第5条的规定发起调查,已为此发出公告,且已给予利害关系方提交信息和提出意见的充分机会；

(ii)已作出关于倾销和由此产生的对国内产业的损害的初步肯定裁定;以及

(iii)有关主管机关判断此类措施对防止在调查期间造成损害是必要的。

7.2 临时措施可采取征收临时税的形式,或更可取的是,采取现金保证金或保函等担保形式,其金额等于临时估算的反倾销税的金额,但不高于临时估算的倾销幅度。预扣估算的反倾销税是一种适当的临时措施,但需表明正常反倾销税和反倾销税估算的金额,且预扣估算的反倾销税需与其他临时措施受相同条件的约束。

7.3 临时措施不得早于发起调查之日起60天实施。

7.4 临时措施的实施应限制在尽可能短的时间内,不超过4个月,或经有关主管机关决定,并应在所涉及的贸易中占很大百分比的出口商请求,可不超过6个月。在调查过程中,如主管机关审查低于倾销幅度的反倾销税是否足以消除损害,则这些时间可分别为6个月和9个月。

7.5 在实施临时措施时应遵循第9条的有关规定。

第8条 价格承诺

8.1 如收到任何出口商关于修改其价格或停止以倾销价格向所涉地区出口的令人满意的自愿承诺,从而使主管机关确信倾销的损害性影响已经消除,则调查程序可以中止或终止,而不采取临时措施或征收反倾销税。根据此类承诺的提价不得超过抵消倾销幅度所必需的限度。如提价幅度小于倾销幅度即足以消除对国内产业的损害,则该提价幅度是可取的。

8.2 除非进口成员的主管机关已就倾销和倾销所造成的损害作出初步肯定裁定,否则不得寻求或接受出口商的价格承诺。

8.3 如主管机关认为接受价格承诺不可行,则不必接受所提承诺,例如由于实际或潜在的出口商数量过大,或由于其他原因,包括一般政策原因。如发生此种情况且在可行的情况下,主管机关应向出口商提供其认为不宜接受承诺的理由,并应在可能的限度内给予出口商就此发表意见的机会。

8.4　如承诺被接受,且如果出口商希望或主管机关决定,则关于倾销和损害的调查仍应完成。在此种情况下,如作出关于倾销或损害的否定裁定,则承诺即自动失效,除非此种裁定主要是由于承诺的存在而作出的。在此类情况下,主管机关可要求在与本协议规定相一致的合理期限内维持承诺。如作出关于倾销和损害的肯定裁定,则承诺应按其条件和本协议的规定继续有效。

8.5　价格承诺可由进口成员的主管机关提出建议,但不得强迫出口商作出此类承诺。出口商不提出此类承诺或不接受这样做的邀请的事实,决不能有损于对该案的审查。但是,如倾销进口产品继续发生,则主管机关有权确定损害威胁更有可能出现。

8.6　进口成员的主管机关可要求承诺已被接受的任何出口商定期提供有关履行该承诺的信息,并允许核实有关数据。如违反承诺,则进口成员的主管机关可根据本协议的相应规定采取迅速行动,包括使用可获得的最佳信息立即实施临时措施。在此类情况下,可依照本协议对在实施此类临时措施前 90 天内进口供消费的产品征收最终税,但此追溯课征不得适用于在违反承诺之前已入境的进口产品。

第 9 条　反倾销税的征收

9.1　在所有征收反倾销税的要求均已满足的情况下是否征税的决定,及征收的反倾销税金额是否应等于或小于倾销幅度的决定,均由进口成员的主管机关作出。宜允许在所有成员领土内征税,如反倾销税小于倾销幅度即足以消除对国内产业的损害,则该反倾销税是可取得。

9.2　如对任何产品征收反倾销税,则应对已被认定倾销和造成损害的所有来源的进口产品根据每一案件的情况在非歧视基础上收取适当金额的反倾销税,来自根据本协议条款提出的价格承诺已被接受的来源的进口产品除外。主管机关应列出有关产品供应商的名称。但是,如涉及来自同一国家的多个供应商,且不能列出所有供应商的名称,则主管机关可列出有关供应国的名称。如涉及来自一个以上国家的多个供应商,则主管机关可列出所有供应商的名称,或如果这样做不可行,也可列出所有涉及的供应国的名称。

9.3 反倾销税的金额不得超过根据第2条确定的倾销幅度。

9.3.1 如反倾销税金额在追溯基础上课征,则应尽快作出最终支付反倾销税责任的确定,通常在提出对反倾销税金额作出最终课征的请求之日起12个月内作出,绝不能超过18个月。任何退还应迅速作出,通常应在根据本项作出最终责任确定后90天内。在任何情况下,如退还未能在90天内作出,则主管机关如被请求应提供说明。

9.3.2 如反倾销税金额在预期基础上课征,则应请求,应对超过倾销幅度的任何已付反倾销税的迅速退还作出规定。对于超过实际倾销幅度的任何此种已付反倾销税的退还,通常应在被征收反倾销税产品的进口商提出以适当证据支持的退还请求之日起12个月内作出,绝不能超过18个月。批准的退还通常应在作出上述决定后90天内完成。

9.3.3 如出口价格依照第2条第3款推定,则主管机关在作出是否偿付和偿付限度的确定时,应考虑正常价值的任何变化、进口与转售之间发生的成本的变化以及适当反映在随后售价中的转售价格的任何变化,且如果提出对上述情况的确凿证据,出口价格的计算不应扣除已付反倾销税的金额。

9.4 如主管机关已依照第6条第10款第2句限制其审查,则对来自审查未包括的出口商或生产者的进口产品征收的反倾销税:

(i)不得超过对选定出口商或生产者确定的加权平均倾销幅度,或

(ii)如反倾销税的支付责任以预期正常价值为基础计算,则不得超过选定出口商或生产者的加权平均正常价值与未经单独审查的出口商或生产者的出口价格之间的差额,但是主管机关就本款的而言,应忽略任何零幅度、微量幅度和在第6条第8款所指的情况下确定的幅度。主管机关应对来自审查未包括的、按第6条第10.2款的规定在调查期间已提供必要信息的任何出口商或生产者的进口产品适用单独反倾销税或正常价值。

9.5 如一产品在一进口成员中被征收反倾销税,则主管机关应迅

速进行审查，以便确定所涉出口国中在调查期间未向进口成员出口该产品的任何出口商或生产者的单独倾销幅度，只要这些出口商或生产者能够证明他们与出口国中该产品被征收反倾销税的任何出口商或生产者无关联。此种审查进口成员正常的反倾销税课征和审查程序相比，应在加速的基础上开始和进行。在进行审查期间，不得对来自此类出口商或生产者的进口产品征收反倾销税。但是，主管机关可预扣估算和/或要求作出担保，以保证在该审查确定此类出口商或生产者存在倾销时，能够自该审查开始之日起追溯征收反倾销税。

第 10 条　追溯效力

10.1　临时措施和反倾销税仅对在分别根据第 7 条第 1 款和第 9 条第 1 款作出的决定生效之后进口供消费的产品适用，但需遵守本条所列例外。

10.2　如作出损害的最终裁定（而不是损害威胁或实质阻碍一产业建立的最终裁定），或在虽已作出损害威胁的最终裁定，但如无临时措施，将会导致对倾销进口产品的影响作出损害裁定的情况下，则反倾销税可对已经实施临时措施（若有的话）的期间追溯征收。

10.3　如最终反倾销税高于已付或应付的临时税或为担保目的而估计的金额，则差额部分不得收取。如最终税低于已付或应付临时税或为担保目的而估计的金额，则差额部分应根据具体情况予以退还，或重新计算税额。

10.4　除第 2 款的规定外，如作出损害威胁或实质阻碍的裁定（但未发生损害），则最终反倾销税只能自作出损害威胁或实质阻碍的裁定之日起征收，在实施临时措施期间所交纳的任何现金保证金应迅速予以退还，任何保函应迅速予以解除。

10.5　如最终裁定为否定的，则在实施临时措施期间所交纳的现金保证金应迅速予以退还，任何保函应迅速予以解除。

10.6　如主管机关对所涉倾销产品作出如下确定，则最终反倾销税可对在实施临时措施之日前 90 天内进口供消费的产品征收：

（i）存在造成损害的倾销的历史记录，或进口商已经知道或理应知道出口商实行倾销，且此类倾销会造成损害，及

（ii）损害是由在相对较短时期内倾销产品的大量进口造成的，根据

倾销产品的时间和数量及其他情况(例如进口产品的库存快速增加),该倾销产品可能会严重破坏即将实施的最终反倾销税的补救效果,只要已经给予有关进口商发表意见的机会。

10.7 主管机关在发起调查后,一旦掌握充分证据表明第6款所列条件已得到满足,即可采取该款规定的追溯征收反倾销税所必要的预扣估算或课征反倾销税的措施。

10.8 不得对调查发起之日前进口供消费的产品根据第6款追溯征税。

第11条 反倾销税和价格承诺的期限和复审

11.1 反倾销税应仅在抵消造成损害的倾销所必需的时间和限度内实施。

11.2 主管机关在有正当理由的情况下,自行复审或在最终反倾销税的征收已经过一段合理时间后,应提交证实复审必要性的肯定信息的任何利害关系方请求,复审继续征税的必要性。利害关系方有权请求主管机关复审是否需要继续征收反倾销税以抵消倾销,如取消或改变反倾销税,则损害是否有可能继续或再度发生,或同时复审两者。如作为根据本款复审的结果,主管机关确定反倾销税已无正当理由,则反倾销税应立即终止。

11.3 尽管有第1款和第2款的规定,但是任何最终反倾销税应在征收之日起(或在复审涉及倾销和损害两者的情况下,自根据第2款进行的最近一次复审之日起,或根据本款)5年内的一日期终止,除非主管机关在该日期之前自行进行的复审或在该日期之前一段合理时间内由国内产业或代表国内产业提出的有充分证据请求下进行的复审确定,反倾销税的终止有可能导致倾销和损害的继续或再度发生。在此种复审的结果产生之前,可继续征税。

11.4 第6条关于证据和程序的规定应适用于根据本条进行的任何复审。任何此类复审应迅速进行,且通常应在自复审开始之日起12个月内结束。

11.5 本条的规定在细节上作必要修改后应适用于根据第8条接受的价格承诺。

第 12 条　公告和裁定的说明

12.1　如主管机关确信有充分证据证明按照第 5 条发起的反倾销调查是正当的,则应通知其产品接受该调查的一个或多个成员和调查主管机关已知与该调查有利害关系的其他利害关系方,并应发布公告。

12.1.1　关于发起调查的公告应包括或通过单独报告提供有关下列内容的充足信息:

(i)一个或多个出口国的名称和所涉及的产品名称;

(ii)发起调查的日期;

(iii)申请中有关被指控倾销的依据;

(iv)关于损害的指控所依据因素的摘要;

(v)利害关系方送交交涉的地址;

(vi)允许利害关系方公布其意见的时限。

12.2　对于任何初步或最终裁定,无论是肯定的还是否定的,按照第 8 条接受承诺的决定、此种承诺的终止以及最终反倾销税的终止均应作出公告。每一公告均应详细列出或通过单独报告详细提供调查主管机关就其认为重要的所有事实问题和法律问题所得出的调查结果和结论。所有此类公告和报告应转交其产品受该裁定或承诺约束的一个或多个成员,及已知与此有利害关系的其他利害关系方。

12.2.1　实施临时措施的公告应列出或通过单独报告提供关于倾销和损害的初步裁定的详细说明,并应提及导致有关论据被接受或被拒绝的事实问题和法律问题。该公告或报告应在适当考虑保护机密信息要求的同时,特别包含下列内容:

(i)供应商名称,如不可行,则为所涉及的供应方名称;

(ii)足以符合报关目的的产品描述;

(iii)根据第 2 条确定的倾销幅度及关于确定和比较出口价格和正常价值所使用方法的理由的完整说明;

(iv)按第 3 条所列与损害确定有关的考虑;

(v)导致作出裁定的主要理由。

12.2.2　在规定征收最终反倾销税或接受价格承诺的肯定裁定的情况下,关于结束或中止调查的公告应包含或通过一份单独报告提供导致实施最终措施或接受价格承诺的所有有关的事实问题和法律问题及理由,同时应适当考虑保护机密信息的要求。特别是,公告或报告应包含2.1项所述的信息,以及接受或拒绝出口商和进口商所提有关论据或请求事项的理由,及根据第6条第10.2款作出任何决定的依据。

12.2.3 关于在根据第8条接受承诺后终止或中止调查的公告应包含或通过一份单独报告提供该承诺的非机密部分。

12.3 本条的规定在细节上作必要修改后应适用于根据第11条进行和完成的审查,并适用于根据第10条追溯征税的决定。

第13条 司法审查

国内立法包含反倾销措施规定的每一成员均应设有司法、仲裁或行政庭或程序,其目的特别包括迅速审查与最终裁定的行政行为有关、且属第11条范围内的对裁定的审查。此类法庭或程序应独立于负责所涉裁定或审查的主管机关。

第14条 代表第三国的反倾销行动

14.1 代表一第三国实施反倾销行动的申请应由请求采取行动的该第三国的主管机关提出。

14.2 此种申请应得到证明进口产品正在倾销的价格信息及证明被指控的倾销正在对第三国的有关国内产业造成损害的详细信息支持。第三国的政府应向进口国的主管机关提供所有帮助,以便使后者获得其可能要求的任何进一步信息。

14.3 在考虑此种申请时,进口国的主管机关应考虑被指控的倾销对第三国有关产业的整体影响;意即对损害的评估不应仅限于被指控的倾销对该产业向进口国的出口的影响或甚至对该产业全部出口的影响。

14.4 关于是否继续进行一案件的决定应取决于进口国。如进口国决定准备采取行动,则与货物贸易理事会开始进行接触以寻求其对采取此类行动的批准取决于进口国。

第15条 发展中国家成员

各方认识到,在考虑实施本协议项下的反倾销措施时,发达国家成员应对发展中国家成员的特殊情况给予特别注意。在实施会影响发展中国家成员根本利益的反倾销税之前,应探讨本协定规定的建设性补救的可能性。

第二部分

第 16 条　反倾销措施委员会

16.1　特此设立反倾销措施委员会(本协议中称委员会),由每一成员的代表组成。委员会应选举自己的主席,每年应至少召开 2 次会议,或按本协议有关规定所设想的在任何成员请求下召开会议。委员会应履行本协议项下或各成员指定的职责,并应向各成员提供机会,就有关本协议的运用或促进其目标实现的任何事项进行磋商。WTO 秘书处担任委员会的秘书处。

16.2　委员会可酌情设立附属机构。

16.3　委员会和任何附属机构在履行其职能时,可向其认为适当的任何来源进行咨询和寻求信息。但是,委员会或附属机构在向一成员管辖范围内的一来源寻求此类信息之前,应通知所涉及的成员。委员会应获得该成员和将进行协商的任何企业的同意。

16.4　各成员应立刻通知委员会其采取的所有初步或最终反倾销行动。此类报告应可从秘书处获得,供其他成员审查。各成员还应每半年提交关于在过去 6 个月内采取的任何反倾销行动的报告。半年期报告应以议定的标准格式提交。

16.5　每一成员应通知委员会:(a)哪一个主管机关负责发起和进行第 5 条所指的调查,及(b)适用于发起和进行此类调查的国内程序。

第 17 条　磋商和争端解决

17.1　除本协议另有规定外,《争端解决谅解》适用于本协议项下的磋商和争端解决。

17.2　每一成员应对另一成员提出的有关影响本协议运用的任何事项的交涉给予积极考虑,并应提供充分的磋商机会。

17.3　如任何成员认为其在本协议项下直接或间接获得的利益正在受到另一成员或其他成员的丧失或减损,或任何目标的实现正在受到阻碍,则该成员为就该事项达成双方满意的解决办法,可以书面形式请求与所涉一个或多个成员进行磋商。每一成员应对另一成员提出的磋商请求给予积极考虑。

17.4　如请求磋商的成员认为按照第 3 款进行的磋商未能达成双

方同意的解决办法,且如果进口成员的行政主管机关已经采取征收最终反倾销税或接受价格承诺的最终行动,则该成员可将此事项提交争端解决机构(下称 DSB)。如一临时措施具有重大影响,且请求磋商的成员认为该措施的采取违反第 7 条第 1 款的规定,则该成员也可将此事项提交 DSB。

17.5 在起诉方请求下,DSB 应设立一专家组以依据以下内容审查该事项:

(i)提出请求成员的书面陈述,其中表明该成员在本协议项下直接或间接获得的利益如何丧失或减损,或本协议目标的实现如何受到阻碍,及

(ii)根据适当国内程序的使进口国的主管机关可获得的事实。

17.6 在审查第 5 款所指的事项时:

(i)在评估该事项的事实时,专家组应确定主管机关对事实的确定是否适当,及他们对事实的评估是否无偏见和客观的。如事实的确定是适当的,且评估是无偏见和客观的,则即使专家组可能得出不同的结论,而该评估也不得被推翻;

(ii)专家组应依照关于解释国际公法的习惯规则,解释本协议的有关规定。在专家组认为本协议的有关规定可以作出一种以上允许的解释时,如主管机关的措施符合其中一种允许的解释,则专家组应认定该措施符合本协议。

17.7 未经提供此类信息的个人、机构或主管机关正式授权,向专家组提供的机密信息不得披露。如该信息为专家组要求提供,但未授权专家组公布该信息,则经提供该信息的个人、机构或主管机关授权,应提供该信息的非机密摘要。

第三部分

第 18 条 最后条款

18.1 除依照由本协议解释的 GATT 1994 的条款外,不得针对来自另一成员的倾销出口产品采取特定行动。

18.2 未经其他成员同意,不得对本协议的任何规定提出保留。

18.3 在遵守第 3 条第 1 款和第 3 条第 2 款规定的前提下,本协议

的规定应适用于根据在《WTO协定》对一成员生效之日或之后提出的申请而发起的调查和对现有措施的审查。

18.3.1 对于在第9条第3款下退还程序中有关倾销幅度的计算,应适用在最近倾销确定或复审中使用的规则。

18.3.2 就第11条第3款而言,现有反倾销措施应被视为在不迟于《WTO协定》对一成员生效之日起的一日期实施,除非一成员在该日有效的国内立法中已包括该款规定类型的条款。

18.4 每一成员应采取所有必要的一般或特殊步骤,以保证在不迟于《WTO协定》对其生效之日,使其法律、法规和行政程序符合可能对所涉成员适用的本协议的规定。

18.5 每一成员应将与本协议有关的法律和法规的任何变更情况及此类法律和法规管理方面的变更情况通知委员会。

18.6 委员会应每年审议本协议的执行和运用情况,同时考虑本协议的目标。委员会应每年将此类审议所涉期间的发展情况通知货物贸易理事会。

18.7 本协议的附件为本协议的组成部分。

附件1

根据第6条第7款进行实地调查的程序

1. 在发起调查后,应将进行实地调查的意向通知出口成员的主管机关和已知的有关公司。

2. 如在特殊情况下,有意在调查组中包含非政府专家,则应将此通知出口成员的公司和主管机关。此类非政府专家如违反保密要求,应受到有效处罚。

3. 标准做法应为,在访问最终确定之前,应获得出口成员中有关公司的明确同意。

4. 一经获得有关公司的同意,调查主管机关即应将准备访问的公司名称和地址以及商定的日期通知出口成员的主管机关。

5. 在进行访问之前,应向所涉公司作出充分的预先通知。

6. 对于解释问卷的访问,只应在出口公司提出请求后进行。此种访问只有在(a)进口成员的主管机关通知所涉成员的代表和(b)后者不反对该访问的情况下进行。

7. 由于实地调查的主要目的是核实所提供的信息或获得进一步的细节,因此应在收到对问卷的答复之后进行,除非该公司同意相反的做法,且调查主管机关已将预期的访问通知出口成员政府,而后者不持异议;此外,实地调查的标准做法应为,在访问之前告知有关公司需要核实信息的一般性质和需要提供的任何进一步信息,但是此点不应排除根据所获信息当场提出提供进一步细节的要求。

8. 出口成员的主管机关或公司提出的对成功进行实地调查所必要的询问或问题,只要可能,均应在访问前作出答复。

附件 2

按照第 6 条第 8 款可获得的最佳信息

1. 调查一经发起,调查主管机关即应尽快详细列明要求任何利害关系方提供的信息,及利害关系方在其答复中组织此类信息的方式。主管机关还应保证该方意识到,如信息未能在合理时间内提供,调查机关将有权以可获得的事实为基础作出裁定,包括在国内产业提出的发起调查的申请中包含的事实。

2. 主管机关还可要求利害关系方以一种特殊介质(如计算机用磁带)或计算机语言提供答复。如提出此类要求,则主管机关应考虑该利害关系方以选择的介质或计算机语言作出答复的合理能力,且不应要求利害关系方使用不同于该方使用的计算机系统作出答复。如利害关系方不建立计算机化账目,且如果按要求提交的答复会给利害关系方造成不合理的额外负担,例如需承担不合理的额外费用和麻烦,则调查机关不应坚持要求作出计算机化的答复。如利害关系方未以特殊介质或计算机语言建立计算机化账目,且如果按要求提交的答复会给利害关系方造成不合理的额外负担,例如需承担不合理的额外费用和麻烦,则调查机关不应坚持要求以此种介质或计算机语言作出答复。

3. 在作出裁定时应考虑所有可核实的、适当提交的可用于调查而无不当困难的、及时提供的信息,如适用,还应考虑按主管机关要求以一种介质或计算机语言提供的信息。如一方未以选择的介质或计算机语言作出答复,但主管机关认为第 2 款所列情况已得到满足,则未以该选择介质或计算机语言作出答复不应被视为严重阻碍调查。

4. 如主管机关无能力处理以特殊介质提供的信息(如计算机用磁

带),则信息应以书面材料方式或主管机关可接受的任何其他方式提供。

5. 即使提供的信息并非在各方面都理想,但是此点并不能使主管机关有理由忽略该信息,只要利害关系方已经尽其所能。

6. 如证据或信息未被接受,则应将有关理由通知提供方,并应提供在合理时间内作出进一步说明的机会,同时适当考虑调查的时限。如主管机关认为该说明不令人满意,则应在任何公布的裁定中列出拒绝该证据或信息的理由。

7. 如主管机关的调查结果,包括对正常价值的调查结果,只能依据第二来源的信息,包括在发起调查的申请中提供的信息,则应特别慎重。在此类情况下,如可行,主管机关应自行核对来自其他独立来源的信息,例如公布的价格表、官方进口统计、海关报表以及调查期间自其他利害关系方获得的信息。但是很显然,如一利害关系方不予合作,而使调查机关不能获得有关信息,则此情况可导致比该方进行合作时更为不利的结果。

附录三　美国商务部反倾销规则

美国反倾销条例

(美国商务部于 1989 年 3 月 28 日公布,
并于 1989 年 4 月 28 日生效)

第一条　范围

本条例对根据经修正补充过的《1930 年关税法》第七编之规定征收反倾销税时应遵守程序和实施细则作了补充和规定。本条例还融合了根据《1984 年贸易和关税法》第六编及《1986 年税收改革法》第十八编第二部分第三章之规定而作出的修改条款。

第二条　定义

1. “关税法”系修正补充过的《1930 年关税法》。

2. “委员会”系指美国国际贸易委员会。

3. “外国”系指某一外国国家或外国某一行政区,外国某一附属领土或外国某一占领。

4.“海关”系指美国财政部下属的美国海关总署。

5.“商务部”系指美国商务部。

6.“倾销差价和加权平均倾销幅度”。(1)倾销差价系指某种产品的外国市场价值高于美国价格的差额。(2)“加权平均倾销幅度”系指将总的倾销差价除以总的美国价格得到的倾销幅度。

7.“事实性资料”系指:(1)对调查问卷的初次或补充回答;(2)支持起诉的数据和对事实的陈述;(3)其他数据和对事实的陈述;(4)书面证据。

8.“本国”系指生产某种商品的本国。

9.“进口商”系指进口或让他人为其进口货物的人。

10.“产业”系指在美国生产某种相似产品的生产商的整体,但是商务部部长根据关税法第771条第4款B项裁定不能包括在内的生产者除外(比如本身又是该产品进口商,或者与进口商、生产者或出口商有联系的生产商)。根据关税法第771条第4款C项之规定,如果一批生产者在美国某一特定的区域市场上销售其生产的全部或几乎全部产品,并且对该种相似产品需求的供给不是由位于美国其他区域的生产商大量提供,那么可以将该批生产者视作本条前述的某一产业。

11.“利害关系人”系指:(1)某种产品的生产者,出口商或美国进口商,或由某种产品进口商的大部分组成的行业协会或商会;(2)生产该商品的本国政府;(3)美国生产某种相似产品的生产者或销售商(不限于零售商);(4)由作为该产业代表的工人或由美国某种相似产品的销售商(不限于零售商)组成的、经政府批准认可的工会或商业团体;(5)由生产或销售美国生产的相似产品的大部分生产者或销售商组成的行业协会或商会;(6)由本条第(3)、(4)或(5)项规定的利害关系方的大部分成员组成的协会。

12.“调查”。某一项调查系指自调查发动通知公布之日起,到下述通知或命令的第一次公布之日止的调查:(1)关于调查终止的通知;(2)关于撤销调查的通知;(3)因否定性终裁生效而使程序终止的通知;或(4)部长所颁布的一项命令。

13.“商品”系指作为调查对象的,为进口到美国而已被销售或可能被销售的某一类或某一种商品。

14.“命令”系指商务部部长根据本条例第二节第十一条的规定颁发的命令或根据1921年反倾销法颁布的调查结论。

15.“诉讼参与方”系指通过递交有关事实性资料或书面争议意见的方式,积极参加部长在作出某项可能受到司法审查的特定裁决时所进行的调查活动的任何利害关系人,参加过前一项裁决活动的利害关系人不会因此而改变其作为后一次由部长作出裁决并可能提交司法审查的活动的“诉讼参与方”的地位。

16.本条例所指的“人”不仅包括所有的利害关系人,而且包括被认为合适的任何其他个人或企业。

17.“诉讼程序”系指一项开始于提出起诉之日或本节第一条所指的“发动调查”的通知公布之日,结束于下述通知的首次公布之日的程序:(1)驳回起诉的通知;(2)撤回起诉的通知;(3)终止调查的通知;(4)具有终止诉讼程序效力的否定性初裁的通知;(5)撤销某一命令的通知;或(6)某项调查中止的通知。

18.“生产者”;“生产”。“生产者”系指某种产品的制造商或生产者;“生产”系指对某种产品的制造或生产。

19.“转售商”系指部长用其销售来计算外国市场价值或美国价格的人(不限于生产该种商品并自销的生产者)。

20.“销售”;“可能发生的销售”。“销售”,包括销售合同以及与销售具有相同意义的租赁;“可能发生的销售”系指某人发出的不可撤回的要约。

21.“部长”系指商务部部长或其委托授权的人。部长已授权主管商务部进口局的助理部长根据本条例第二节第八条第九款以及第十条之规定作出最终裁决,并根据本条例第二节第十二条第3款的规定作出最终的复查结论。主管进口处、调查处及核查处的诸部长副助理则被授权处理有关反倾销的其他事宜。

第三条　诉讼程序记录

1.官方记录

部长应将每一案件的诉讼程序的官方记录按照本条例第三节第一条第4款所规定的地点存放于商务部进口管理司的中心记录室。部长应将其在诉讼程序中所制作、收取或获得的有关事实的信息、书面争议意见或其他材料记入记录中。记录中还应包括关于诉讼的政府备忘录,主管机关方面当事人的单方面会见的备忘录,公布在《联邦纪事》上的决定、通知,以及各次听证会的笔录。官方记录不包括未按规定时间交存的任何有关事实的信息、书面争议意见,也不包括部长根据本条例第三节第一条第2款第(3)项及同节第二条第4款、第6款或同节第四条第3款之规定退回给提交者的其他材料。官方记录中包括的资料可分为公开性资料、专有资料、特许性资料以及保密性资料几个类型。为适宜关税法第五百一十六条第(一)款第2项第(2)目的宗旨起见,该种记录是诉讼程序每一阶段中应该受到司法审查的官方记录。

2. 公开性记录

部长应在中心记录室保存一份关于每一诉讼程序的公开性记录。该记录包括本条第1款所指的所有材料。这种资料是由部长决定认为可以公开的资料,其中包括本条例第一部分第四条第1款所指的公开性资料、政府备忘录或部长决定可以向一般公众公布的政府备忘录的部分内容,以及所有的裁决结论、通知和听证会笔录。公开性记录可对公众开放,供公众查阅及在中心记录室复印(详见本条例第三节第一条第4款的规定)。部长可对提供有关文件副本收取适当的费用。

3. 对记录的保护

除非经部长发布命令或因法律规定,不得将任何记录或记录的任何部分从商务部取出。

第四条　公开性资料,专有性资料,特许性资料,保密性资料

1. 公开性资料

部长一般认为下述资料属于公开性资料:(1)业经公开刊登或提交人以其他方式向公众提供的某一种事实性资料;(2)提交人并未提出将其作专有处理请求的事实性资料;(3)提交人虽已提出将其作专有资料处理请求,但就其格式而言并不能联系到或被用以确定某一个特定人的行为的事实性资料;(4)可以公开获得的某一外国的法律、条例、决议、命令和其他官方文件,包括其英译本;及(5)与诉讼程序有关的并未说明应该由某人专有的书面争议意见。

2. 秘密资料

如提交人已说明,部长一般应将下列事实性资料列为秘密资料。

(1)与产品性质或生产过程有关的商业秘密或行业秘密;(2)各种生产成本(但是生产零件本身不属于秘密资料,除非某一特定零件属于行业秘密);(3)各种销售成本(但销售渠道不属于秘密资料);(4)各种营销方法(但并非指那些向公众提供的营销方法);(5)每笔销售的价格,可能发生的销售的价格,或其他要约定价[但不包括下列:(i)如按公开价目表制定的各种价格的组成部分,比如交通运输费用;(ii)销售日期;(iii)不合本条第2款第(1)项所指内容的产品说明;(6)特定顾客、销售商或供应商的名字(但不是指销售目的,也不是指某种顾客、零售商、供应商的商号,除非这种目的地或商号可能会暴露名字);(7)每笔销售的确切的倾销差价;(8)提供该种秘密资料的特定的人的名字;以及(9)其泄露将可能对资料提供者的竞争地位造成重大损害的一切商业资料。

3. 机密资料。

依照有关特许资料的法律原则,部长不得将其泄露给公众或诉讼当事方的资料,得视为机密资料。

4. 绝密资料。

绝密资料是指根据1982年4月2日颁布的《第12356号行政命令》以及随之可能发布的补充行政令而应加以保密的资料。

第五条 《1984年贸易及关税法》的生效日期

根据《1984年贸易及关税法》(在本部分中为了条文引用简便,以下简称1984年法)第六百二十六条的规定;由1984年法第六编作出的关税法修正案的生效情况如下:

1. 除本条下述第(2)(3)(4)项规定外,1984年法第六编所补充的,与部长属下的主管机关有关的修正案,自1984年10月30日起生效。

2. 按照1984年法第六百零二条、第六百零九条、第六百一十二条和第六百二十条之规定作出的,与部长主管的机关有关的修正案,自1984年10月30日或其后开始的所有调查或行政复议之日起立即生效。

3. 根据1984年法第六百二十三条作出的,与司法审查有关的修正案,自在1984年10月30日或其后提起诉讼或立案的民事诉讼的提起或立案之日起生效。

4. 尽管本条的第 1 款、第 2 款对生效日期已作规定，但如果部长认为按照上述第 1 款、第 2 款执行将会妨碍商务部遵守法律规定，那么，部长仍然可以在 1984 年 10 月 24 日之后实施修正案的规定。

第六条　最小加权平均倾销幅度

1. 忽略不计的最低加权平均倾销幅度　除了本条第 2 款规定的情形外，部长将不考虑其加权平均倾销幅度按价格或其他相似方法计算不到 0.5%的案件。

2. 以微量倾销差价的估算为了计算某一项反倾销税，部长不得将很小数目的倾销差价忽略不计。

第二节　反倾销税的实施程序

第一条　自行发动

1. 一般规定

(1) 如果部长根据包括其在根据本条第 3 款之规定所进行监督期间所得资料在内的资料得出结论；认为有必要对有关产品进行调查，那么，部长就应发动调查，并在《联邦纪事》上刊登“发动反倾销调查”的通知。

(2) 上述通知应包括：

a. 在同委员会协商后作出的对该产品的说明（如果合适的话）；

b. 生产该产品的本国的国家名称以及产品从其进口的那个国家以外的中间国（见本条例第四节第七条）的名称或产品从其境内转运的那个国家的名称；和

c. 关于支持征收反倾销税（如果资料准确）的可得资料的摘要。

2. 提交给委员会的资料

部长在发动调查时要通知委员会，并且向委员会及其直接参与该案调查的各位成员提供商务部以发动调查和委员会认为与作出损害裁决有关的一切资料。

3. 对倾销的持续性跟踪监督

(1) 如果部长从可以查得的资料（包括根据本条请求部长予以监督的资料）中得出如下结论，那么他（她）就可以对从根据本节所发布的两个或两个以上命令所管辖商品的同类或同种商品的供应国进口的商品进行为期不到一年的监督：

a. 有理由认为或怀疑从一个或一个以上的其他供应国装运的货物存在着某种特别的、持续的侵害性倾销；

b. 这种特别的倾销正在对某一特定工业造成严重的商业问题。

(2)本条中的“其他供应国”是指那些本条第3款第(1)项所指的那类或那种货物未受到已生效的反倾销令管辖并且未受正在进行的反倾销调查管辖的供应国。

(3)部长应尽快根据本条第3款第(1)项所作的监督结果依本条第1款规定对该产品发动调查。

第二条　起诉要求

1. 一般规定

本条例的第一节第二条第11款第(3)项、第(4)项、第(5)项或第(6)项所指的任何利害关系方，都可以代表某一产业根据本条规定提出求诉，请求有关机关对某产品征收与其倾销差额相等的反倾销税，如果该人有理由认为：

(1)该种产品正在或有可能将以低于公平价值的价格进行销售；且

(2)该产业受到了严重损害，或严重损害之威胁，或其建立受到了该产品倾销的严重阻碍。

起诉书中的事实性资料应当经本条例第三节第一条第9款所规定证明。

2. 起诉书的内容

起诉书应包括起诉人所能合理地获得的下述内容：

(1)起诉人以及起诉人所代表的任何人的名字和地址；

(2)其所代表的那个产业的名称，包括该产业的其他人的名字及地址(如果该产业人数众多，则至少应在求诉书中根据可得的公开资料指出在最近12个月内其单独产量占整个产业2%或2%以上的人员的有关资料)；

(3)说明起诉人是否已根据关税法(见美国法典第1337条、第1671条)第三百三十七条或1974年贸易法(见美国法典第2251条或第2411条)第七百零二条，或者1962年贸易扩大法(美国法典第1862条)第二百三十二条之规定对该种商品提出过进口法律救济的请求；

(4)一份对该种商品的调查范围，包括该商品的技术特征和其用

途,以及目前的美国关税分类目录号码作了界定的详细说明;

(5)生产该产品的本国名称以及中间出口国的名称(如果该产品是从本国以外的其他国家进口,见本条例第四部分第七条之规定)或产品从其境内转运的国家名称(见本条例第四十六条第3款之规定);

(6)起诉者认为在美国市场低于公平价值进行销售的每个人的名字和地址,以及其每个人最近12个月内销售量占该产品对其出口总额的比例(如果人数众多,则至少应说明销售量已达或已超过对美出口总额2%的出口人的情况);

(7)与根据本条例第四节的规定计算该产品的美国价格和外国市场价格有关的所有事实性资料(特别是书面证据),如果无法提供有关外国销售或成本的资料,则应提供根据美国生产成本加以调整使之能反映本国生产成本的有关资料;

(8)如果该种产品是来自一个经部长查明为国家控制经济的国家,则在起诉书中应提供与根据本条例第四节之规定用本节第十二条所指的方法来计算与外国市场价值有关的事实性资料;

(9)在最近两年和起诉人认为更加具有代表性的任何其他期间内该种产品的销量和销售值,如果在这两年内并无进口,那么应提供与进口销售可能性有关的资料;

(10)起诉者认为进口该商品的人的名字和地址,或可能进口该商品的人的名字和地址(如果没有实际进口的话);

(11)关于对某一产业的严重损害、严重损害的威胁或其建立的严重阻碍(如19CFR207.11和207.26所指)事实性资料;

(12)如果起诉者指控本条例第二节第六条之规定指控存在"紧急情况",那么在起诉书中还应提供以下有关资料:

a. 难以修补的严重损害;

b. 在一个相当短的期间内大量进口;

c. 存在倾销的历史;或者进口者明知生产者或零售商正在从事第二节第六条第1款所指的低于外国市场价值的销售;

(13)起诉者提出起诉所依据的任何事实性资料。

3. 同时提交委员会

起诉者必须在同一天将起诉书送交委员会和商务部部长,并且在提交给部长时说明此种同时提交的情况。

4,获得专有资料待遇的资格

除非起诉者符合本条例第三节第二条规定的条件,否则部长对于起诉者请求给以专有处理的事实性资料不予考虑。

5. 起诉补充材料

部长应允许当事人按时提出起诉补充材料。起诉者应在同一天将某一份补充材料提交委员会和部长,并在提交给部长时说明这种情况。新的指控是否按时应根据本条例第三节第一条而定。

6. 起诉书提交地点、时间、格式和份数

见本条例第三节第一条第 4 款、第 5 款和第 6 款的规定,这些规定适用于本条款。

7. 通知本国代表

一旦收到起诉书之后,部长应将本条例第三节第一条第 5 款第(2)项所指的一份求诉书的公开译本,递交生产受起诉产品的本国驻华盛顿特区的代表。

8. 对小企业的帮助

(1)部长应对符合关税法第三百三十九条规定的小企业提供技术性的帮助,以便使其能准备起诉书。如果部长认为小企业已提出的起诉书不符合本条例第十三条规定的要求,那么部长可以不予帮助。

(2)如果要获得其他有关起诉的资料可与负责调查的助理副部长联系,联系地址为华盛顿特区 20230(302)877-5497,宾夕法尼亚大街,西北第 14 号街,美国政府商务部 B099 号房间,商务部国际贸易署进口司。

9. 在诉讼程序开始前限制联系

在部长决定是否发动一次调查之前,部长不得接受来自本条例第一节第二条第 11 款第(1)(2)项所指的利害关系方的口头或书面联系,但是与程序性质有关的调查例外。

第三条 对起诉理由充分性的裁决

1. 对起诉理由是否充分的裁决

在根据本条例第二节第二条之规定提交起诉书后 20 天内,部长应对以下事项作出裁决:起诉是否恰当地指出了可对其产品按关税法第七百三十一条征收反倾销税的根据；起诉书是否包括起诉人支持起诉可以合理地得到的资料，是否由利害关系方按本条例第一节第11款第(3)、(4)、(5)或(6)项的规定提交了起诉书。

2. 调查开始的通知

如果部长根据本条第1款之规定裁决起诉理由充分，那么他(她)就应当发动一项调查，且在《联邦纪事》上刊登关于“开始反倾销调查”的通知。通知应当包含本条例第二节第一条第1款第(2)项所指的内容。部长应在发动调查时将此种情况通知委员会，并且为委员会及其直接参与调查的所有成员提供那些关于部长据以发动调查以及委员会认为与损害调查有关的所有资料。

3. 起诉理由不足

如果部长根据本条第1款之规定裁定起诉理由不充分，他(她)就会驳回全部或部分请求，如果合适的话并可以终止调查程序。他(她)应当在通知中告诉起诉人驳回请求的理由，并且应将驳回起诉请求一事在《联邦纪事》上刊登关于“驳回征收反倾销税的起诉请求”的通知，通知中应概要说明驳回的理由。

第四条　要求免受反倾销税命令管辖的请求

1. 任何希望不对其产品发布反倾销税命令的生产者或转售商都应在部长根据本条例第二节第一条或第三条之规定刊登发动调查通知之日起30天内向部长提交一份不可撤回的要求免受反倾销税命令管辖的书面申请。

2. 上述申请人应随同申请书附送下述材料：

(1)该人对于下列情况的证明：

a. 该人在本条例第四节第二条第2款第(1)项所指的最短期限内销售或可能销售的本条例第一节第二条第20款所指的商品时，并不存在倾销差价。

b. 该人在近期内保证不以低于外国市场价值的价格销售其产品，以及

(2)如果该申请人不是该商品的生产者，那么应在申请书中附上该商品供应商、生产者根据本条第2款第(1)项所作的证明。

3. 部长应在每一项调查中尽可能对于上述申请作出调查。

第五条　初步裁定

1. 一般规定

(1)部长应在起诉提出之日或发动调查的通知公布之日起 160 天之内根据当时可以得到的关于是否有合理依据认为或怀疑该产品以低于价值销售的资料作出裁决。除非委员会已作出肯定性的初步裁决，否则他(她)不得作出初裁。

(2)部长的裁决应包括以下内容：

a. 裁决所据以作出的事实性和法律结论；

b. 如果存在差价，关于受到调查的每个人估计的加权平均倾销差价，以及未受到调查的人的适当的倾销幅度；以及

c. 对于本条例第二节第六条第 2 款第(2)项 a 所规定的紧急情况的初步裁定。

(3)如果上述初步裁决是肯定性的，那么，部长在裁决中还应：

a. 对初步裁决作出之日或该日后进入境内或从仓库运出以供给消费之用的所有商品的入境作出中止结算的命令。

b. 通知海关要求根据本条被宣布暂停入境的那些商品提供相当于加权平均倾销差价的现金存款和银行债券担保，以此采取临时反倾销措施。

(4)部长应在《联邦纪事》上公布"肯定性(否定性)的初步反倾销裁决"的通知，该通知包括预估的加权平均倾销差价(如果存在差价的话)以及依本条例第三节第六条作出的要求各方提出抗辩意见的邀请。

(5)部长应就上述情况通知该诉讼程序的所有当事方以及委员会。

2. 关于特别复杂的调查的期限的延长

如果部长作出某一调查特别复杂的决定，他(她)就可以将作出初步的裁决的期限延长到程序开始之日起的 210 天之内。上述部长决定是依据下列明示的调查结论作出的：

(1)被告对于调查正在予以合作；

(2)该调查是特别复杂的，理由是：

a. 交易数额巨大，交易性质复杂或依本条例第四部分所进行的调查极为复杂；

b. 提出了新的议题，或

c. 生产者和转售商人数众多;以及

(3)需要增加调查时间以作出初步裁决。

3. 根据起诉人的请求而延长调查期间

如果起诉者在预定的部长的初步裁决作出之前的 25 天以前提出延长调查期限的申请并说明理由,那么除非出现可驳回该请求的相反理由,否则必须在自起诉提出之日后 210 天内作出初步裁决。

4. 延长调查期的通知

如果部长根据本条第 2 款或第 3 款之规定,将作出延长初步调查期限的决定,那么他(她)最迟应在作出初步裁决之日前约 20 天通知该程序的所有当事方,并在《联邦纪事》上公布关于“延长反倾销调查期间”的通知,在通知中应说明延长调查期间的理由。

5. 加快作出初步裁决

部长最迟应在本条例第十五条所指的调查开始之日起第 75 天审查头 60 天的调查记录。如果已提供的资料足以供部长作出初步裁决,那么部长即应向起诉者以及请求公布的任何当事方披露一些已提供的公开性和秘密资料(其规定见本条例第三节第四条)。如果在透露资料之后 3 个营业日之内所有获得透露的当事方均提交一份不可撤回的放弃进一步核实的书面弃权报告,并同意根据调查开始之日起第 60 天的调查记录作出初步裁决,那么,部长应在自调查之日起 90 天内作出一项加快了的初步裁决。

6. 委员会获得资料的途径

部长应当为委员会及其直接参与诉讼程序的所有成员提供部长已作出裁决和委员会认为与损害裁决有关的所有资料。

7. 披露

在作出初步裁决以后,部长应对那些请求获知有关资料的当事各方就其在裁决过程中使用的计算方法作出进一步的解释。

第六条 关于紧急情况的调查结论

1. 一般规定

如果某一起诉者在部长作出最终裁决的预定期限 21 天以前向部长递交了一份指控存在紧急情况的书面控诉,并附有支持该指控的事实性资料,或在部长根据本节第一条之规定进行的自行调查中发现存在紧急情况，那么部长应当就以下事项作出一个调查结论：

(1) a. 受到调查商品的同类或同种产品在美国和其他地方是否有过倾销历史，或

b. 进口商是否知道或应当知道生产者或转售商此时正在以低于外国市场价值的价格销售其产品；以及

(2) 该种货物是否在一个相对短的期间内大量进口。

2. 初步调查结论

(1) 如果起诉者在部长根据本条例第二节第十条之规定作出的最终裁决届满之日前 30 天以前提出存在紧急情况的指控，那么部长应根据已获得的资料，就是否有合理依据认为或怀疑存在着本条第 1 款所指的紧急情况作出初步调查结论。

(2) 部长作出该初步调查结论的期限如下：

a. 如果关于紧急情况的指控是在预定的初裁之日 20 天前提出，那么，部长应在本条例第二节第五条所指的初步裁决之前作出关于紧急情况是否存在的初步调查结论；或

b. 如果关于紧急情况的指控是在预定的初裁之日的第 20 天之后提出，那么，部长在起诉人提出指控后 30 天之内应作出关于紧急情况是否存在的初步调查结论。

部长应将此种情形通知委员会，并在《联邦纪事》上公布关于初步调查结论的通知。

3. 中止结算

如果部长要作出一项肯定性的初步调查结论(即紧急情况存在)，那么无论该调查结论是在第二节第五条所指的肯定性初裁之前还是在初裁之日作出，根据本条例第二节第五条所作出的中止结算的命令都应适用于在该项命令发布前第 10 天或前 90 天之内入境或者从仓库提出以供消费的所有商品。

如果部长在根据本条例第二节第五条所指的初裁之后作出初步调查结论，那么，部长就应补发中止结算的命令，该命令适用于在命令所规定的中止结算之日的第 90 天或前 90 天之内入境或从仓库提出以供消费的调查结论所涉及的全部商品。

4. 最终调查结论

对于在部长根据本条例第二节第十条之规定将作出最终裁决之日21天之前提出的关于紧急情况的任何指控,部长都应作出关于紧急情况的最终调查结论。假如最终调查结论为肯定性的,而部长并未作出肯定性的初步调查结论,那么,部长应对在其作为肯定性的初裁或终裁一个部分的中止结算命令发出之日前第90天或前90天之内入境或提出仓库以供消费的全部货物发出中止结算的命令。如果最终调查结论为否定性的,而部长已作出肯定性的初步调查结论,则部长应终止本条第3款所指的具有溯及力的中止结算的命令,并且命令海关退回作为担保的一切现金存款或付款保证书。

5. 自行发动调查的调查结论

在根据本条例第二节第一条所发动的调查过程中,部长可以在作出关于紧急情况的初步或最终调查结论时不考虑本条第2款和第4款规定的时间限制。

6. 大量进口

(1)在为本条第1款的宗旨而对于该种产品的进口是否数量巨大作出裁决时,部长应审查:

a. 该批进口货物的数量和金额;

b. 季节性销售旺衰情况;以及

c. 进口货物占该国消费的比例。

(2)在一般情况下,除非在本条第7款规定的期间内货物进口量增加额至少到达与该期间紧接的前一时期进口额的15%,否则部长不应认为存在着大量进口。

7. 相对短的期间

根据本条第1款的宗旨,部长一般认为相对短的期间是开始于程序开始,结束于程序开始后3个月的一段期间。然而,如果部长发现进口商或出口产品的生产者,转售商在诉讼程序开始前就已有理由预计到将可能发动调查,那么,部长可以把在更早些时候开始的大于3个月的时间视为相对短的期间。

第七条 调查终止

1. 撤回起诉

(1)根据起诉人撤回起诉的请求,或在本节第一条所指的调查中根据自己的决定，在通知所有的诉讼参与方，并同委员会进行磋商后，部长就可以终止调查的进行。除了部长作出决定认为终止调查是出于公共利益以外，部长不得不终止调查。

（2）如果部长终止一项调查的进行，他就得在《联邦纪事》上公布关于"终止反倾销调查"的通知，如果有必要，同时公布一份说明撤回起诉或终止调查理由的与起诉人的往来信件。

2. 根据达成数量限制协议而撤诉

（1）除非部长在考虑了关税法第七百三十四条第 1 款第（2）项 B 中所列举的所有要素后认为终止调查是为了公共利益，否则部长不得通过接受生产该产品的本国政府提出的或同该本国政府达成关于限制产品出口数量的或其他协议的方式终止某一项调查。

（2）根据本条第 2 款第（1）项的宗旨，在决定一项终止调查的命令是否确实是为了公共利益而作出时，部长应尽可能同那些受到潜在影响的美国消费产业的有关代表以及各该产业中受到潜在影响的人（包括案件当事方）进行磋商。

3. 否定性裁决

一旦在《联邦纪事》上公布了部长作出的否定性终裁裁决，委员会作出的否定性初裁或终裁裁决，该项调查就应终止进行。

4. 中止结算的终止

如果部长在先前已颁布了中止结算令，那么部长就应在本条第 1 款所指的终止调查的通知或在本条第 3 款所指的否定性裁决的通知公布之日颁发命令，以停止先前颁布的中止结算命令的效力，并命令海关退回作为担保的一切现金存款或付款保证书。

第八条　调查中止

1. 关于彻底停止低于外国市场价值的销售或停止出口的协议

如果部长认为中止调查是出于公共利益，他（她）就可以通过承认同占该种产品绝大多数的出口商（生产商或转售商）达成如下协议的方式，在作出最终裁决之前中止调查。这些协议是关于：

（1）从调查中止之日起彻底停止低于外国市场价值销售的协议，或者是

（2）在中止调查的通知公布之日起 180 天内开始停止出口该种产

品的出口的协议。

2. 关于消除侵害性后果的协议

(1) 部长可以按照本条第 2 款第(2)项之规定在作出终裁之前中止一项调查的进行,如果部长:

a. 认为中止是出于公共利益;

b. 发现出现了特殊情形;以及

c. 发现该项协议将彻底消除侵害性后果。

(2) 部长可以通过同占该产品绝大多数的出口商(生产者或转售商)达成协议的方式按本条第 2 款第(1)项的规定中止某项调查的进行,假如他(她)发现:

a. 该项协议将会防止美国生产的相似产品价格的压低或下降;而且

b. 该项协议将确保每个出口商的每批货物的入境,其倾销差价将不超过部长初步裁决(或在根据本节第八条第 9 款规定继续进行的调查中作出的最终裁决)中所规定的加权平均倾销差价的 15%。

3. 绝大多数的定义

为本条第 1 款以及第 2 款第(2)项起见,其产品占绝大多数的出口商是指在商务部正在计算倾销幅度的时期或部长认为具有代表性的其他期间内,按其出口、销售的数量和金额计算,占全部商品总额不低于 85%的出口商(生产者或转售商)。

4. "特殊情形"的定义

本条第 2 款中所指的"特殊情形"是指那些:

(1) 中止调查比继续调查对该产业更为有利的情形;以及

(2) 交易数目巨大,或根据本条例第四节需要调整的数目巨大,提出了新的议题,或生产者和转售商为数众多的情形。

5. 监督

除非能对该协议实施有效的监督,否则部长不得承认该项协议。在对根据本条第 2 款达成的协议进行监督时,部长没有继续查明美国生产的产品或相似产品在美国销售价格的义务。

6. 间歇期间不增加出口

除非该协议保证在它所规定的间歇期间内出口商品的数量不超过部长认为其有代表性的可比期间内的出口数量,否则部长不得承认该项协议。

7. 中止调查的程序

（1）出口商（生产商和转售商）应当

a. 在部长根据本节第十条作出终裁的法定期限届满之日 45 天前（包括届满前第 45 天）向部长提交一份草拟的协议；以及

b. 在不迟于部长作出初步承认的第二天向诉讼其他参加方提供一份被部长初步认可的协议文本。

（2）部长应：

a. 在其中止调查之日 30 天前向所有诉讼参加方通知计划的中止调查事宜，并且为各方提供一份经初步认可的协议文本（该协议应包括遵守监督的程序以及关于协议符合本条规定的声明）；并：

b. 就计划的中止调查事宜与起诉人磋商。

（3）部长应当为所有利害关系方以及美国政府机关提供一个机会，以便使他们在部长作出最终裁决 10 天前向部长提交书面抗辩意见和事实性资料。

8. 对协议的承认

（1）如果部长认可了一项协议，中止了一次调查，那么他（她）就应在《联邦纪事》上公布包括协议条文的关于"中止反倾销调查"的通知。如果部长尚未公布肯定性的初裁裁决通知，他（她）就应将此裁决通知包括进去一并公布。在认可某项协议时，部长可依据其在作出肯定性初裁过程中或其后所得出的有关事实和法律的结论。

（2）如果部长依照根据本条第 1 款达成的协议宣布中止某项调查，他（她）就应当宣布开始或继续执行中止结算的命令。如果部长在先前已命令中止结算，那么在中止调查通知生效之日起应颁布停止先前颁布的中止结算的命令，并命令海关退回作为担保的一切现金存款或付款保证书。

（3）如果部长依照根据本条第 2 款达成的协议宣布中止某项调查的进行，他（她）就应视情况颁布中止结算的命令。在委员会根据关税法第七百三十四条第 8 款结束对该协议经当事人请求对该协议审查完毕以前，原先的中止结算命令亦不失效。如果委员会在公布中止调查通知之日后 20 天以内未收到任何要求复查的请求，那么部长应公布以前的中止结算的命令将在公布中止调查通知后第21天起停止生效。

(4)如果委员会根据关税法第七百三十四条第8款受理了对协议进行复查的事宜,并作出该协议并不会消除侵害性后果的决定,那么部长应当在委员会的决定公布之日起重新开始调查,尽管部长在此日已作出了肯定性初裁。如果委员会作出该项协议将会消除侵害性后果的决定,部长就应继续停止该项复查的进行,并颁布命令使先前中止结算的命令在委员会决定公布之日起失效,并指示海关退回作为担保的一切现金存款或付款保证书。

9. 调查继续

(1)在调查中止的通知公布后20天内(包括第20天),其货物占该种商品出口总额重大比例的某一出口商或多个出口商;或者本条例第一节第二条第ll款第(3)、(4)、(5)项或第(6)项所指的某一利害关系方均可以书面形式请求部长继续进行调查。该方应同时向委员会提交一份请求继续调查的申请书。

(2)在收到上述申请书后,部长和委员会应立即继续进行调查:

a. 如果部长和委员会将作出肯定性的终裁,那么中止调查的协议在符合部长的最终裁决中有关事实或法律的结论的情况下继续有效。本规定不得有损于本条第8款关于中止结算规定的效力。

b. 如果部长和委员会作出一项否定性的终裁,则上述协议应归于无效。

10. 超过允许数量进口的货物

(1)部长得通知海关对于超过本条第5款的许可或本条第1款所指协议所答应的数量入境或从仓库提出以供消费的货物停止放行入境。

(2)超过本条第5款或本条第1款所指协议许可的数量的进口货物应在海关的监管下予以出口或销毁。

第九条 协议的违反

1. 直接裁决

如果部长作出某一签字的出口方违反了某项据以中止调查的协议,那么部长不等出口商作出任何辩解,即可:

(1)对于在下列日期或期限入境或提出仓库以供消费的货物颁布

中止结算的命令，下列日期或期限为：

a. 取消该项协议的通知公布之前第90天；

b. 违反协议的销售或出口的第一次入境或提出仓库以供消费之日。

（2）如果根据本节第八条第9款所进行的调查并未完成，那么，尽管部长已在取消的通知公布之日作出了肯定性初裁，并根据本条第1款第（1）项决定通知海关要求被中止结算的货物的进口商提供相当于在肯定性终裁中预估的加权平均倾销幅度的现金存款担保或付款保证书担保，以便实施临时措施，部长还是要重新开始调查。

（3）如果根据本节第八条第9款所进行的调查已经完成，那么部长就应按本条第1款第（1）项实行中止调查的商品进口签发征收反倾销税的命令，并通知海关要求根据本条被颁布中止结算命令的商品的进口商提供其金额相当于肯定性终裁中所预估的加权平均倾销差价的现金存款担保或付款保证书担保。

（4）通知现在是或曾是诉讼参加方的所有人员及委员会，如果部长作出违反协议属于故意的决定，那么还应通知海关委员会，并且

（5）在《联邦纪事》上公布关于"反倾销令（重开反倾销调查）；撤销某项据以中止调查的协议的通知"。

2. 在通知和评议后作出裁决

（1）如果部长有理由相信签字的出口商已经违反了协议，或发现该协议并不符合关税法第七百三十四条第4款之要求，但是却没有充分资料足以按本条第1款采取措施，那么部长就应在《联邦纪事》上公布关于"请求对中止反倾销调查的协议加以评论的邀请"的通知。

（2）在公布请求各方加以评论的邀请通知公布之后以及在对所收到的评论加以思考后：

a. 如果部长裁决某一签字出口商已违反了该协议，他（她）就应通过本条第1款第（5）项之规定对该出口商采用本条第1款第1项所指的适当措施；

b. 如果部长裁决该项协议已不再符合关税法第七百三十四条第4款的要求，那么他（她）就应：

（i）通过本条第1款第（5）项的规定采取本条第1款第（1）项所指

的适当措施,但是采取原第1款第(1)项b所指措施的日期应是其销售或出口不符合关税法第七百三十四条第4款要求的商品第一次入境的日期或运出仓库以供消费的日期;

(ii)通过认可一项根据本节第八条第1款规定修正过的协议(不论部长已经根据此条款规定是否承认了原协议)的方式,来继续停止调查的进行,该协议在得到部长的承认时符合关税法第七百三十四条第4款的实施要求;部长还应在《联邦纪事》上公布关于"中止反倾销调查的协议的修正"的通知;或

(iii)通过承认一项根据本节第八条第2款规定修正过的协议(无论部长根据该条款是否已认可原协议)的方式继续中止该项调查,该项协议在经部长认可时,符合关税法第七百三十四条第4款的条件;部长还应在《联邦纪事》上公布关于"中止反倾销调查的协议的修正"的通知。如果部长以按本节第八条第2款之规定加以修正的协议为依据,命令继续中止调查进行,他(她)就应命令开始中止结算。该项中止结算命令的效力在委员会依关税法第七百三十四条第8款对该项经修正的协议复查完毕前不得停止。如果委员会在修正通知公布后第20天内未收到复查申请书,那么,部长就应宣布原先中止结算的命令在修正通知公布后第21天起停止执行,并通知海关退回一切作为担保的现金存款和付款保证书。如果委员会根据关税法第七百三十四条第8款进行复查,那么就应运用第七百三十四条第8款第(4)项规定。

c. 如果部长作出既不考虑被违反命令又不要求该协议加以修正的裁决,那么,他(她)应在《联邦纪事》上公布根据本条第2款第(2)项作出的裁决,裁决中应包括关于该裁决所依据的有关事实和法律的结论的陈述。

3. 签约方的追加

如果部长作出该协议不再符合本节第八条第2款第(1)项a所规定的条件,或已经签约的出口商不再占全部商品的绝大多数的裁决,那么,他(她)得要求修正该协议,以便包括其他参加签约的出口商。

4. "违反"的定义

本条所指的"违反"是指由于出口商的某一行为或疏忽失职而造成的对某项中止调查的协议条款的违反,但是经部长裁量认为该项行为

或疏忽失职并非出于故意或属无关紧要的违反例外。

第十条　最终裁决

1. 一般规定

(1) 在作出初裁后 75 天内(包括第 75 天)部长应就该商品是否正在进行低于公平价值的销售一事作出最终裁决。

(2) 部长的裁决应当包括:

a. 该裁决得以作出所依据的有关事实和法律的结论;

b. 对每个被调查的当事人计算出的加权平均倾销幅度(如果存在倾销幅度的话);及

c. 根据本节第六条作出的最终调查结论(如果该结论恰当的话)。

(3) 如果该裁决是肯定性的,那么它还要:

a. 对在部长作出的终裁通知公布之日或之后入境或提出仓库以供消费的一切进口商品颁布中止结算的命令,除非在先前部长已经颁布过此类命令;

b. 通知海关对在部长作出的终裁通知公布之日或之后入境或提出仓库以供消费的一切进口商品收缴相当于根据本条第 1 款作出预估的加权平均倾销差价的现金存款或付款担保书担保。

(4) 部长应在《联邦纪事》上公布"关于征收反倾销税的肯定性(否定性)终裁"的通知,该通知应当包括预估的加权平均倾销差价(如果存在差价的话)。

(5) 部长应将上述情形通知各当事方及委员会。

2. 最终裁决期限的推迟

(1) 对商务部的否定性初裁不服的起诉人,或者对商务部的肯定性初裁不服,并且其产品占受调查产品绝大多效的生产商或转售商,如果向商务部提交了推迟作出最终裁决的书面申请,并说明了申请理由,那么除非查获足以驳回请求的相反理由,部长应将作出终裁的期限延至公布初裁裁决后的第 135 天。

(2) 如果部长将根据本条第 2 款第(1)项之规定作出推迟最终裁决期限的决定,他(她)就应通知各诉讼参加方,并在《联邦纪事》上公布"关于征收反倾销税终裁期限的推迟"的通知,通知中应说明推迟的理由。

3. 委员会获得资料的途径

应当为委员会及其直接参与该诉讼程序的所有成员提供部长据以作出终裁和委员会可能认为与损害裁决有关的一切资料。

4. 否定性终裁的效力

一旦在《联邦纪事》上公布部长或委员会的否定性终裁,一项调查就应立即终止。如果部长在先前曾命令中止结算,那么应命令自该否定性终裁公布之日起,先前的命令立即停止生效,并通知海关退回作为担保的一切现金存款或付款保证书。

5. 披露

一旦作出最终裁决,部长应立即向申请披露有关资料的诉讼参与方作出在其作出裁决时所使用的计算方法的进一步说明。

第十一条 反倾销令

在收到委员会根据关税法第七百三十五条作出的肯定性终裁的通知之日起 7 天内,部长在《联邦纪事》上公布关于“征收反倾销税的命令”的通知(译者按:简称反倾销令),该反倾销令的内容为:

1. 通知海关对被调查产品征收反倾销税,海关在征收反倾销税时应遵守部长根据当事人按本节第十二条第 1 款所提出的申请,或根据第十二条第 3 款之规定在完成每一项行政复议后发布的指示。

2. 通知海关要求在反倾销令公布之日或以后入境或提出仓库以供消费的每批受调查的进口商品的主人提供担保,担保的方式是向海关交一切相当于部长在终裁中确定的加权平均倾销差价的现金存款或付款保证书。

3. 将商务部认定的,在据以计算倾销幅度的销售期间内其产品不存在倾销差价的所有生产者或转售商排除在反倾销令的管辖范围之外。

4. 如果在其终裁中,委员会发现存在着严重损害的威胁或严重阻碍某一产业建立的情况,那么,除非它同时发现如果不根据本节第五条第 1 款之规定颁布暂停结算的命令,就会产生严重损害的情况,否则,部长就应命令对委员会终裁裁决公布前入境或提出仓库以供消费的所有受查商品进口所发布的中止结算命令停止生效,并通知海关退回作为担保的一切现金存款和付款保证书。

第十二条 对反倾销令和中止调查的协议的行政复议

1. 行政复议的申请;撤回复议申请

(1)在每一年的反倾销令的公布的周年纪念月(即反倾销令或调查结论公布之日的周年纪念月所在的年历月)中,本条例第一节第二条第11款第(2)、(3)、(4)、(5)项或第(6)项所指的任一利害关系方,如果说明了他希望部长对这些特别的生产者和转售者进行复议的理由,就均可用书面形式请求部长对命令所涉的特定生产者和转售商分别进行单独的行政复议;

(2)在同一月份内,反倾销令所涉的生产者或转售商可用书面形式请求部长只对其本人进行行政复议;

(3)在同一月份内,该种商品的进口商也可用书面形式请求部长对于该进口商所进口产品的那个生产者或转售商进行行政复议;

(4)在每一年的调查终止裁决公布之日的周年纪念月(即调查终止裁决公布之日所在的年历月),本条例第一节第二条第11款所指的任一利害关系方,均可以书面形式请求部长对调查中止据以作出的协议所涉的所有生产者或转售商进行行政复议;

(5)部长可以允许根据本条第1款之规定请求复议的申请人在复议开始通知公布之日起90天(包括第90天)内撤回申请。如果部长认为延长上述撤回复议申请期限是合理的,他(她)就可以对此期限加以延长。当复议申请撤回时,部长应在《联邦纪事》上公布关于"终止对反倾销调查的行政复议"的通知,或关于"部分终止对反倾销调查的行政复议"的通知(如果这样做合适的话)。

2. 复议期间

(1)除了本条第2款第(2)项的规定外,根据本条第1款作出的行政复议一般将覆盖在最近的周年纪念月紧接的前12个月内受查货物的入境、出口或销售。

(2)对于在反倾销令或中止调查的裁决公布的第一个周年纪念月内收到的复议申请,根据本条第1款所进行的复议覆盖下列期间受查货物的入境、出口或销售,该期间始于根据本条作出暂停结关的命令之日或中止调查裁决作出之月,结束于紧接着第一个周年纪念月的前一个月。

3. 复议程序

在收到根据本条第 1 款之规定及时提交的复议申请后或在部长自行决定认为应进行复议后的合适时间内，部长：

（1）应自该周年纪念月结束之日起 15 天内在《联邦纪事》公布关于“发动反倾销行政复议”的通知。

（2）在公布上述通知后 30 天内（包括第 30 天），一般要求向合适的利害关系方，或利害关系的有关代表寄送征求复议所需的有关事实的资料的调查问卷。

（3）根据本条例第三节第六条进行核实（如果合适的话）。

（4）根据已得的资料，颁布初步复议结论，该初步结论包括：

a. 初步复议结论据以作出的有关事实或法律的结论；

b. 在复议期间内每个受到复议的当事人的加权平均倾销差价（如果存在差价），以及：

c. 部长作出的关于某一协议的地位及履行情况的初步结论。

（5）在《联邦纪事》上公布关于“反倾销行政复议的初步结论”的通知，通知中应包括加权平均倾销差价（如果差价存在的话），以及请求有关方面根据本条例第三节第八条提出的抗辩意见；并通知诉讼的所有参加方。

（6）在签发初步结论后，立即为请求披露有关资料的诉讼参加方就其在作出初步结论时使用的计算方法作出进一步的解释。

（7）该周年纪念月之后的 365 天内签发最终复议结论，该结论应包括：

a. 该最终复议结论据以作出的有关事实和法律的结论；

b. 在复议期内每个被复议的人的加权平均倾销幅度；

c. 部长关于协议地位及执行情况的结论。

（8）在《联邦纪事》上公布关于“反倾销调查行政复议最终结论”的通知，通知中应包括加权平均倾销幅度（如果存在倾销幅度的话），并通知所有诉讼参加方。

（9）在作出调查结论后，立即为提出披露有关资料要求的参加方就其作出最终结论时使用的计算方法作进一步的说明；并且

（10）在公布最终结论的通知后，立即通知海关对本条第 2 款所指

商品征收反倾销税，并对该种商品将来的进口收缴其价值相当于预估的反倾销税的现金存款担保。

4. 对于调查中止据以作出的协议的可能取消或修改

如果在行政复议期间部长裁决认为或有理由认为一个签约的出口商违反了一项使调查中止的协议，或该协议不再符合本节第八条规定的要求，那么，部长可在按本节第十九条第2款对出口商采取措施的同时，推迟本条第3款第(7)项所规定的时限。

5. 反倾销税的自动征收

(1)如果部长未收到根据本条第1款第(1)(2)(3)项及时提出的申请，那么在反倾销令发布后，不必发布其他通知，部长即可通知海关对受查产品征收反倾销税，税款相当于在其入境或提出仓库以供消费时要求其为应纳预估的反倾销税提供的现金存款担保或付款保证书担保，并对以后的进口继续按前述命令收缴作为担保的现金存款。

(2)如果收到了按本条第1款第(1)(2)(3)项及时提出的申请，那么部长应根据本条第5款第(1)项之规定，通知海关对未提出申请的受查商品征收反倾销税，并对此后进口的该种商品继续收缴作为担保的现金存款。

6. 关于情势变更的复议

(1)如果部长从已经得到的包括根据本条规定提出的行政复议请求中所适合的资料在内的资料中，得出情势变化已足以进行复议的结论，那么部长就应：

a. 在《联邦纪事》上公布关于“因情势变化对反倾销调查发动行政复议”的通知；

b. 如果有必要，对利害关系方或利害关系方中的有关代表寄送征求为复议所需资料的调查问卷；

c. (如果适合的话)根据本条例第三节第六条进行核实；

d. 根据已经获得的资料签发复议的初步结论，这些资料包括初步复议结论据以作出的有关事实与法律的结论，包括部长根据初步结论计划采取的任何措施的资料；

e. 在《联邦纪事》上公布关于“因情势变化对反倾销调查进行的行政复议的初步结论”的通知，该通知包括一项征求有关人士根据本条例

第三节第八条提出抗辩意见的邀请；

f. 将初步复议结论通知所有的诉讼参加方；

g. 在签发了初步结论后，立即对申请披露有关资料的有关诉讼参加方就初步结论作出进一步的解释；

h. 在部长发动复议之日起 270 天内（包括第 270 天），签发最终的复议结论，该最终结论应包括最终结论据以作出的有关事实和法律的结论和部长依据最终结论将要采取的一切措施（包括根据本条第 3 款第（9）项和本节第十五条第 4 款之规定所采取的措施）；

I. 在《联邦纪事》上公布关于"因情势变更而对反倾销调查进行的行政复议的最终结论"的通知；

j. 将上述情形通知所有的诉讼参加方；

k. 在签发最终结论后，立即对申请披露有关资料的各诉讼参加方就最终结论作出进一步的解释。

（2）对情势变更的复议申请，可在任何期间（包括在周年纪念月以外的期间）内提出。

（3）除非部长发现了充分的理由，否则在部长的肯定性初裁或中止调查进行的裁定公布之日起的第二个周年纪念月（即指反倾销令或调查裁决在其中公布的年历月）内，部长不得根据本条第 6 款之规定发动一项行政复议。

（4）如果部长认为有必要采取快速行动，他应可将本条第 5 款第（1）项 a 目和 c 目所规定的通知合并到关于"因情势变更而对反倾销调查发动行政复议及其复议初步结论"的通知中去。在此种情形下，部长就应按照本条第 5 款第（1）项第 f 目的要求，向被商务部根据第三节第一条所指的资料列出的名单中所包括的所有利害关系方发出通知。

7. 快速复议

（1）自反倾销令公布之日起 7 天内（包括第 7 天），任一生产者或转售商均可以书面形式申请部长各对于该生产者或转售商的在下列日期入境或提出仓库以供消费的商品的装运进口进行一项快速行政复议。这些货物入境或提出仓库的日期为：

a. 在部长的肯定性初裁公布之日或之后，或者在部长的终裁公布之后（如果部长的初裁是否定的话）；

b. 在委员会的终裁公布之日后。

(2)上述申请必须附上部长认为为计算倾销差额所必需的资料。

(3)如果部长根据申请中所提供的资料得出结论,认为可在反倾销令公布之日起90天内(包括第90天)确定倾销差价。部长就对提出申请的生产者成转售商进行一项快速行政复议。

(4)如果部长决定进行快速行政复议,他应

a. 在《联邦纪事》上公布关于“对反倾销调查发动快速行政复议”的通知,并将情形通知所有的诉讼参加人,上述通知应当包含征求有关人士根据本条例第三节第八条提出评论意见的邀请;

b. 通知海关接受在发动快速行政复议的通知公布之日或其后,并在反倾销令的公布之日后90天(包括第90天)内入境或提出仓库以供消费的进口每批货物所提交的付款保证书,该付款保证书是用来代替其数额相当于确定的反倾销税税款作为担保的现金存款的;

c. 根据本条例第三节第六条之规定进行核实;

d. 对申请披露有关资料的诉讼参加方就部长在分析中使用的计算方法作出进一步的解释;

e. 签发复议的最终结论;该结论包括:

(i)最终结论得以作出的有关事实与法律的结论;以及

(ii)在复议期间存在的每个受复议的当事人的加权平均倾销幅度。

f. 在《联邦纪事》上公布关于“对反倾销调查所进行的快速行政复议的最终结论”的通知。该通知应包括加权平均倾销幅度(如果存在的话),并通知所有的诉讼参加方;

g. 在签发最终结论后,立即对请求披露有关资料的有关诉讼参加方就部长在分析中所使用的计算方法作出进一步的说明;并且

h. 在公布最终结论后,立即通知海关对本条第7款第(1)项所指的货物征收反倾销税,并对该货物的将来的进口征收相当于预估的反倾销税的现金存款担保。

第十三条　临时措施的预先缴纳

本条规定适用于在委员会的肯定性终裁公布之日前入境,提出仓库以供消费的进口货物。如果部长在其肯定性初裁或肯定性终裁中要求该批货物提供担保的现金存款或付款保证书的数额不同于部长根据

本节第十二条规定所计算出的倾销差价,那么,在作为担保的现金存款或付款保证书的数额小于倾销差价的数额的情况下,部长就通知海关不管这个差别,即不再征收反倾销税;反之,若作为担保的现金存款或付款保证书的数额大于倾销差价,那么部长就应通知海关对该批商品征收其数额相当于根据本节第十二条计算出的倾销差价的反倾销税。

第十四条　超付或欠付款的利息

1. 一般规定

部长应通知海关支付或征收作为担保的相当于预估的反倾销税的现金存款和最终估定的反倾销税税额之间差额的利息,上述现金存款和反倾销税的对象都是在反倾销令公布之日或以后进入消费或提出仓库以供消费的入境货物。

2. 利率

根据本条第 1 款对任何期间应支付或征收的利息的利率,与按照 1954 年《国内税收法典》第 6621 条之规定所确定的利率相同。

3. 期间

部长通知海关计算利息的期间始于海关要求某人为该批货物入境存交现金存款之日,结束于该批货物入境的结关之日。

第十五条　撤销反倾销令;终止已被暂停的调查

1. 因为不存在倾销而撤销反倾销令

(1)部长可以撤销某一项反倾销令,或终止一项被中止了的调查,如果他作出下述结论的话:

a. 截至反倾销令的撤销之日为止,该反倾销令或使调查中止的协议所涉的所有生产者或转售商至少在此之前连续三年内销售其货物的价格从未低于外国市场价值;且

b. 上述人员在将来也不大可能以低于外国市场价值的价格进行销售。

(2)部长也可以部分撤销反倾销令,如果他(她)作出下述结论的话:

a. 反倾销令所涉的生产者或转售商中有一个或一个以上的人在被撤销日之前连续三年内销售其货物的价格从未低于外国市场价值;

b. 上述一个或一个以上的生产者或销售商在将来也不大可能以低

于外国市场价值的价格进行销售；

c. 那些在部长的先前裁决中被认为曾经进行过低于正常价值的销售的生产商或转售商以书面方式答应：只要他们中任何人仍受反倾销命令的管辖，那么如果部长一旦根据本节第十二条下结论认为该生产者或转售商在命令撤销后进行低于外国市场价值的销售，他们就立即恢复受原反倾销令管辖的地位。

2. 撤销反倾销令或终止调查的申请

在反倾销令或调查暂停裁决公布之日后的第三个周年纪念月（即反倾销令或调查中止的裁决公布之日的周年纪念日所在的月份）内，某一生产者或转售商可以用书面形式请求部长按照本条第 1 款之规定对申请人撤销某一项反倾销令，或者终止某项被暂停的调查。条件是该生产者或转售商在申请中提交了下列材料：

（1）该人出具的能证实其在本节第十二条第 2 款所指的期间内所进行的货物销售从未低于外国市场价值和在将来将不进行低于外国市场价值的货物销售的证明，以及

（2）本条第 1 款第（2）项第 c 目所指的协议（如果可能提交的话）。

3. 撤销反倾销令的程序

（1）收到按照本条第 2 款之规定按时递交的申请，部长应将该请求视为包括了请求行政复议的申请，并根据本节第十二条第 3 款的规定进行复议。

（2）除了遵守本节第十二条第 3 款的要求外，部长还应：

a. 在公布本节第十二条第 3 款所指的通知时，同时公布关于“（部分）撤销反倾销令的申请”的通知，或关于“终止调查中止状态的申请”的通知；

b. 根据本条例第三节第六条之规定进行核实；

c. 将部长关于是否有合理依据认定撤销反倾销令或终止已被暂停的调查的要求已被遵守的裁决包括在根据本节第十二条第 3 款第（4）项之规定作出的初步复议结论之中；

d. 如果部长根据本条第 3 款第（2）项 c 目之规定所作出的初裁是肯定性的，则应在根据本节第十二条第 3 款第（5）项公布初步复议结论的通知时，同时公布关于“（部分）撤销反倾销令的意向”的通知或关于

“终止已被暂停的调查的意向”的通知。

(3)如果部长将要撤销或部分撤销一项反倾销令,那么他将命令原先发布对那些现在已经被撤销的反倾销命令所涉商品实行中止结算伪命令自复议期间届满之后第1天起停止生效,并通知海关退回作为担保的一切现金存款或付款保证书。

4. 因情势变化而撤销反倾销令或终止已被暂停的调查

(1)部长可以撤销或部分撤销一项反倾销令,或终止一项已被暂停的调查,如果他(她)得出了如下结论的话:

a. 该反倾销令或已被暂停的调查已经不再符合本条例第一节第二条第11款第(3)、(4)、(5)项或第(6)项所指的利害关系方的利益,或

b. 存在着足以撤销反倾销令或终止调查的其他情势变化。

(2)如果部长在任何时候从已经获得的资料(包括起诉人关于反倾销令已不再符合其利益的陈述)中得出结论认为,由于情势的变化已足以要求撤销反倾销令或终止已被暂停的调查,那么,部长就可以根据本节第十二条第6款之规定进行行政复议。

(3)除了遵守本节第十二条第6款规定的要求外,部长还应:

a. 在根据本节第十二条第6款第(1)项a目之规定公布关于“因情势变化而对反倾销调查发动行政复议”的通知时,同时公布关于“对(部分)撤销反倾销令的考虑”的通知,或关于“对终止已被暂停的调查的考虑”的通知;

b. 若本条第4款第(2)项所指的部长的结论是依据请求而作出的,那么,部长在本条第4款第(3)项a目所指的通知公布之日起,应为以下各方提供关于对撤销或终止的考虑的通知,以下各方是指政府列出的资料提供名单所列举的所有利害关系方以及部长认为有理由将其认定为美国的相似产品生产者或销售者的人员;

c. 根据本条例第三节第六条之规定进行核实(如果核实是适合的话);

d. 在根据本节第十二条第6款第(1)项d目之规定作出的初步复议结论中加上下列裁决,即关于是否有合理依据认定当事方已经满足了因情势变更而对其撤销反倾销令或终止调查所需的要求的裁决;

e. 如果本条上述第4款第(1)项d目所指的初步结论是否定的,那么,部长应在公布本节第十二条第6款第(1)项e目所指的通知时,同

时公布关于“部分撤销反倾销令的意向”的通知或关于“终止已被暂停的调查的意向”的通知；

f. 在根据本节第十二条第六款第(1)项 h 目之规定作出的最终复议结论中加上如下裁决，即关于是否有合理依据认定当事方已经满足了因情势变化而对其撤销反倾销令或终止反倾销调查所需的要求；

g. 如果本条第 4 款第(3)项 f 目所指的终裁是肯定性的，部长应在公布本节第十二条第 6 款第(1)项所指最终复议结论的通知时，同时公布关于“(部分)撤销反倾销令”的通知，或者同时公布关于“终止已被暂停的调查”的通知；

(4)a. 如果在连续四年的周年纪念月内，没有利害关系方根据本条例第三十二条第 1 款之规定，请求对某一项反倾销令或某一项已被暂停的调查进行行政复议，那么在第五年的周年纪念日的第 1 天之前，部长将在《联邦纪事》上公布关于“撤销反倾销令的意向”或关于“终止已被暂停的调查”的通知；

b. 在本条第 4 款第(4)项 a 目所指的通知公布之日前部长应对下列人员提供上述日历指的通知，下列人员是指政府列出的资料提供名单上所列的所有利害关系方以及部长有理由将其认定为美国境内的相似产品生产商或销售商的其他人员；

c. 如果到第五年的周年纪念月的最后一天为止没有利害关系方反对或一项根据本节第十二条第 1 款所作出的行政复议，那么，部长就应自此日起认定本条第 4 款第(1)项 a 目规定的关于撤销反倾销令或终止调查暂停的要求已经得到遵守，因此可以撤销该项反倾销令或终止该项被暂停了的调查，并在《联邦纪事》上公布本条第 4 款第(3)项 g 目所指的通知。

(5)如果部长根据本条第 4 款之规定撤销了一项反倾销令或部分撤销了一项反倾销令，那么他就应当命令他先前颁布的对撤销期间所涉商品实行暂停结关的命令自该撤销生效之日起停止生效，并通知海关退回作为担保的现金存款或付款保证书。

5. 因对于损害重新考虑而撤销反倾销令

如果委员会在一项根据关税法第七百三十五条第 2 款进行的行政复议中裁决下裁决：美国的某一项工业没有因为反倾销令或使调查暂

停的协议所涉及产品的进口而受到严重损害,或严重损害的威胁,或美国的某一工业的即将建立将因此受到严重的阻碍,那么部长就可以全部或部分地撤销一项反倾销令或终止某项已被暂停的调查,并应在《联邦纪事》上公布关于"(部分)撤销反倾销令"的通知或关于"终止已被暂停的调查"的通知。

第十六条 反倾销税的补偿

1. 一般规定

(1)在计算美国价格时,部长扣除下列反倾销税税款,下列税款是指该产品的生产者或转售商:a. 代表进口商直接缴纳的;或 b. 补偿给进口商的。(2)如果在发动反倾销调查前生产者或转售商向进口商保证说反倾销税将不适用于下列产品,那么,部长在计算该产品的美国价格时,就不得将对此产品应征收的反倾销税从中扣除。下列产品是指:a. 在部长暂停结关的命令公布之日前销售的产品;及 b. 在部长终裁公布之日前出口到美国的产品。在一般情况下,部长在计算某批产品的美国价格时,对于出口商(包括生产者或转售商)对进口商关于反倾销税的补偿只作一次扣除。

2. 证明

进口商在结关手续办理之前应向某个地区海关的关长提交一份以下形式的证明。

特此证明:

我已经(或从来)同他人签订了一项由制造商(或生产商、销售商、出口商)对于我从__国进口的____(系指货物名称)已被征收的反倾销税给予全部(或部分)支付或补偿的协议(或谅解)。该项货物的入境号码为____。该项货物是我在____年__月__日(或在__年__月__日之后,我在____年__月__日之前)购买的,但是它们是在____年__月__日(或____年__月__日之后)出口的。

3. 推定如果某一进口商没有按照本条第 2 款的规定提交上述证明,那么,部长得推定生产者或转售商已经对进口商被征收的反倾销税作了支付或补偿。

第三节 资料和争辩意见

第一条 事实性资料的提交

1. 期限的一般规定

(1)除了本条第1款第(2)项所指的时间期限外,向部长提交事实性资料的日期最晚:

a.(在部长作出终裁时),不得迟于核查开始的法定期限届满之日前第7天;

b.(在部长根据本条例第二节第二条第3款或第5款之规定作出关于行政复议最终结论的情况下)不得迟于关于初步复议结论的通知公布之日的前一天或关于发动行政复议的通知公布之日起第180天;

c.(在部长根据本条例第二节第二条第7款之规定作出加速行政复议的最终结论的情况下)不得迟于由部长规定的日期。

(2)本条例第一节第二条第11款第(3)(4)(5)项或第(6)项所指的任一利害关系方提交有关的事实性资料,以对第一节第二条第11款第(1)项或第(3)项所指的某一利害关系方业已提交的事实性资料加以驳斥、澄清或修正。上述资料应在本条规定的提交这类事实性资料的时限的最终日期前呈交,或在此类资料向有关的利害关系方提供之日起10天后提交。或在这些资料在行政性保护命令下向该利害关系方提供之日起10天后提交。

(3)对于在可适用的时限过后提交的任何事实性资料,部长在作出最终裁决或最终复议结论时将不予以考虑,也不会将其保存于诉讼程序的记录之中。部长将会把这些资料退回提交人,并说明退回的理由。

2. 对调查问卷的回答以及根据当局要求提交其他材料

(1)尽管有本条上述第1款的规定,部长仍可以要求任何人在诉讼的任何阶段提交有关的事实性资料。

(2)在对某一利害关系方发出的要求其对调查问卷提出答复或提供其他事实性资料的书面要求中,部长应当规定答复的期限。在一般情况下,部长对于未经请求作出的调查问卷答复不加考虑,也不会将其保存在该诉讼程序的记录之中;对于在部长的初步裁决公布之日后递交的未经请求其回答的调查答复,部长在任何情况下也不会予以考虑。

部长将会把这些未按时递交或被商务部拒绝接受的未经请求而递交的任何问卷答复退回递交人，并以书面通知说明退回的理由。

(3)在一般情况下，部长不得延长调查问卷或要求提供其他资料的书面请求中规定的期限。但在期限届满之前，收到部长书面请求的人可请求将期限延长。该项请求必须以书面方式提出并说明请求延长的理由。只有下列商务部的成员才能对延长作出同意的批复：主管进口管理司的部长助理、部长副助理，主管调查处的部长副助理，主管核查处的部长副助理，以及负责该项诉讼程序的办公室主任和业务分部主任。关于延长期限的批复必须以书面形式作出。

(4)根据本条第 2 款的其他规定，对于行政复议的调查问卷的答复，当事方必须在收到问卷之日起 60 天内递交。

3. 关于某些指控的期限

(1)对于本条例第一节第二条第 11 款第(3)(4)(5)项或第(6)项所指的起诉人和利害关系方在下列时限之后提出的关于亏本销售的指控，部长将不予考虑，即：

a. 在一项反倾销调查中，上述指控不得迟于部长在调查后作出初步裁决的法定期限前第 45 天提出，除非另一方的与此有关的答复也不按时递交或内容不齐全，使部长认为可以另定时限。

b. 在根据第二节第十二条第 3 款或第 6 款之规定进行的行政复议中，上述指控不得迟于发动复议的通知公布之后第 120 天，除非与此有关的另一次答复不按时递交，或内容不齐全，使部长认为可以另定时限。

c. 在根据第二节第十一条第 7 款的规定作出快速行政复议的情况下，上述指控的提出不得迟于发动复议的通知公布后第 10 天。

(2)除非某项指控在递交时附上有关的事实性资料，并且在法定期限届满之日 10 天前或部长作出初裁之日 10 天前提出，否则部长在某一项调查中不考虑该项指控。

(3)对于本条第 3 款第(1)项或第(2)项所规定的期限，任何利害关系方均得在上述期限届满之前以书面方式申请予以延长。如果负责进口管理司的部长助理作出结论认为某项延期将有利于法律的正当实施，那么，该部长助理就可以将调查期限延长一个 10 天以内的期间，或将行政复议的期限作一个30天以内的延长。

4. 递交的地点、时间

所有文件应寄送或递交的地点是：华盛顿特区20230号，宾夕法尼亚大街和第14街，美国商务部进口司，中心记录室，B-099号房间。在本节规定的所有期间内，部长对于收到的、并由中心记录室在收到的日期、时刻上盖了戳记的文书应予以考虑。如果期限届满之日不是一个工作日，部长就应接受考虑在该日之后的第一个工作日内递交的文书。

5. 格式和份数

(1)一般规定

除非部长改变了本条的要件，否则材料提供人应按本条第5款规定的形式提交一切资料。对于不符合本条第5款要求而提供的任何资料，部长将拒绝作为诉讼程序的记录予以接受。

(2)文书

在每一项调查中，每份文书应交10份副本，但不得包括计算机打印件，如果某人已经请求部长将部分文书作为专有资料处理，那么，只要交5份可以公开的文书就行了。其中应包括：根据本节第二条第2款之规定作出的任何摘要；以便代替该人已提请予以专有资料处理的部分。在每一次行政复议中，应分别提交7份副本和3份副本。在某项调查或行政复议中，如果为了诉讼的某一部分已准备起草文件，那么递交的文书应采用信笺大小的纸张，单面隔行打印。应确保每一份单独的文书副本在其首页上用任何开始的字母标明。在每一份文书的右上角应用下列格式标明下列情况：a. 第一行上应标明商务部案件号，但起诉书除外；b. 第二行应标明该文书的总页数(包括封面，附页，以及未标明页码的纸张)；c. 第三行应说明该文书是用于调查，还是用于行政复议，如果是后者，应说明复议期限；d. 在第四行及以下各行中，应说明文书的任何部分中是否包含绝密资料、机密资料或秘密资料，如果包含上述资料，应注明上述资料的页码，并说明"该文书可以根据行政保护令加以解密"或"该文书不得根据行政保护令解密"(详见本节第二条第3款及第四条之规定)；以及e. 对于秘密资料的公开本，除了按上述a到d目规定标上记号外，还应在首页上明显标明"公开本"的字样。

(3)计算机软盘及打印件

部长可以要求当事人递交用计算机软盘保存的事实性资料,除非部长作出裁决,认为提供资料的人没有以计算机打印格式保存资料,而且必须在时间和金钱方面承担不合理的额外负担后,才能用打印方式提供要求其递交的资料。在任一调查或行政复议中,计算机软盘递交时,应附上三份该软盘的打印件,以及三份该打印件的公开本。

6. 英译本

除非部长对一份单独的文书放弃此项要求,否则任何外文文书应附一份已翻译成英文的英译本,一并递交。

7. 对其他诉讼当事方提供的文书副本

除了起诉书和根据第二节第八条第 1 款第(1)项 a 目之规定提出的中止调查的协议草案,以及根据本节第二条第 1 款之规定提供的事实性资料等不需要提供给利害关系方的文书外,资料提供者应当用不受检查的第一类邮件或个人直接送达的方式,将文书的副本送交商务部提供材料名单中的任一利害关系方。资料提供者应在每一份文书上附上注明收件人的证明,并对每一份文书说明送交日期及寄送方法。

8. 受领文书的当事人名单

中心记录室应当对每一项诉讼程序保存并提供一份受领文书的当事人名单。每一要求被列入名单的利害关系方应当委托一人收取供给他的那些诉讼文书。

9. 证明

任何利害关系方在向部长提交事实性资料时必须附上本条第 9 款第(1)项所指的证明,如果该利害关系方有法律顾问或其他的法定代表人,则必须附上本条第 9 款第(2)项所指的证明。(1)如果该证明由该方负责提供事实性资料的负责人出具,则证明的格式如下:(姓名和职务),现被(利害关系方)雇佣,兹证明如下,①我已阅读过所附的文书;且②就我所知;本文书中所包含的资料是全面的,也是准确的。(2)如果事实性资料由该利害关系方的法律顾问或其他法定代表人提供,则证明应以如下方式作出:律师事务所(或公司)的先生(或女士),作为公司的法律顾问(或法定代表人),兹证明如下:①我已阅知本文书;且②该文书是依据一二公司提供的资料作成的。我没有任何理由怀疑该文书具有任何严重的代理不当或忽略了任何事实。

第二条 要求予以专有资料处理的申请

1. 申请的递交及内容

(1)与某项诉讼有关的任何一个向部长递交事实性资料的人,均可以请求部长将该资料或其中特定的部分作为秘密资料处理。

(2)递交申请者应当在文书的每页上用括号将秘密资料括出的方法来确定某些秘密资料,并在每页的顶行中明白说明该资料属于"请求应给予专有处理的资料"。递交人应当对申请所涉的每一项资料之所以有必要应给予本条例第一节第四条所指的秘密资料待遇作出充分的解释;上述请求应当作为包括上述资料的文件的一部分或应与正文有密切联系。

2. 可公开的摘要

所有要求给以秘密资料待遇的申请应当包括或附带下述材料:

(1)关于该秘密资料的一份摘要,它应同该文书的公开本合在一起(在一般情况下只要以实际资料的10%以内的文字加以归类或表示,那么,就算对资料作了适当的概括。如果某一数据材料的单独的部分内容很多,那么至少要对其中的百分之一的内容作上述适当的概括),或

(2)详细列举那些不能作出内容概要的秘密资料以及所有支持每部分结论的抗辩意见的说明。

3. 披露有关资料的协议

所有要求给予秘密资料待遇的请求,都还应包括一份根据行政性保护令允许阅读的协议,或包括详细列出该专有资料的哪些部分不得泄露的说明,以及所有支持该部分结论的所有抗辩意见。部长一般不会再给资料提供者一个就是否允许根据行政保护令同意要求获知该资料的进一步的机会。

4. 因申请不符合要求而退回资料

对于资料提供者要求给予其资料保密处理,但申请不符合本条要求的情况,部长得退回该资料,且无论如何也不会考虑该项资料。如果部长退回资料,他就应对他退回资料和不予考虑的理由作出一份书面说明,除非当事人在收到商务部上述书面说明后的两个工作日内重新递交新的申请,且该新申请书符合本条的要求。

5. 在考虑申请期间资料的地位

在对是否允许对某项资料给予专有处理的申请进行考虑的期间内，部长不得泄露或公布该资料。部长一般不得迟于自收到申请之日起第 14 天作出裁决。

6. 秘密资料的处理

除非部长作出其他规定，部长依法对其披露有关资料的人不得将资料披露给任何其他人，部长将事实性资料披露的对象仅限于下列人员：

(1) 提出申请并根据本节第四条受到一项行政性保护令许可的某一利害关系方的代表；

(2) 接受当事人递交的资料的直接参加诉讼的商务部成员；

(3) 接受当事人递交的资料的直接参加诉讼的国际贸易委员会成员；

(4) 接受当事人递交的资料的直接参与某项商品的反倾销诉讼有关的诈欺行为调查的海关工作人员；

(5) 提供者以书面方式特别授权可以接受对之披露资料内容的任何人；以及

(6) 根据《联邦条例汇编》第 19 册第 354 章受到起诉的被告或被告的法律顾问。

7. 驳回要求给予秘密资料待遇的申请

如果部长裁决认为某项事实性资料的全部或某一部分不得给予秘密资料待遇，那么，就应通知资料递交者。除非递交者答应将该资料视作是公开性资料。否则部长应退回该资料。并附上说明退回此种资料以及在诉讼中对要求给予秘密资料待遇的申请不加考虑的理由的书面通知。

第三条　免受披露的资料

特许资料或保密资料免受披露，不得向公众或利害关系方的代表们披露。

第四条　根据行政性保护令披露专有资料

1. 一般规定

如果部长裁决认为有关代表已经充分说明向其披露有关资料的必

要性且将会适当地保护披露给他(她)们的资料的专有地位,那么部长就可以根据一项行政性保护令向诉讼参加方的代理人或其他代表披露有关资料。在决定是否要根据行政性保护令披露有关资料时,部长应当考虑到违反保护令进行制裁是否能切实有效,这些制裁措施包括本条第 2 款第(4)项中所指的措施。部长也应考虑到其在将来获得资料的能力。

2. 申请披露

(1)某一代表请求部长根据行政性保护令予以披露有关资料的申请书的提交日期,不得迟于下列日期中较迟的日期:a. 根据本条例第二节第一条发出的发动调查的通知在《联邦纪事》上公布之日后第 30 天,或根据本条例第二节第十二条所进行的行政复议的发动通知公布之日后第 30 天。b. 该代表的当事人或雇主成为某一诉讼参加方之后的第 10 天,但是无论如何不得迟于本节第八条所指案情陈述按时提交之日。

(2)上述代表必须以商务部规定的标准格式(ITA-367)提交请求披露的申请,该标准格式的申请书只要求对被申请的资料特别要点加以说明,这些特别要点既要符合部长用以决定是否披露的标准,也要符合可对那些尚未提交的事实性资料提出申请这一事实。

(3)上述申请应当使代表负有下述义务:a. 不得向递交者或由某一行政性保护令授权可以获得该资料的人以外的人披露专有资料;b. 仅在该资料递交的那个诉讼程序中使用;c. 在任何时候确保秘密资料的安全,以及 d. 就明显违反保护令条款的情况立即向部长报告。

(4)申请书中应包含由上述代表作出的确认保证,该保证如下:a. 对被裁决已违反行政性保护令的代表,可予以本编第 354 章所列举的任何或全部制裁,以及 b. 被裁决已违反行政性保护令的人,无论是一个合伙组织、联营组织或雇员,该人所属的企业和任何合伙人,联营企业,该违反命令的人的雇主或雇员都可受到本编第 354 条所列举的那些制裁措施的制裁。

(5)部长一般应在他(她)收到披露有关资料的申请后 14 天内根据行政性保护令作出是否披露有关资料的裁决。

3. 撤回秘密资料的机会

如果部长未经资料提供者同意决定根据行政性保护令披露有关秘

密资料,部长应当向资料递交者提供一份裁决及其理由的书面通知,并允许递交者在两个工作日内从官方记录中撤回有关资料,部长对于已被撤回的资料将不予以考虑。

4. 根据行政性保护令披露的资料的保存

(1)在将由部长作出的裁决递交司法审查的期间届满之日,或部长认为适当的早些时候(期满之日前的某日),如果诉讼程序的任一参加方均没有将裁决提交司法审查,则上述代表必须将根据本条规定披露的秘密资料,或包括这些秘密资料的其他资料(如记录或备忘录)全部退回或销毁。此时,该代表必须向部长证明他完全遵守行政性保护令的条款规定,并将所有的秘密资料退回或销毁。

(2)诉讼参加方代表在提请司法审查或在参与司法审查诉讼时,如果该诉讼参加方在部长将行政复议记录提交法院之后 15 天内申请法院颁布司法保护令,那么,该代表保留该秘密资料。如果法院对该方请求颁布司法保护令的申请予以驳回,该方代表就必须在法院裁定驳回后 48 小时内退回或销毁全部秘密资料和包含秘密资料的所有其他资料,并根据本条第 4 款第(1)项之规定向部长作出证明。

5. 对行政性保护令的违反

本编第 354 章规定了对违反某项根据本条签发的行政性保护令的指控进行调查,以及对违反这种保护令实施制裁措施的程序。

第五条　单方面会见

对于在提供与诉讼程序有关的事实性资料的任何人和部长委托授权由其作出有关裁决的人,以及对之作出最终建议的人之间的任何单方面会见,部长均应准备一份书面备忘录,保存在官方记录中。该备忘录应当包括日期、时间、会见的举行地点、出席单方面会见的所有各方的名称及分支机构,以及已提交的有关事实性资料的可以公开的摘要。

第六条　对资料的核实

1. 一般规定

(1)部长应审查其所依据作出裁决或结论的所有事实性资料。即应审查:a. 根据本条例第二节第八条第 9 款或第十条之规定作出的终裁中所包含的事实性资料;b. 根据本条例第二节第十二条第 7 款之规定作出的关于快速行政复议的最终结论中的事实性资料;c. 根据本条例第二节第十五条之规定作出的撤销反倾销令的裁决中所包含的事实性资料；d. 根据本条例第二节第十二条第 3 款或第 6 款之规定作出的最终行政复议结论中所包含的事实性资料（如果部长裁决存在着核实的充分理由）；以及 e. 根据本条例第二节第十二条第 3 款之规定作出的最终行政复议结论中所包含的事实性资料，但条件已发生下列情况：（i）本条例第一节第 2 条第 11 款第（3）（4）（5）项或第（6）项所指的任一利害关系方在发动行政复议的通知公布之日起 120 天内（包括第 120 天）提交了要求核实的书面申请，且（ii）在上述 d、e 目所指的两项复议中的任一复议过程中，部长均未根据本条进行核实。

（2）如果部长裁决认为由于某项调查或行政复议中所包括的生产者或转售商人数众多，因此不能对每个人提供的相关资料进行核实，那么他就可有选择地核实具有代表性的资料。部长可将从这些具有代表性的人的资料中得出的核实结论适用于该项调查或复议所涉及的全部生产者或转售商。

2 核查通知

在公布终裁、撤销反倾销令或行政复议的最终结果的通知时，部长应当指出其核实所采用的方法和程序。

3. 核查程序

在根据本条进行核实时，部长应当通知在其境内进行核实的外国政府、商务部的工作人员将要同有关生产者或转售商见面，以核实已提交的事实性资料的准确性和完整性。作为核实工作的一部分，商务部的工作人员可以请求查阅所有的档案、记录，询问所有的生产者、转售商、进口商以及部长认为与业已递交的事实性资料有关的独立购买者。

第七条　可以获得的最佳资料

1.“可以获得的最佳资料”的使用

无论何时，只要出现下述情况、部长均可采用“可以获得的最佳资料”。下述情况系指：（1）部长没有收到其要求当事人提供的关于现实性资料的完整的、准确的以及按时递交的答复，或（2）在规定的时间内无法对所提供的事实性资料的完整性及准确性进行核实。

2. 何谓“可以获得的最佳资料”

可以获得的最佳资料包括支持起诉的事实性资料以及本条例第一

节第 2 条第 11 款第(3)(4)(5)项或第(6)项所指的利害关系方随后递交的事实性资料。如果某一利害关系方拒绝提供部长要求其提供的事实性资料或阻碍诉讼的进行,部长就可在裁决中考虑运用可以得到的最佳资料。

第八条　书面意见和听证会

1. 书面意见

在根据本条例第二节第八条第 9 款或第十条作出终裁或根据第二节第十二条作出最终结论时,部长只考虑关于案件的书面意见或书面辩驳意见,而且这些意见必须在本条规定的时间内提出、除非意见经部长请求(且在部长决定的时间内提出),否则对于本条规定的时限之后递交的任何书面意见,部长均不会予以考虑。在诉讼进行的任何时候,部长得向任何利害关系方或美国政府任何机构就任何问题提出书面意见,对于在本条所规定或部长所规定的时限之后提出的任何书面意见,部长均得退回给递交人,并附上说明退回该文书理由的书面通知。

2. 请求召集听证会

在部长的初裁初步复议结论公布之日起 10 天内(包括第 10 天),除非部长改变了时限规定,否则任何利害关系方得请求部长对将提出的意见和辩驳意见举行公众听证会。请求举行听证会的当事方应尽可能确认在听证会上要提出的各种意见。在听证会上,某一利害关系方只能依据该方的关于案情陈述的辩论要点作出正面陈述,并且只能依据该方的辩驳要点提出反驳意见。

3. 案情陈述意见书

(1)任一利害关系方或美国政府任一机构可以递交一份关于案情陈述的意见书,该意见书:a. 必须在部长作出的初裁裁决公布之日起 50 天内提出,除非部长变更了该期限;b. 在根据本条例第二节第十二条第 3 款或第 6 款之规定作出的初步复议结论公布之日起 30 日内提出,或 c. 在某次根据本条例第二节第十二条第 7 款之规定所进行的快速行政复议中由部长直接规定的任何时候提出。(2)案情陈述意见书应当分别将所有论点全部列出,这些论点是递交者认为与部长的终裁或最终复议结论始终有关的。包括在初裁或初步复议结论公布之前当事人已提交的任何意见。

4. 反驳意见书

在部长作出的初裁或初步复议结论的通知中规定的时限内（或本条例第二节第十二条第7款所指的快速行政复议中部长指定的时间内），通常是在案情陈述意见书递交的时限之后5天之内（在反倾销调查的情形下）或7天之内（在行政复议的情形下），任一利害关系方或任一美国政府机构均可递交一份"反驳意见书"，反驳意见书应当分别对所有的反驳意见全部列出，这些反驳意见只能对案情陈述意见书中提出的论点进行反驳。

5. 意见书的提供

陈述意见书或反驳意见书的递交人应当将在诉讼的某一阶段业已递交的案情陈述意见书或反驳意见书的任何利害关系方或政府机构提供一份副本。如果该诉讼参加方已根据本条例第三节第一条第8款之规定指定了一个在美国的代理人，则上述意见书的递交应在该意见书递交部长的同一天当面送达此代理人，或用邮件或派急件投递人在次日送达此代理人。如果指定的代理人不在美国，则应用不受检查的第一类邮件送达。提供者应当在每份意见书中附上一份列出收件方（或其代理人）的名单、送寄时间或方法的证明书。

6. 听证会

如果某一利害关系方根据本条第2款之规定递交了召集听证会的申请书，则部长应当在其初裁或初步复议结论的通知中规定的日期（或在本条例第二节第十二条第7款所指的快速行政复议中由部长指定的日期）举行一次公众听证会，除非部长改变了上述日期。在一般情况下，某项调查中举行的听证会应在反驳意见书提交的指定日期两天后进行，某项行政复议中举行听证会应在反驳意见书提交的指定日期7天后进行。

（1）部长应将听证会的一份完整笔录存放在该诉讼的公开记录和官方记录中，并且在听证会上宣布利害关系方如何才能到该笔录的副本。（2）听证会的主席可由商务部的下列成员之一担任：①进口管理司的部长助理；②部长副助理；③主管调查处的部长副助理；④主管核查处的部长副助理；或⑤负责诉讼事宜的办公室主任或业务主任。

（3）听证会不受《行政诉讼法》的制约；如果有证人证词，那么这些证人证词不能以宣誓方式作出,也不能用来与另一利害关系方或证人的证词对质。在听证会期间,主席可以询问任何利害关系人或证人,并可以要求他(她)们提交附加书面意见。

7. 递交的地点和时间

本条例第三节第一条第4款的要求适用于本条。

8. 意见书的格式和份数

本条例第三节第一条第5款的要求适用于本条。但是在进行行政复议时,当事人应递交案情陈述意见书副本10份及其公开件副本5份,其中包括根据本节第三条第2款作成的可公布的摘要。

第四节 美国价格、公平价值及外国市场价值的计算

第一条 英国价格的计算

1. 一般规定“美国价格”系指某种受调查产品的购买成交价格或出口商销售价格。在计算美国价格时,部长应使用与本条的第一节第二条第20款就所指的销售有关的资料,如果没有现成的销售资料,则可使用可能进行的销售的有关资料。

2. 购买成交价格

“购买成交价格”系指在进口日期之前,输美商品的外国生产者或转售商销售或可能销售该产品的价格。如果在对进口商进行销售时没有反映出这些价格,那么,部长就应该按照本条第4款之规定对于有关的成本和费用作适当的调整。只要使用购买成交价格作为美国价格,并且有理由认为对进口商的销售价格并没有反映在将商品从出口国运出时发生的成本和费用,部长就可以根据本条第4款的规定对这些成本和费用作出适当的调整。

3. 出口商销售价格

“出口商销售价格”是指在进口前后,出口商(指关税法第771条第13款规定的出口商)或别人替出口商代为销售或可能在美国销售某种产品的价格,该种价格要按照本条第4款和第5款的规定加以调整。

4. 美国价格的调整

(1)部长应当在美国价格中加上以下费用:a. 不包括在价格中的、在将货物包装停当以便向美国装运时发生的集装箱、遮盖物及其他费

用;b. 出口国本应征收但因该商品的出口而已经予以退回或不予征收的一切进口税;c. 出口国本应对该产品或部件直接征收但因该商品的出口而业已退回或不予征收的任何国内税,但是上述税收仅限于在出口国销售的某种产品或其相同产品时加进或包括在其价格中的税收;d. 为抵消某项出口补贴而对该商品征收的反补贴税。

(2)如果下列这些费用包括在价格之内,那么,部长应在美国价格中扣除下述费用或负担;a. 在将货物从出口国装运地运到美国交货地过程中发生的任何成本和费用,以及美国进口税,但本条第 4 款 d 目所指的费用除外;b. 出口国征收的任何出口税、出口关税或除出口税和出口关税以外的其他费用,或关税法第 771 条第 6 款第(3)项所指的其他费用。

5. 对出口商销售价格的其他调整

(1)在美国销售该产品时所支付的佣金;

(2)出口商自行销售或别人替出口商代销该产品时一般会发生的费用,或根据通用的会计原则可以摊派到该商品中去的费用,及

(3)在进口之后卖给不是出口商的人之前对该产品的加工或组装过程中所增加的价值;部长可以从加工或组装过程中发现的原材料、装配成本或其他费用。

第二条　公平价值

1. 与外国市场价值的联系

在调查中使用的公平价值,是对外国市场价值的一种估价。除非作出相反的特别说明,本部分提到"外国市场价值"就是"市场价值",而本部分提到的"公平价值"不一定指外国市场价值。

2. 受审查的销售

(1)对于在起诉提出的那个月份或部长发动调查的月份的第一天前的第 150 天到该月第一天之后第 30 天内这一段时间内销售的货物,部长一般应当对其美元金额或数量不少于 60% 的商品进行审查,但是部长也可对他认为适合的任何其他期间或可以替代前述期间的时间内销售的商品加以审查。(2)如果部长对于本条第 2 款第(1)项所指期间内所销售的其金额或数量不到 85% 的商品进行审查,他就应该通知受到影响的外国政府,告诉它们受到审查的总销售额的比重是多少。

第三条 在计算外国市场价值时使用的销售额

1. 销售额以及销售要约

在计算外国市场价值时,部长应当使用本条例第一节第二条第20款所指的销售资料以及销售要约的发价资料,但是一般只有在没有现存的销售资料,而且部长认为可以合理地期望该发价被接受时,才会考虑到要约价格。

2. 虚假的销售额和要约

在计算外国市场价值时,部长应拒绝考虑那些虚假的销售和要约发价资料。

3. 受到限制的销售

当用以计算外国市场价值的销售额受到限制时,在认为适合时,部长可以调整价格,以补偿使该产品的价格受到影响的购买者所受到的限制。

第四条 不同价格水平下的销售

1. 加权平均价格或各种加权平均价

如果部长可以用来计算外国市场价值的销售的价格发生变化(在按照本条例第四节的第十五条、第十六条、第十七条及第十八条之规定进行扣除之后)。那么,部长通常应当依据各种价格的加权平均价来计算外国市场价值。

2. 具有决定作用的价值

如果在调查期间部长用以计算外国市场价值的其金额超过该产品总额80%的销售均以同一价值进行,那么部长就可以该种价格的销售额为基础计算外国市场价值。

3. 其他合理方法

如果部长认为本条第2款之规定不能适用,且本条第1款的规定也不合适,那么,部长就可以用视为合适的其他方法来计算外国市场价值。

4. 低于生产成本的销售

本条第1款或第2款之规定,部长不得适用于根据本条例第二节第一条之规定不予考虑的销售。

第五条 有联系的人之间进行的交易

1. 对关系户的销售

如果某一生产者或销售商向关税法第771条第13款所指的关系

户销售某种产品或其相似产品,则只有当这种销售的价格与该生产者或销售商在把同种产品销售给非关系户时的价格具有可比性时,部长才能依据此类销售来计算其外国市场价值。

2. 通过关系户的销售

如果某一生产者或转售商通过上述某一关系户销售某种产品或相似产品,那么部长应当依据该关系方的销售价格来计算该产品的外国市场价值。

第六条　根据国内价格计算外国市场价值

1. 一般规定

(1)在一般情况下,部长应当依据该种产品或其相似产品在生产该商品的东道国的主要市场上销售所使用或要约所报的价格来计算外国市场价值,上述销售应该是以一般商业数量且在供国内消费的正常贸易渠道中进行的。如果下述成本及费用没有被包含在该销售价格中,则在计算外国市场价值时应加上在将商品包装停当以待装运到美国这段时间内发生的集装箱、遮盖物的成本及其他费用。

(2)当以本条例第四节第一条第2款所指的购买成交价格为基础来计算其美国价格时,部长应按本条第1款第(1)项之规定,依据生产者或转售商在将向美国出口的商品销售时的价格来计算外国市场价值。

(3)当以本条例第四节第一条第3款所指的出口商销售价格为基础来计算美国价格时,部长应当按本条第1款第(1)项之规定,依据进口商将该货物销售给关税法第773条第5款第(4)项所指的非关系户时的价格来计算外国市场价值。

2. 正常贸易渠道

在确定是否属于正常贸易过程时,部长应当考虑在本条第1款所指的时间以前一段合理的期间内同类或同种产品的国内贸易中是否正常这一情况。

3. 换船装运

如果该种货物并非从生产该产品的本国直接进口,而只是通过另一国换船转运到美国。那么,除非根据本条例第四节第七条之规定,否则部长不得依据该种产品或其相同产品在转运国销售的价格来计算外国市场价值。

第七条　来自整个中转国的出口

如果出现下列情况，部长就应以该种产品或其同种产品在中转国市场上的销售情况而不是以产地本国销售情况来计算外国市场价值。下列情况为：

1. 某一中间国国内的一个转售商从生产者那里购买了该产品；

2. 该种产品的生产者（在将产品销售给转售商时）不知道该转售商意图向哪一国出口该产品；

3. 该种产品进入了该中转国的商业流通领域，但是在该中转国并未经过实质性的加工改装；且

4. 该产品随后向美国出口。

第八条　在国内销售额不合适时如何计算外国市场价值

1. 一般规定

除了本条例第四节第十三条的规定外，如果在被查期间该种产品或其同种产品供本国国内消费的销售额大大小于同期它向第三国出口的数量（一般情况下，不到其对第三国销售总量的5%），因此不宜用该国国内销售额来作为计算外国市场价值的基础，那么，部长则应根据本节第十九条或第二十条之规定来确定该产品的外国市场价值。

2. 第三国销售价格优先考虑

如果在规定的时间内能获得合适的资料，并且这些资料能够被核实，那么部长通常会优先考虑依据对第三国的出口销售价来确定外国市场价值，然后才会考虑用推定价值来计算外国市场价值。

3. “第三国”的定义

本条及本部分第九条所指的“第三国”是指除生产受调查产品的本国或美国以外的任一其他国家。

第九条　根据第三国销售价格计算外国市场价值

1. 一般规定

（1）如果以向某一第三国的出口销售为基础来计算外国市场价值，那么，部长在确定外国市场价值时应当依据该产品或其相同产品向某一第三国的出口价加上不包括在价格内、在将该产品包装停当装运到美国时发生的集装箱、遮盖物的成本或其他费用。

（2）如果根据本节第一条第 2 款之规定以购买成交价格为基础确定美国价格。那么，部长应当根据本条第 1 款第（1）项之规定；依据生产者或转售商在将出口美国的产品销售时的价格来确定外国市场价值。

（3）如果以本节第一条第 3 款所指的出口商销售价格为基础来确定美国价格。那么，部长就应当依据进口商在美国将该产品销售给关税法第 773 条第 5 款第（4）项所指的非关系户时的销售价格来计算本条第 1 款第（1）项所指的外国市场价值。

2. 对第三国的选择

部长在一般情况下，应按照下述标准来选定第三国。这些标准为：

（1）与出口到美国的产品相比，出口到该国的某种产品或其相似产品比出口到其他国家的上述产品具有更大的相似性，而且部长裁决认为上述产品在该国的销售已达到一定规模；

（2）上述产品在该第三国的销售数量最大，大于在原产地国或美国销售的数量；且

（3）就市场的组织及发育程度而言，该第三国与美国最为相似。

3. 对多个第三国的选用

为了能根据本条第 2 款的规定发现合适的销售数量，部长可以将多个第三国的销售相加起来。

第十条　依据构成价格计算外国市场价值

1. 计算构成价值的方法

如果以构成价值为基础来确定外国市场价值，那么部长在计算外国市场价值时应加上：

（1）在生产此类产品或其相似产品过程中使用的原材料的成本（包括生产该产品的本国对这些原材料或其组合处置应直接征收。在该产品出口时免除或退回的任何国内税），以及在本条第 2 款所规定的时间内在生产此类产品或其相似产品过程中所采用的任何形式的组装或加工的成本、该种成本使得该种特定的产品得以在正常贸易过程中生产。

（2）本国生产者在正常贸易渠道中，以通常的商业数量销售某种同类或同种产品时发生的一般管理费和利润，但是一般管理费不得超过本条第 1 款第（1）项所指的成本的 10%，且利润额不得超过上述管理费

和本条第1款第(1)项所指的成本两者之和的8%;以及

(3)在将产品包装停当以备装运美国过程中所发生的集装箱、遮盖物的成本和其他费用。

2. 计算构成价值的时间

(1)如果以本条例第四节第一条第2款所指的购买成交价格为基础来计算美国价格,那么,部长就应以该生产者或某一转售商在销售输美商品之前发生的有关成本及费用为基础来计算本条第1款所指的构成价值。

(2)如果以本节第一条第3款所指的出口商销售价格为基础来计算美国价格。那么,部长就应以进口商在美国向某一非关系户销售该产品时所发生的有关成本及费用为基础来计算本条第1款所指的构成价值。

3. 与关系户的交易

在根据本条第1款之规定计算构成价值时,部长可以不考虑在关税法第773条第5款第(4)项所指的关系户之间发生的关于零件的交易,按照本条第1款之规定本应对上述交易予以考虑。但是由于其在关系户之间发生,故不能公正地反映出访件市场上通常的销售额。如果部长不考虑某一项交易,但是没有其他的交易以供考虑,那么,部长根据可得到的资料,依照假如交易在非关系户之间发生的情况下该交易应有的数额来计算构成价值。

第十一条　在低于生产成本销售情况下对外国市场价值的计算

1. 对亏本销售不予考虑

如果部长有合理依据认为或怀疑他(她)所得以根据本节第六条、第九条或第十三条之规定将其作为计算外国市场价值基础的销售是一种低于生产成本的亏本销售,那么,在计算外国市场价值时,部长将不考虑下述销售。如果这些销售:

(1)业已长时间大量进行;且

(2)在正常贸易过程中的某一合理期间内不能收回全部成本。

2. 在盈利销售不适合的情况下使用推定价值

如果部长不考虑本条第1款所指的销售价格,并且得出结论认为其余的盈利性销售也不适合用以计算外国市场价值,那么,部长就可以本节第二十条所指的构成价值为基础来确定外国市场价值。

3. 对生产成本的计算

部长应依据原材料成本、组装成本以及一般管理费来计算生产成本,但是在生产该种产品或其相似产品时发生的利润则不得包括在生产成本之中。

第十二条 对于来自国家控制经济国的商品的外国市场价值的计算

1. 一般规定

如果部长裁决认为某种产品的原产物国是国家控制经济国,故根据本节第六条、第九条或第十二条之规定,用该种产品或其相似产品的销售价格或要约发价来计算其外国市场价值是不合适的,那么,部长在计算外国市场价值时应优先依据:

(1)根据本节第六条、第九条计算出来的,该国家控制经济目的在供国内消费或向别国(包括美国)销售该产品或相似产品时使用的价格;

(2)根据本节第十条计算出来的该种产品或其相似产品的构成价值。

2. 经济的可比性

为本条第1款的规定起见,应当依次优先择用下述经济水平的非国家控制经济国的价格或成本来确定受调查产品的外国市场价值:

(1)部长认为其经济发展水平与原产地国的经济发展水平具有可比性的某一非国家控制经济国(美国除外),部长在考虑这一点时,是以公认的标准为基础的,这些标准包括国民生产人均总值,基础设施的发达程度(特别是指生产受调查产品或其相似产品的工业部门的基础设施水平)等;

(2)其经济发展水平与原产地国没有可比性的非国家控制经济国(美国除外),在此种情形下,部长应对其业已知道的原材料和组装成本的差异作出调整,然后才能以该国的价格或成本计算受调查产品的外国市场价值。

3. 生产要素的使用

如果部长认为其经济发展水平与本国具有可比性的非国家控制经济国不生产受调查产品或其相似产品,那么就可先依据原产地国在生产该种产品时使用的生产要素价格确定构成价值,然后以该种构成价值来计算该种产品的外国市场价值。其中生产要素系指生产该种产品需要耗费的劳动时间、原材料数量以及能源数量,但不仅限于以上三者。用上述构成价值来确定外国市场价值有一个假设条件,即假定部长能从原产地国生产者那里获得有关这些要素的资料,且能对它们进行核实。部长应当依照与本国经济发展水平具有可比性的非国家控制经济目的相同生产要素价值来确定上述生产要素价值。在计算该种构成价值时,还应当加上关税法第 773 条第 5 款第(1)项 b 目所指的一般管理费和利润额,以及同条第 5 款第(1)项 c 目所指的其他费用。

第十三条 依据跨国公司的销售来确定外国市场价值

在计算关税法第 773 条第 5 款所指的跨国公司销售的某种产品的外国市场价值时,应遵守该条款的规定。

第十四条 调整外国市场价值的主张

根据本节第十五条到第十八条之规定提出应对外国市场价值作出适当调整的任一利害关系方,都必须使其主张符合部长的要求。

第十五条 数量的差异

1. 一般规定。

在将美国价格与外国市场价值作比较时,部长一般应采用具有可比性的该产品的销售数量。只要部长认为任何价格差异是部分地或全部地由销售数量的差异而造成的,那么部长就应当对这些由数量差异而造成的价差作合理的扣除。在作出此类扣除时,部长还应考虑其他事宜,比如应考虑到有关国家对于那些在正常贸易渠道中购买某种货物的人给予数量性价格折扣的惯例。

2. 用数量性价格折扣进行的销售为基础来计算外国市场价值。如果出现下列情况,部长应当用在销售时给予数量性折扣的交易为基础来计算其外国市场价值。下列情况是:

(1)在审查期间或至具代表性的期间内,该生产者或转售商在销售该种产品或其相似产品时,按同一幅度作出了至少为销售价 20% 的价格折扣;(2)该生产者令人信服地证明,上述折扣明显反映了因生产数量的增加而导致的单位生产成本的节省。

3. 以附带数量型价格折扣的销售额为基础来计算加权平均外国市

场价值。如果某生产者或零售商的做法不符合本条第 2 款的要求,那么部长将依据某种加权平均价格或包括已给予折加的销售价格在内的价格来计算该种产品的外国市场价值。

4. 在确定是否已给予价格折扣时,反映该种折扣的公开价目表并不具有决定作用。只有生产者或转售商在受调查产品的交易及市场栏目中能证明它们是按照价格表中的规定定价时,才有可能承认该价目表中的价格。

第十六条　销售情况的差异

1. 一般规定

(1)在计算外国市场价值时,部长应当对由于销售情况的不同而产生的真正的价格差异作出一个合理的调整。条件是部长认为这种价差(部分或全部)是由于销售情况的不同而产生的。在一般情况下,部长应当将差异的调整限制于与被比较的销售有直接关系的情况。

(2)部长将予以调整的销售情况方面的差异通常是指那些相关的佣金、信贷条件、技术援助和服务情况的差异。部长还应对生产者或转售商在销售货物时发生的销售费用(比如广告)的差异作合理的调整,但是这种扣除只限于那些由该生产者或销售商代替其顾客承担的费用的差异。

2. 特殊规则

(1)尽管本条第 1 款作了如此规定,如果部长对于其中一个市场上的佣金作了合理的考虑,而在另一市场上不存在销售佣金,那么,部长通常仍然可以对其他的销售费用作合理的考虑。但是,这种考虑仅限于在一个商场上发生的其他销售费用或在另一市场上发生的佣金的情形(无论哪一个更小一些)。

(2)在将外国市场价值同出口商销售价格作比较时,部长应当在外国市场价值中合理地扣除下述所有费用。这些费用系指在销售该种产品或其相似产品时所发生的费用,但本条第 1 款第(1)项或第(3)项所指的费用不包括在内。

3. 合理考虑

在确定什么是对销售情况的差异所作的合理考虑时,部长通常应考虑生产者或转售商所负担的不同的成本,但也要适当地考虑这种差异对于该种产品的市场价值差异的影响。

第十七条　物理特征的差异

1. 一般规定

在计算外国市场价值时，部长对被比较的产品的物理特征的差异而导致的全部或部分价差应作出合理的扣除。

2. 合理扣除

在判断对因物理特征差异而导致价差的扣除是否合理时，部长一般应考虑到生产成本的差异，但在合适的情形下，也可考虑到产品市场价值的差异。当被比较的商品具有相同的物理特征时，部长就不应认为其生产成本存在着差异。

第十八条　贸易水平

部长通常应基于相同的贸易水平上所进行的买卖来计算产品的外国市场价值和美国价格。如果在同一贸易水平上成交的数量不足以用来进行公平的价格比较，那么部长就应当根据此种产品或其相似产品在与美国市场的贸易水平最为接近的水平上所进行的买卖来确定其外国市场价值，并对影响价格可比性的因素作出适当的调整。

第十九条　对无关紧要的调整不加考虑；平均和抽样技术的使用

1. 无关紧要的调整对于外国市场价值的调整，如其影响是无关紧要的，那么部长就可以不加考虑。在一般情况下，如果某一单项调整所涉及的产品价值不到其外国市场价值的 0.33%，或任何系列调整所涉及的产品价值不到其外国市场价值的 1%，部长就可以对此不加考虑。上文中所说的系列调整系指对由于销售条件、产品物理特征及其贸易水平的不同而导致的价格差异所进行的调整。

2. 平均或抽样技术

(1) 在计算美国价格或外国市场价值时，只要涉及数额巨大的买卖或其影响重大的调整，部长就可以使用平均计算法，或使用抽样技术。

(2) 部长应当选择合适的、具有代表性的样品进行抽样计算。

第二十条　货币换算

1. 换算规则

部长应当根据关税法第 522 条(《美国法典》第 31 卷第 5151 条 c 款)之规定，将某一外国货币换算成美国货币。这种换算应按本节第十六条、第十九条或第二十条所指的汇率进行。

2. 调查的特殊规则

为了调查的目的起见，部长可作如下的推定：生产者、转售商和进口商都是在一段合理的时间内从事贸易；并且会考虑到由于现行汇率的持续变化而导致的价格变化。若商品的价格受到临时性汇率浮动的影响，则部长在进行公平价值比较时，就可将仅仅是由于此种汇率浮动而导致的美国价格与外国市场价值之间的任何价差排除在倾销差价之外。

附录四　欧共体反倾销规则

欧共体理事会关于防范非欧共体成员国倾销进口的第 1225/2009 号条例

（2009 年 11 月 30 日通过修正版）

欧盟理事会鉴于建立欧洲共同体的条约，特别是其第 113 条，考虑到为建立农业市场共同组织及为某类农产品作出特别规定（CMO 单独条例）的 2007 年 10 月 22 日欧共体第 1234/2007 号条例，考虑到委员会的建议，鉴于：

（1）关于防范非欧共体成员国倾销进口的第 384/96 号条例（1995 年 12 月 22 日通过）至今已被多次修改，该条例应被编纂得更为清晰与合理。

（2）1994 年的多边贸易谈判制订了关于实施关贸总协定（以下简称 GATT 协定）第 6 条的新协定。考虑到倾销与补贴各自新规则的不同属性，为其分别制定一套共同体规则是合适的。随即，关于防范补贴及反补贴税规则应包含在一个单独的条例中。

（3）有关倾销的协定，即实施 1994 年关贸总协定第 6 条的协定（以下称为 1994 年反倾销协议），包含了许多详细的规则，特别是关于倾销的计算，提起和进行调查的程序，同时也包括事实的认定和处理、采取临时性措施、征收反倾销税、反倾销措施的期限和复审以及公开披露有关反倾销调查的信息；为了确保合理、透明地实施这些规则，应尽可能地将协定中的用语引入到共同体的法规中。

(4)为了维护 GATT 协定所建立起来的权利与义务的平衡性,共同体在适用这些规则时须考虑共同体主要贸易伙伴如何解释这些规则。

(5)应为正常价值的计算制定明确和详细的规则,特别是正常价值在所有情况下均应以正常贸易条件下出口国国内有代表性的销售为基础。为当事人何时可能被认为存在倾销行为制定指引是可取的。应明确国内销售被认为低于成本,并被不予考虑的情形,在此情形下,可采取正常销售、推定正常价值或向第三国销售来进行补救。即便在试生产期,也应为成本分摊制定规则,同时也应为试生产期的定义、成本分摊的范围及方法制定指引。在推定正常价值时,有必要指明确定销售成本、一般成本和管理成本数额以及包含在正常价值中一定利润数额的方法。

(6)为非市场经济国家确定正常价值时,应选择合适的市场经济第三国,并为此制定相关规则。当不可能找到合适的市场经济第三国时,可规定在其他任何合理的基础上确定正常价值。

(7)欧共体反倾销实践应对哈萨克斯坦国内已变化的经济情况予以考虑,特别应明确,当通过对涉案产品的生产与销售进行调查发现生产商(们)是在市场条件下进行生产时,可依照市场经济国家的规则来确定正常价值。

(8)同样对来自 WTO 成员的非市场经济国的进口产品,在发起相关反倾销调查之日起应给予类似待遇。

(9)应基于被合理证实的被调查生产商(们)的申请,对是否存在市场经济环境加以核查,被调查的生产商(们)希望采用适用于市场经济国家的规则来确定其产品的正常价值。

(10)确定出口价格和在有必要从第一次公开市场价格出发重新推定出口价格的情形下列举某些调整项目是有益的。

(11)为保证在出口价格与正常价值之间进行公平比较,应列举可能影响价格和价格可比性的那些因素,应制定有关何时及如何进行调整的明确规则,包括应避免任何重复调整的规则。虽然各个出口价格因其客户、地区或期限等原因不同时仍可以与一个平均正常价值进行对比,但也有必要来规定,可以使用平均价格进行比较。

(12)应制订明确、详细的规则指导那些与确定倾销进口产品是否已造成实质性损害或实质性损害威胁相关的因素。在证明有关进口产品的数量和价格水平对共同体某一产业所遭受的损害负有责任时,应注意其他因素特别是共同体现有市场环境对此的影响。

(13)应对“共同体产业”和“关联”一词作出定义,应规定与出口商有关联的当事方不应归入“共同体产业”,并对“关联”一词作出定义。有必要规定以共同体某地区生产者的名义提起反倾销,并有必要对界定该地区制订指引。

(14)有必要规定谁可提起反倾销调查申请,包括应被共同体产业支持的程度,以及该申请应包括的有关倾销、损害和因果关系的信息。也应规定有关驳回申请或者反对发起调查的程序。

(15)有必要规定利害当事人应得到关于当局所需信息的通知、应有充分机会去提供所有相关证据及维护其权益的方法。应明确制定在调查期间应遵循的规则和程序,特别是如果利害当事人的意见和信息将被调查机关考虑,利害当事人在一特定期限内参加应诉、发表意见和提供信息的规则。应规定在哪些情形下利害当事人可以获得并评论由其他利害当事人所提供的信息。在收集信息方面成员国和委员会之间应当进行合作。

(16)有必要规定征收临时反倾销税的条件,包括征收不早于发起调查之日起 60 天和不晚于此日后 9 个月的条件。因行政管理的原因,有必要规定反倾销税由委员会征收,或者直接征收期限为 9 个月的临时反倾销税或者征收期限为 6 个月和 3 个月两个阶段的临时反倾销税。

(17)有必要规定接受消除倾销和损害的承诺以代替征收临时或最终反倾销税的程序。应规定违反或者撤销承诺的后果,以及在有违反承诺之嫌或需进一步调查以补充调查结果情况下可以征收临时反倾销税。在接受承诺时应注意提出的承诺及其实施不会导致反竞争行为。

(18)有必要规定不论是否采取最终反倾销措施,案件通常应在开始调查之日起 12 个月内结束,并绝不能超过 15 个月。在微量倾销或损害可忽略不计时,应终止调查或者调查程序,并对这些术语予以定义。在征收反倾销税时,有必要规定终止调查,在征收较少数额的反倾销税就可消除损害的情况下,有必要规定反倾销税应低于倾销幅度;以及有必要规定在抽样调查的情况下计算反倾销税税率的方法。

(19)有必要规定如认为适当时可追溯征收临时反倾销税;有必要说明那些可能引起追溯适用反倾销税以免削弱将适用的最终反倾销措施效力的情况;也有必要规定反倾销税可追溯适用于违反或者撤销承诺的情况。

(20)有必要规定反倾销措施 5 年后将终止,除非复审调查表明这些措施应继续实施。在有充分证据表明情况已变化的场合,应规定临时复审或调查,以确定是否同意退还反倾销税。在重新计算倾销致使有必要重新计算出口价格时,如该反倾销税反映在受共同体反倾销制裁的商品的价格上,则该反倾销税不应作为在进口和转卖期间发生的成本。

(21)在出口商通过补偿安排方式内化反倾销税和反倾销税并没有反映在受共同体反倾销措施制裁的产品的价格上时,有必要特别规定对出口价格和倾销幅度进行重新估算。

(22)尽管一个单独的关贸总协定部长决议承认规避是个问题并已将其提交到关贸总协定反倾销委员会去解决,但 1994 年反倾销协议并没有包括关于规避反倾销措施的条款。迄今在此问题上多边谈判的失败和关贸总协定反倾销委员会对此还未作出结论,从而有必要在共同体立法中增加新的条款,以解决包括在共同体内或者在第三国内进行的以规避反倾销措施为主要目的货物组装加工在内的各种规避行径。

(23)应明确哪些行为构成规避反倾销措施,规避行为可发生在共同体内或共同体外,因而当延伸反倾销税以应对发生在共同体外的规避行为时,有必要明确规定已授予给进口商对延伸的反倾销税的豁免也可授予给出口商。

(24)在市场条件出现暂时性变化,使继续征收反倾销税暂不合适时,允许中止反倾销措施是可取的。

(25)有必要规定被调查的进口产品进口时应当进行登记,以便随后能够对这些进口产品适用反倾销措施。

(26)为确保正确实施反倾销措施,成员国必须监督并向委员会报告被调查的或被实施反倾销措施的产品的进口贸易情况以及依照本条例所征收的反倾销税数额。

(27)有必要规定定期或在特殊调查阶段由咨询委员会举行商议。该委员会应当由成员国的代表组成并由委员会的一名代表担任主席。

(28)向咨询委员会中的成员国提交信息常常具有严格遵循相关程序的属性,并涉及详细的经济和法律分析。为让成员国拥有足够的时间对所提信息予以考虑,则应在咨询委员会主席确定的会议日之前某个合适时间进行信息提交。

(29)应规定进行实地核查以审核当事人提供的有关倾销和损害的信息,但实地核查应以收到对调查问卷的适当答复为条件。

(30)应在当事人或者交易数目众多的情况下规定抽样调查方法,以在法定的期限内完成调查。

(31)有必要规定,在当事人不能令人满意地进行合作时,可以使用其他信息作出裁定,与当事人进行合作的情况相比,该信息可能对该当事人较为不利。

(32)有必要对处理机密信息作出规定以便商业秘密不被泄露。

(33)应规定向那些有权得到这种待遇的当事人适当披露基本事实和审议。这种披露应适当考虑共同体内作出决定的程序,并在允许当事人维护自身利益的期限内进行。

(34)应当建立一个解决争议的行政机制,有关反倾销措施是否符合包括消费者利益在内的共同体利益的争议可由它解决,并应规定一个提供这类信息和有关当事人的知情权的期限。

根据以上理由,特通过本条例:

第1条　基本原则

1. 反倾销税可适用于所有在共同体内自由流通而引起损害的倾销产品。

2. 如果一个产品向共同体的出口价格低于在正常贸易过程中确定的该出口国国内相似产品的可比价格,该产品就构成倾销。

3. 出口国通常应该是原产地国。然而,它也可能是一个中转国,但不包括,例如,仅仅运输途经的国家,或者该产品不在该国生产的国家,或者对该产品没有可比价格的国家。

4. 依据本条例,“相似产品”是指相同产品,也就是说,在所有方面均与被调查产品相一致的产品，如果不存在这种产品，指尽管不是在所有方面均与被调查产品相一致，但其特征与之极为相似的产品。

第2条　对倾销的认定

A. 正常价值

1. 正常价值一般应基于出口国国内的独立客户在正常贸易过程中已支付或者应支付的价格来确定。

然而，如果出口商不在出口国国内生产或销售相似产品，正常价值可以根据出口国国内其他生产商或销售商生产或销售相似产品的价格来确定。

如果买卖当事人之间存在着关联关系，或者存在补偿协议，除非确定他们相互间的交易价格不受这些关系的影响时，该价格方可被视为是正常贸易条件下的价格，并可被用来确定正常价值。

确定是否双方当事人之间存在关联关系，应根据欧盟理事会第2454/93号条例（1993年7月2日通过）第143条所规定的相关关联方的定义来确定。该条例为执行制定了欧共体关税法的欧共体第2913/92号条例作出了规定。

2. 在国内销售的相似产品，当其销售量占向共同体出口量的5%或5%以上时，才能用来确定正常价值。然而，如果认为其在国内市场上的销售价格具有代表性时，销售量不足5%亦可。

3. 如果在正常贸易过程中相似产品没有销售或者没有足够的销售量，或者因为特殊的市场情况，这种销售没有适当的可比性，此时相似产品的正常价值应当根据原产地国的生产成本加上合理的销售费用、一般费用和管理费用以及合理的利润来计算，或者根据在正常贸易过程中向适当的第三国出口的具有代表性的出口价格来计算。

前款中所述的特殊的市场情况，在以下情况下可被认为存在：当价格人为低廉时；当那里存在物易物贸易时；或者，当那里不存在商业处理方式时。

4. 相似产品以低于单位生产成本（固定的和可变的）加上销售费用、一般费用和管理费用的价格在出口国国内销售，或向一第三国出口，只有当这种销售在一个持续期间内数量巨大、其价格在合理的期限内不能弥补其成本时，则可认为这种销售不属正常贸易过程，并可在确定正常价值时不予考虑。

如果销售时的价格低于成本,又高于调查期间的加权平均成本,应认为这种价格将在合理期限内弥补成本。

这个持续的期间通常应为 1 年,但绝不应短于 6 个月,并且,如果确定某个加权平均的销售价格低于加权平均单位成本,或者低于单位成本的销量不少于用来确定正常价值的销量的 20%,那么,低于单位成本的销售应视为这一期间内数量巨大的销售。

5. 如果被调查的当事人所保留的会计记录符合该国普遍接受的会计准则,而且这些会计记录合理地反映出了有关被调查产品的生产和销售成本,那么,通常应根据这些会计记录来计算成本。

如果当事人所保留的会计资料不能合理反映出产品的生产、销售成本,则应以该国其他生产商或出口商的成本,又或,当该国其他生产商或出口商的成本不存在或不能采用时,可依任何其他合理信息,包括以其他有代表性的市场信息为基础来调整和计算成本。

如果某种成本分摊方法一直以来被使用,则应考虑所提交的有关该种成本分摊方法的证据。如果没有更合理的方法,就应优先考虑以营业额作为成本分摊的方法。对于那些有益于将来和/或现在生产的不再发生的成本项目,如果没有反映在本项规定的成本分摊中,则应适当调整该成本。

如果在整个或部分调查期间因处试生产阶段而要求追加投资新的生产设备,并导致较低设备利用率,从而影响了部分成本弥补调查阶段内的成本时,那么,试生产阶段的平均成本应是按照前述成本分摊规则在该调查期间结束时所适用的成本,并应按照这个标准包括到在该调查期间本条第 4 款第 2 项所指的加权平均成本中。试生产阶段的长短应以被调查的生产商和出口商的情况而定,但不得超过成本弥补阶段中一个适当的初始阶段。对于调查阶段适用的成本调整来说,超过上述调查阶段的有关试生产时期的信息,只要它们是在实地核查之前和在开始调查时起 3 个月内提交的,就应被考虑。

6. 销售成本、一般成本和管理成本的数额以及利润额,应依照被调查的出口商或生产商的相似产品在正常贸易过程中的生产和销售数据来确定。当不能确定时,可以以下数据来确定:

(a)原产地国国内市场上生产和销售该相似产品的、其他被调查的出口商或生产商的实际数额的加权平均数；

(b)原产地国国内市场上被调查的出口商或生产商在正常贸易过程中的相同种类产品的生产和销售的实际数额；

(c)任何其他合理的方法，如果据此所确定的利润数额不超过在原产地国国内市场上销售相同种类的产品的其他出口商或生产商通常实现的利润额的话。

7.(a)在进口商品来自非市场经济国家的情况下，应当基于一个市场经济第三国的价格或推定价值，或者基于从这样一个第三国向包括共同体在内的其他国家的出口价格来计算正常价值。在这些方法都不能使用的情况下，可在其他任何合理的基础上，包括在共同体内对相似产品实际支付或应支付的价格来计算正常价值，必要时对计算出的正常价值进行适当调整以包括一个合理的利润幅度。应当通过一个合理的方式选择一个适当的市场经济第三国，选择时要适当考虑所有可获得的可靠信息。同时也要考虑时间限制，在适当情况下，应当使用该案中被调查的市场经济第三国作为类比国。

确定市场经济第三国作为类比国之后，应尽快通知被调查当事人，并应给予他们 10 天时间对此发表意见。

(b)在对来自哈萨克斯坦以及在调查之日起为 WTO 成员中的任何非市场经济国家的进口产品进行反倾销调查中，如果根据已被合理证实的被调查生产商(们)的申请以及参照本款第(c)项所规定的标准和程序表明，被调查生产商(们)是在市场经济条件下进行相似产品的生产和销售，则应根据本条第 1~6 款来确定其产品的正常价值。否则，则应依照本款第(a)项来确定其正常价值。

(c)本款第(b)项所述的申请须采用书面形式并包含满足以下 5 项标准的充足证据，以证明生产商是在市场经济条件下进行生产与销售。

——企业关于价格、成本投入(包括如原材料、技术和劳动成本)、产出、销售及投资行为的决定均依照市场供需关系而作出，没有受到国家干涉，大量的投入成本均反映出合理的市场价值；

——企业拥有一套清晰的、符合国际会计标准的基本会计记录，并可用于其他任何目的；

——企业生产成本、资产状况，特别在资产折旧、其他债务注销、易货贸易以及债务补偿支付等方面，未受到先前非市场经济体系的严重扭曲；

——企业受到企业赔偿法和财产法的约束，以保证企业行为的法律确定性和稳定性；且

——货币兑换是按市场汇率进行。

生产商是否满足以上标准的裁定，应在提起反倾销调查之日起的3个月内做出，在此之前咨询委员会应对此作出特别商议，共同体产业应有机会对此发表意见。作出的裁定将在整个调查期间有效。

B. 出口价格

8. 对出口国出口到共同体的产品实际支付了的或者应支付的价格为出口价格。

9. 在没有出口价格，或者因为出口商与进口商或者与第三方之间存在着关联关系或补偿协议而使出口价格不可信的情况下，出口价格可以根据进口产品首次转售给独立买主的价格来确定；或者，如果产品没有转售给一个独立的买主，或不是在进口的条件下转售，可在任何合理的基础上确定出口价格。

在这些情况下，为了在共同体边境水平上确定一个可信的出口价格，应当对包括在进口与转售之间发生的各种关税和税收在内的所有费用以及所得利润进行调整。

应当进行调整的项目包括，通常由进口商承担但由与进口商或者出口商有关联关系或补偿协议的共同体境内或境外的任何当事人所支付的项目，包括：正常的运输、保险、搬运、装卸及附加费用；关税、反倾销税以及因货物进口或销售而在进口国所交的其他税款；以及一个合理幅度的销售费用、一般费用、管理费用以及利润。

C. 比较

10. 应当在出口价格与正常价值之间进行公平的比较。这个比较应在相同的贸易水平上并尽可能就同一时期的销售进行，并适当考虑影响价格可比性的其他差异。当正常价值与确定的出口价格间不存在这种可比基础时，应当对所主张的并且证实将影响价格可比性的因素，按其是非曲直，在每种情况下以调整的形式予以适当抵免。进行调整

时应当避免任何重复,特别是有关折扣、回扣、数量和贸易水平的重复。现将符合特定条件时可以进行调整的因素列举如下:

(a)物理特性

应当对被调查产品在物理特性方面的差异进行调整。调整的数额应符合对这些差异的市场价值的合理估价。

(b)进口费用和间接税

当出口国内销的相似产品承担了进口费用或间接税,而且材料确实包含在销售的该产品中,同时该产品出口到欧共体,进口费用或间接税不计征或退税时,应就此差异对正常价值作出调整。

(c)折扣、回扣和数量

折回扣差异,包括因不同销售数量而给予的折回扣,如能被适当量化且直接与被调查的销售有关,则应对这些差异进行调整。如果调整申请是源于先前一直存在对满足一定条件便给予折扣或回扣的做法而做出,则也可对远期折扣、回扣进行调整。

(d)贸易水平

(i)如果有关市场上的销售渠道已经表明,出口价格以及推定出口价格是在一种与正常价值不同的贸易水平上,而且出口国国内市场上因不同贸易水平使销售渠道功能及销售价格出现长期、明显差异,从而影响到价格可比性时,就应当对贸易水平上的差异、包括在 OEM 销售中产生的任何差异进行调整。调整的数额应以该差异的市场价值为基础。

(ii)但在非第(i)小项所述情况下,当因出口国国内市场上缺乏某种相关贸易水平而不能使现存的贸易水平差异被量化,或一定的渠道功能明显表明与一不能用来比较的贸易水平相关时,可考虑给予出口商一个特别调整。

(e)运输费、保险费、搬运费、装卸费以及附加费用

如果被调查产品从卖主处运送至独立买主所产生的各种直接与成本相关的费用已包括在卖价中,则应对这些费用进行调整。这些费用应包括运输费、保险费、搬运费、装卸费以及附加费用。

(f)包装

对于与被调查产品直接相关的各种包装费用差异应进行调整。

(g)赊欠销售

如果赊欠销售在决定应付价格时是一个应予考虑的因素,则应对被调查的任何赊欠销售费用差异进行调整。

(h)售后费用

对于依照法律和/或销售合同的规定提供保证、担保、技术援助和服务而发生的直接费用差异应该进行调整。

(i)佣金

对于被调查产品的销售在支付佣金方面的差异应该进行调整。

如果涉案产品或相似产品贸易商进行了以收取佣金为生的代理商的相似工作,则“佣金”一词应包括该贸易商所因此而获得的收入。

(j)货币兑换

当价格比较涉及货币的兑换时,应使用销售日的汇率。然而,当期货市场上的外汇买卖直接与该出口销售相关时,则应使用该远期销售的汇率。通常销售日应当是发票载明的日期,但如果合同、订单或者购货确认书上的日期更适宜确定实质性的销售条件,也可使用这些日期。汇率波动应不予以考虑,应给予出口商 60 天时间去反映在调查期间汇率上的持续变动。

(k)其他因素

如果本款(a)至(j)项所列之外的其他因素影响了本款所规定的价格比较,则应对其他因素上的差异做出调整,特别是国内消费者因为这些差异一直以来支付着不同的价格时。

D. 倾销幅度

11. 依据有关公平比较的规定,调查期间的倾销幅度的存在一般应在比较加权平均正常价值与所有向共同体的出口贸易的加权平均价格的基础去确定,或者在逐笔交易的基础上,通过比较各个交易的正常价值和向共同体出口的出口价格去确定。然而,如果在不同的买方、地区或时期中,在出口价格类型方面有着重大差别,并且本款第一句所指的方法不能充分反映正在进行的倾销的程度,就可将在加权平均基础上计算的正常价值与所有向共同体出口的各个交易的出口价格进行比较。本款不排除依据第 17 条使用抽样调查方法。

12. 倾销幅度应是正常价值超过出口价格的数额。当各个倾销幅度不同时,可确定一个加权平均倾销幅度。

第3条 损害的确定

1. 除另有规定外,本条例中的"损害"一词是指,对共同体产业造成的实质损害,或实质损害威胁,或对建立同类产业的实质阻碍。"损害"一词应按照本条的规定进行解释。

2. 确定损害应当根据确凿的证据,并要对以下两方面进行客观审查:

(a)倾销进口的数量和倾销进口对共同体市场相似产品的价格影响;和

(b)这些进口对共同体产业随后所产生的影响。

3. 关于倾销进口的数量,应当从绝对条件或者从与共同体内的生产或消费相比的相对条件两个方面去考虑倾销进口是否已经大幅度增长。关于倾销进口对价格的影响,应当考虑倾销性进口的产品与共同体的相似产品的价格相比,是否有显著的价格削减,或者极大地压制了价格,或极大地阻碍了价格的升高。以上因素的一个或几个都不必然具有决定性的指导意义。

4. 来自多个国家的进口产品同时受到反倾销调查,仅当确定(a)各国进口的倾销幅度都在第9条第3款规定的最低倾销幅度以上,且各国的进口数量不是可忽略不计的数量;(b)被调查进口产品之间、进口产品与共同体相似产品之间存在竞争关系,对进口的影响作累积评估是恰当的情况下,才能对这些国家的进口产品进行累积评估。

5. 审查倾销进口对共同体相关产业的影响,应对与该产业相关的所有经济要素和指标进行评估,包括:产业仍处于从过去的倾销或补贴的影响的恢复阶段;实际倾销幅度的大小;在销售、利润、产量、市场份额、生产率、投资回报、开工率等方面实际的和潜在的下降;影响共同体价格的因素;对现金流、库存、就业、工资、发展、提高资本或投资能力的实际的和潜在的负面影响。这一列举不是详尽无遗的,其中任何一个或几个因素都不具有决定性的指导意义。

6. 所提交的与本条第2款有关的所有相关证据必须证明,倾销的进口产品正在造成本条例意义上的损害。特别是,须证明本条第3款规定的倾销进口产品的数量和/或价格水平对共同体产业产生了本条第5款规定的影响,而且该影响已到了可被定性为是实质性的程度。

7. 也应对那些同时正在损害共同体产业的其他已知因素进行审查,以确保由这些其他因素所引起的损害不归咎于第6款规定的倾销性进口。这方面可考虑的因素包括:不是以倾销价格销售的进口产品的数量和价格;需求的减少或消费方式的改变;第三国和共同体生产商之间的限制性商业行为和竞争;技术的发展;共同体产业的出口及生产率。

8. 当可得信息容许对共同体相似产品的产量在比如生产程序标准、生产商销售及利润标准的基础上进行单独区分的话,则可以此产量来确定倾销进口的影响。当单独区分为不可能时,则应根据必要信息核查最窄区域或范围内的产品(包括相似产品)的产量来确定倾销进口的影响。

9. 确定实质性损害的威胁应当以事实为根据,而不是仅仅依靠断言、推测或者极小的可能性。使倾销造成损害的情况变化应是非常明确的、可预见的、即将发生的。

在确定存在实质性损害威胁时,应当考虑以下因素:

(a)向共同体市场倾销进口的显著增长率,表明有显著的增长进口的可能性;

(b)出口商具有的充分的可自由支配的出口能力或者这种能力有紧迫的、显著的增长,表明有可能向共同体倾销性出口显著增加,同时也得考虑其他出口市场吸收多余的出口产品量;

(c)进口货物是否正以一种会显著压制共同体相似产品的价格或会阻止本应上升的价格进口,并且可能增加进一步进口的需求;以及

(d)被调查产品的库存量。

上述列举中的任何单个因素都不必然具有决定性的指导意义,但综合这些因素就会得出这样的结论,即进一步倾销性进口即将发生,若不采取保护性措施,将会产生实质性损害。

第4条 共同体产业的定义

1. 依据本条例,"共同体产业"应被解释为,共同体内相似产品的所有生产商,或者其产量占第5条第4款所规定的整个共同体内相似产品总产量的主要部分的生产商,但以下情况除外:

(a)当生产商与出口商或者进口商有关联,或者本身就是被指控的倾销产品的进口商时,“共同体产业”是指除这些生产商以外的其他生产商;

(b)在以下的例外情况下,就被调查的生产而言,共同体区域可以分为二个或更多个竞争性市场,可把每个市场上的生产商视为独立的共同体产业:

(i)这种市场上的生产商在该市场上销售它们生产的有关产品的全部或者绝大部分;并且

(ii)该市场上的需求在相当程度上不是由共同体其他区域生产这种产品的生产商提供的。在这种情况下,如果倾销进口集中在这样一一个独立的市场上,并且倾销进口对该市场上所有的或者几乎所有的生产商产生损害,那么,即使就整个共同体而言绝大部分的共同体产业没有受到损害,也可以认定在该市场上存在损害。

2. 依照第 1 款的规定,只有当:(a)生产商与出口商或进口商中之间存在着一方对另一方的控制;或(b)其中以上两方直接或间接地被第三方所控制;或(c)以上两方共同直接或间接控制着第三方,而且有理由相信或者怀疑,正是这种关系的作用导致这些有关联的生产商在行为上与没有关联的生产商在行为上存在差别,那么,应视生产商与出口商或进口商有关联。

依照本款,如果一方在法律上或者在经营中处于对另一方施加限制或者发布指示的地位,前者应被视为控制了后者。

3. 如果已把共同体产业解释为特定地区的生产商,则应给予出口商根据第 8 条的规定对该地区提出承诺的机会。在这种情况下,当评价反倾销措施所带来的共同体利益时,应特别考虑该地区的利益。如果未及时作出适当的承诺或者适用第 8 条第 9 款和第 10 款规定的情况,共同体作为一个整体可以征收临时反倾销税或者最终反倾销税。在此情况下,如果可行,可以只对特定的生产商或者出口商征收反倾销税。

4. 第 3 条第 8 款的规定应适用于本条。

第 5 条　调查程序的启动

1. 除本条第 6 款的规定外,任何自然人或法人或没有法人资格的任何组织都可以共同体产业的名义提出书面申请,要求进行调查以确定被指控的倾销的存在、程度及其影响。

申请可提交委员会,也可提交成员国,再由该成员国转交委员会。委员会应将其收到的任何申请的复印件送至成员国。申请以挂号信寄至委员会后或者委员会发给回执之日起的第一个工作日,为申请提出之日。

在没有提出申请的情况下,成员国如果掌握了有关倾销以及倾销对共同体产业造成损害的充分证据,应当立即将这些证据提交委员会。

2. 第 1 款中的申请应包括倾销、损害以及所指控的倾销进口与损害之间存在因果关系的证据。申请应包括申诉人能合理获得的以下信息:

(a)申诉人的身份以及申诉人在共同体相似产品的生产中所占的数量和价值的说明。如果书面申请以共同体产业的名义提出,申请应将相似产品所有已知的共同体生产商(或者共同体相似产品生产商的联合组织)列明,并尽可能地说明这些生产商在共同体相似产品的生产中所占的数量和价值;

(b)全面描述所指控的倾销产品,相关的原产地国或者出口地国名称,每个已知的出口商或者外国生产商名称,以及已知进口被调查产品的人员名单;

(c)有关该产品在原产地国或出口地国的国内市场上因消费而出售的价格信息(或在适当情况下,有关这些产品从原产地国或出口地国向一个或几个第三国出口的出售价格的信息,或关于该产品的推定价值的信息),以及有关出口价格的信息,或在适当的情况下,有关该产品最初转售给共同体内独立买主的价格信息;

(d)指控的倾销进口在数量上变化的信息,进口产品对共同体市场相似产品价格的影响以及对共同体产业随后产生的影响,这些已被第 3 条第 3 款和第 5 款所列出的与共同体产业状态有关的相关因素和指数所证实。

3. 委员会应尽可能地审查申请中所提供的证据的准确性和充分性,以确定是否有足够的证据证明应当发起立案调查。

4. 不得依据第 1 款发起调查,除非通过审查共同体相似产品的生产商对该申请表示支持或者反对的程度,确定申请已由共同体产业或者是以其名义提出。若支持或反对该申请的共同体相似产品生产商的总产量占共同体相似产品生产商的总产量的50%以上,则该申请应被视为由共同体产业或者是以它的名义提起的。

然而,如果表示支持该申请的共同体相似产品生产商的总产量不足共同体相似产品生产商的全部产量的25%,则不得发起立案调查。

5. 除非已经作出发起立案调查的决定外,当局应避免公布任何要求发起调查的申请。然而,在收到以文件合理证实的申请之后且在开始发起立案调查之前,应通知相关出口国政府。

6. 在特殊情况下,未收到由共同体产业或以共同体产业名义书面写成的要求发起立案调查的申请而决定发起调查时,应当根据本条第2款描述的有关倾销、损害和因果关系的充分证据,去证明发起调查的正当性。

7. 在决定是否发起立案调查时,应当同时考虑有关倾销和损害的证据。如果有关倾销或者损害的证据不能充分证明应开始调查程序,申请应予驳回。根据本条规定,不得对进口量不足市场份额1%的国家提起调查,除非几个这样的国家的总进口量达到共同体消费总量的3%或以上。

8. 可以在发起立案调查之前撤回申请,在这种情况下申请应视为没有提起。

9. 经咨询委员会商议后,如果明显有充分证据证明应当发起立案调查程序,委员会应在申诉人提交申请后的45天内发起立案调查,并应在欧洲共同体官方公报上进行公告。如果所提交的证据不充分,经商议后,应在申请提交委员会45天内通知申诉人。

10. 发起立案调查的通知应宣告调查开始,指明涉案的产品和国家,简要说明已有的信息,提供将被提交给委员会的所有相关信息;它应规定期限,在该期限内利害当事人参加应诉、书面陈述其意见、提供在调查中将被考虑的信息、根据第6条第5款的规定要求参加由委员会召开的听证会。

11. 委员会应将开始调查公告通知出口商、进口商以及已知的进口商或出口商有关的代表机构、出口国的代表和申诉人,并在适当考虑保密的情况下,依照第 5 条第 1 款将收到的书面申请的全文提供给已知的出口商以及出口国当局,并依请求向其他所涉利害当事人提供该全文。如果所涉及的出口商数目特别多,书面申请书全文可仅提供给出口国当局或有关的贸易组织。

12. 反倾销调查不得妨碍清关手续的进行。

第 6 条　调查

1. 随着调查的开始,委员会应首先与成员国合作,在共同体范围内进行调查。调查应包括对倾销和损害的调查,且对二者的调查应同时进行。为了获得有代表性的调查裁决,在倾销的情况下,调查期限通常应是发起立案调查前不少于 6 个月的一段时间。通常调查期限之后的时间里提供的信息不被考虑。

2. 当事人收到用于反倾销调查的问卷后,至少应给予其 30 天时间作出答复。对出口商的时间期限应从收到调查问卷的时间起算,为此目的应将寄给出口商或者转交给出口国有关外交代表之日后一周视为调查问卷的收到日。在特殊的情况下,如当事人有正当的理由,可对该 30 天期限申请延长,但也应适当考虑调查的时间限制。

3. 委员会可要求成员国提供信息,成员因应当采取一切必要的措施满足这些要求。它们将实施的所有检查、核实或调查的结果信息一起送交委员会。如果委员会所得信息涉及普遍利益,或者成员国要求传递这一信息,在信息非属机密的情况下,委员会应将它们传递给该成员国;在信息属机密的情况下,应传递一个非机密概述。

4. 委员会可要求成员国进行所有必要的核实和检查,特别是在进口商、销售商以及共同体生产商中进行。如果有关的出口商表示同意,该国政府也已被正式通知且对此未表示反对的话,也可要求成员国到该第三国进行调查。成员国应当采取一切必要的措施满足委员会提出的要求。应委员会或者一个成员国的请求,委员会的官员可被授权去给履行职责的成员国提供帮助。

5. 依照第 5 条第 10 款参加应诉的利害当事人,如果已在欧共体官方公报的公告所规定的期限内书面提出听证请求,证明他们是可能受到调查结果影响的一方利害当事人,并有参加听证会的详细理由,则应为他们召开听证会。

6. 根据第 5 条第 10 款参加应诉的进口商、出口商、出口国政府代表以及申诉人应被给予机会去会见与他们有着相反利益的当事人，以便各自可以提出不同的观点和反驳性的意见。提供这些机会时，必须要考虑保密需要及为当事人提供便利。任何当事人均无义务出席此会议，未出席此会议不应有损该当事人的利益。依本款提供的口头信息，只要随后以书面确认下来，就应该予以考虑。

7. 根据第 5 条第 10 款参加应诉的申诉人、进口商、出口商和他们的行业协会代表、用户和消费者组织以及出口国代表，依据书面请求，可审查在调查中任何当事人所获得的、与共同体当局或者成员国所作的内部文件显然不同的全部信息，这些信息与他们的案件相关，也不是第 19 条意义上的机密信息，且已经在调查中被使用过。当事人可以对这些信息作出评论，且其经充分证实的评论应予以考虑。

8. 除第 18 条所规定的情况外，应尽可能审查利害当事人所提供的并作为调查裁决依据的那些信息的准确性。

9. 依据第 5 条第 9 款发起的立案调查程序，在可能的情况下调查应在一年内结束。在任何情况下及所有案件中，反倾销调查应依第 8 条作出的承诺或依第 9 条作出的最终反倾销税裁决在立案后 15 个月内结束。

第 7 条　临时措施

1. 如果根据第 5 条的规定已经发起立案调查程序，并已作出公告；利害当事人根据第 5 条第 10 款被给予充分的机会提供信息和作出评论；倾销和随之对共同体产生的损害已经得到初步确认；并且为共同体利益而要求干预以阻止损害时，便可征收临时反倾销税。征收临时反倾销税应不早于发起立案调查程序后的 60 天，但也不得晚于发起立案调查程序后的 9 个月。

2. 临时反倾销税的税率不应超过初步确定的倾销幅度，但如果某一较低的反倾销税税率足以消除对共同体产业的损害，临时反倾销税的税率就应低于倾销幅度。

3. 临时反倾销税应通过担保得到保证，涉案产品应依担保上所规定的条件被放行并在共同体内自由流通。

4. 在经咨询委员会商议后，或者在特别紧急的情况下通知成员国后,委员会可采取临时反倾销措施。在后种情况下,咨询委员会最迟要在委员会将其采取的行动通知成员国后的10天内举行商议。

5. 如果一个成员国请求委员会立即进行干预,并且第1款规定的条件已经符合,委员会应当最多在收到请求后5个工作日内,决定是否应该征收临时反倾销税。

6. 委员会应立即将依照本条第1~5款所作的任何决定及时通知理事会和成员国。理事会可经合格多数作出相反决定。

7. 临时反倾销税可征收6个月,并可再延长3个月,或直接征收9个月的临时反倾销税。然而,如果在该贸易中占有重要比重的出口商提出要求,或者对委员会的通知没有表示反对,临时反倾销税通常被延长至9个月,或直接在一个9个月的期限中进行征收。

第8条　承诺

1. 在对倾销和损害作出临时性肯定裁决后,若出口国能提出令人满意的承诺(修改出口价或停止以倾销价出口),且经咨询委员会商议后认为该承诺将消除倾销的损害后果时,委员会可决定接受此承诺。在此情形及该承诺一直有效情况下,如果委员会已接受了某企业提交的承诺,除非随后做出更改,则委员会依照第7(1)条作出征收的临时反倾销税或理事会依照第9(4)条作出征收的最终反倾销税,不应适用于该企业所生产的涉案进口产品。依承诺而作出的价格增长不应高于消除倾销幅度所必要的程度,如果这个增长足以消除对共同体产业的损害,则应低于倾销幅度。

2. 委员会可建议作出价格承诺,但是任何出口商没有义务作出价格承诺。出口商不提出承诺或者不接受作出承诺的建议,应不会对调查裁决产生负面影响。然而,如果可以确定继续倾销进口,损害的威胁将会实现。除非对倾销以及该倾销引起的损害已经作出临时性肯定裁定,否则不应寻求或接受出口商的价格承诺。除例外情况外,作出承诺的时间不得晚于根据第20条第5款可作出陈述的最后期限。

3. 如果接受承诺被认为是不切实际的,例如在实际的或者潜在的出口商数目过大的场合,或者因为包括一般政策在内的其他原因,则禁止接受出口商提出的承诺。有关出口商应被告知其承诺未被接受的原因,并应给予其机会对此作出评论,终局裁决也应说明不接受承诺的原因。

4. 应要求提出承诺的当事人提供一个该承诺的非机密版本,以使其他接受调查的利害当事人可获得此承诺。

5. 如果承诺经咨询委员会商议后被接受,并且咨询委员会内部对此未提出反对意见,就应当终止调查。在所有其他的情况下,委员会应向理事会提交一份有关商议结果的报告,随同附上终止调查的建议。如果在一个月内理事会未经合格多数另作否定裁定,该调查应被视为终止。

6. 如果承诺被接受,有关倾销和损害的调查一般应该结束。在这种情况下,如果对倾销或损害作出了否定裁定,该承诺将自动失效,但否定性裁定基本上是因一个已存在的承诺而得出时除外。在后种情况下,得要求承诺维持一段合理的时间。如果对倾销和损害作出了肯定裁定,该承诺应当符合其条件和本条例的规定而继续。

7. 委员会应要求其承诺已被接受的出口商定期提供有关履行该承诺的信息并允许委员会核实有关数据。不遵守这种要求应被看作是违反了承诺。

8. 如在调查过程中接受了某些出口商的承诺,依第 11 条之规定,这些承诺应从对该出口国停止调查之日起生效。

9. 在当事人违反或者撤销其已提出的承诺,或撤销已被委员会接受的承诺的情形下,应依委员会的决定或条例,经商议后对已接受的承诺进行撤销。随后委员会依第 7 条所征收的临时反倾销税或理事会依第 9(4)条所征收的最终反倾销税应自动适用,如果相关出口商(自动撤销其承诺除外)已获机会对此发表意见的话。

任何利害当事人或欧共体成员国可提供反映出违反承诺的初步证据资料,随后对是否出现违反承诺的核查通常应在某一已经合理证实的请求核查申请提出后 6 个月之内完成,最迟不得超过 9 个月。此时,委员会可要求获得对承诺进行监管的成员国合格当局的帮助。

10. 在有理由相信某承诺被违反、或对某承诺的调查尚未结束而违反或撤销该承诺的情况下,应该在可获得的最佳信息的基础上,依照第 7 条的规定,经商议后征收临时反倾销税。

第 9 条　不采取措施而终止反倾销调查;征收最终反倾销税

1. 如果申诉人撤回发起立案调查申请,调查程序应予终止,除非这种终止不利于共同体利益。

2. 经商议后，如果认为没有必要采取保护性措施，并且咨询委员会对此未提出反对意见，则该反倾销调查或者调查程序就应终止。在所有其他情况下，委员会应及时向理事会提交一份有关商议结果的报告，随同附上终止调查程序的建议。如果在一个月内理事会未经合格多数另作否定裁决，反倾销调查应终止。

3. 对于依据第 5 条第 9 款开始的调查程序，如果有关的进口少于第 5 条第 7 款规定的数量，损害可忽略不计。对于同一调查程序，当单个出口商的倾销幅度不足 2%时，仅仅是应终止调查，他们仍应遵循该调查程序，并根据第 11 条规定在对该国实行的随后复审中接受再调查，在已确定以出口价格的百分比表示的倾销幅度不足 2%时，调查程序应当立即终止。

4. 最终确认的事实表明，存在着倾销和由此引起的损害，并且共同体利益要求按照第 21 条规定进行干预时，理事会应在咨询委员会商议后根据委员会提交的建议，经简单多数表决决定，征收最终反倾销税。除在委员会提交该建议后的一个月之内，理事会经简单多数表决，决定驳回该建议外，理事会应接受该建议。在临时反倾销税仍有效时，征收最终反倾销税的建议应最晚在临时反倾销税期满前一个月提交理事会。反倾销税的税率不应超过已确定的倾销幅度，但如果一个较低的反倾销税税率足以消除对共同体产业的损害，所征的反倾销税税率应当低于倾销幅度。

5. 反倾销税在各种情况下都应当以适当的税率进行征收，并对被认定存在倾销和正引起损害的任何国家进口的产品采取不歧视的原则，除非进口是来自那些根据本条例的条款其承诺已被接受的国家。裁定征收反倾销税的条例应对各个出口商列明具体的反倾销税；或者，如果这样不可行，在适用第 2(7)(a)条情况下，通常应对有关的出口国列明反倾销税。

在适用第 2(7)(a)条情况下，可以对出口商列明单独税率，只要这些出口商在其已被合理证实的申请中能够证明：

(a) 在全部或部分外资所有的公司或合资企业中，出口商能自由调配资本和利润；

(b)能自由决定出口价格及数量、销售条件及条款;

(c)大部分股份归私人所有,政府官员出任董事会成员或持有核心管理权限的比例极低或该企业能充分证明具备不受政府干涉的独立性;

(d)货币兑换率由市场决定;且

(e)如出口商获得不同反倾销税税率,国家干预不应构成对反倾销措施规避的许可。

6. 当委员会根据第 17 条的规定作有限范围的调查,适用于依第 17 条已通知的、但未受到该有限范围调查的出口商或者生产商的进口商品的反倾销税,不应超过在抽样调查中为当事人确定的加权平均倾销幅度。依照本款规定,委员会应不考虑任何为零或极小量的倾销幅度以及在第 18 条所指情况下确定的倾销幅度。对依第 17 条规定给予单独待遇的出口商或者生产商的进口产品,应征收单独反倾销税。

第 10 条　溯及力

1. 除本条例的例外规定外,临时反倾销税和最终反倾销税应仅适用于依第 7 条第 1 款或者第 9 条第 4 款所作裁决生效后进入共同体自由流通的产品。

2. 当临时反倾销税已被征收,并且最终确认的事实表明存在着倾销和损害,不论是否征收最终反倾销税,理事会应当决定最终征收的临时反倾销税比例。为此,"损害"中既不应包括对建立一个共同体产业的实质性妨碍,也不应包括实质性损害威胁,除非认定缺乏临时措施它们就会发展成实质性损害。在所有其他已涉及这种威胁或妨碍的情况下,应免除任何临时反倾销税,最终反倾销税只能从最终确定威胁或者实质性妨碍之日起征收。

3. 如果最终反倾销税高于临时反倾销税,差额部分不予征收(从低原则)。如果最终反倾销税低于临时反倾销税,应当重新计算最终反倾销税。如果最终裁定是否定的,临时反倾销税不应被征收。

4. 应对在采取临时措施之前 90 天但不早于发起立案调查之日后进口的、用于消费的产品追溯征收最终反倾销税,如果这些进口产品根据第 14 条第 5 款进行过登记,委员会已给予有关进口商发表意见的机会,并且:(a)有关产品有着在长时间里倾销的历史,或者进口商从倾销程度和被指控或者被认定的损害方面来说知道或应该知道该倾销的程度以及被指控或者被认定的损害；(b)除在调查期间造成损害的进口程度外，进口进一步大幅度增长，依据其时间和数量以及其他情况，很可能会严重损害最终反倾销税的补救效果的话。

5. 在违反承诺或者撤销承诺的场合，如果进口产品已根据第 14 条第 5 款的规定进行登记，则应对在采取临时措施前 90 天内进入共同体自由流通的货物征收最终反倾销税，任何溯及征收不应适用于在违反承诺或撤销承诺之前进入的货物。

第 11 条　期限、复审和退税

1. 反倾销措施的效力只应在必要的程度上消除造成损害的倾销。

2. 最终反倾销措施应从其实施之日起 5 年后终止，或者从对倾销和损害作出的最近复审结果之日起 5 年后终止，除非复审确定这种终止可能会导致倾销和损害的继续或者重新产生。这种期满复审可由委员会自动提起，或者根据共同体生产商提出的或以共同体生产商的名义提出的请求进行。在复审结论作出之前，反倾销措施应继续有效。

在复审请求中有充分证据表明，终止反倾销措施可能会导致倾销和损害继续存在或重新产生时，应该开始期满复审。这种可能性可以通过证据来表明，例如倾销和损害继续存在的证据；损害的部分或者全部消除归因于反倾销措施的存在的证据；出口商的情况或者市场的条件等证明存在进一步有害倾销的可能性的证据。

在根据本款规定进行调查时，应给予出口商、进口商、出口国代表以及共同体生产商对复审请求中提出的问题进行阐述、反驳或者评论的机会。在作出结论时，也应适当考虑所提交的与下列问题有关的所有相关的和正式用文件证明的证据，即反倾销措施终止是否可能或者不可能导致倾销和损害继续存在或重新产生。

应当在本款规定的反倾销措施实施期限最后一年的适当时候，在欧共体官方公报上公布反倾销措施即将终止的通知。其后，共同体生产商应有权在 5 年期限结束前 3 个月根据本款第 2 项的规定提出复审请求。根据本款规定宣告反倾销措施实际终止的通知也应公布。

3. 在有正当理由时，委员会自动提起或者应一个成员国的请求，或者从实施最终反倾销措施以来为期至少一年的一个合理时期已经过去,应任何出口商或者进口商或者共同体生产商的请求,且请求中有充分证据说明有必要进行期中复审,也可对继续实施反倾销措施的必要性进行复审。

如果请求中有充分证据说明,继续实施反倾销措施对于抵制倾销已不再必要,并且/或者即便取消或者修改这些措施,损害也不可能继续存在或者重新再生,或者现行措施不足以或者不再足以抵制正产生损害的倾销,就应开始期中复审。

在根据本款的规定进行调查时,委员会应特别考虑有关倾销和损害的情况是否已经发生重大变化,或者现行措施是否已经达到消除先前依据本条例第 3 条所确定的损害的预定效果。对于这些问题,在最终裁定时应考虑所有相关的和正式以文件证明了的证据。

4. 为确定出口国中新出口商的单独倾销幅度,也应进行复审,这些新出口商在反倾销措施所依据的调查期间没有出口产品。

如果新的出口商或者生产商能够证明,它与该出口国中该相似产品被实施反倾销措施的任何出口商或者生产商都没有关联,并且它在上面所指的调查期间之后,确实已向共同体出口相似产品,或者它可以证明,它已经缔结了不可撤销的合同要出口大量相似产品到共同体,在此情况下应当开始新出口商复审。

在咨询委员会商议及给予共同体生产商对此发表意见的机会后,应快速地发起和实行对新出口商的复审。委员会以条例形式发起新出口商复审,即将修改原征收反倾销税条例,以废除对新出口商的现行反倾销税;即将使新出口商的进口产品依照第 14 条第 5 款进行登记,以确保当复审裁定该出口商存在倾销时可对发起新出口商复审之日后的进口产品进行追溯征收。

本款的规定不适用于根据第 9 条第 6 款已经征收了反倾销税的情况。

5. 本条例中涉及调查程序和实施调查的有关条款,除与时间期限有关的条款外,均适用于按照第 2 款、第 3 款和第 4 款所进行的任何复审。按照第 2、3 款发起的复审应当尽快进行,并且一般从发动复审之日起 12 个月内结束。依照第 2、3 款发起的复审调查,无论在何种情况下,均应在发起复审之日后的 15 个月内结束。当依第 2 款发起复审调查，而同一调查程序中依第 3 款发起的复审调查正在进行时，则依第 3 款发起的复审调查应与依第 2 款发起的复审调查同时结束。

至少在前项所明确的最后日期截止前一个月，委员会应向理事会提出下步行动建议。

若在第 1 项所明确的截止日期内，复审调查未能完成，则反倾销措施：

——应当终止（依照第 2 款发起的复审调查），

——应当终止（依照第 2、3 款发起的复审调查，且该两复审调查在平行进行当中：

当依第 2 款发起复审调查时而同一调查程序中依第 3 款发起的复审调查正在进行当中，或该两复审调查在同一时间被发起）；或

——应当继续实施（依照第 3、4 款发起的复审调查）。

依照本款所致的对反倾销措施的终止或继续实施公告应刊登在欧共体官方公报上。

6. 本条下的复审调查应在咨询委员会商议后由委员会发起。经复审证实存在正当理由的情况下，反倾销措施应由共同体主管机构根据本条第 2 款规定废除或者维持，或者依照本条第 3 款和第 4 款的规定，废除、维持或修改。如果取消反倾销措施仅针对个别出口商而非针对该国，则这些出口商仍应遵循该调查程序，并在随后依照本条规定对该国进行的复审中自动接受再调查。

7. 依照本条第 2 款规定的实施反倾销措施的期限到期时，依照本条第 3 款对反倾销措施的期中复审调查正在进行当中，则该期中复审的调查内容应包括本条第 2 款所规定的各种情形。

8. 尽管有本条第 2 款的规定，如果表明作为支付反倾销税依据的倾销幅度已经被消除，或者已减少到低于现行反倾销税水平，进口商可以要求退还被征收的税款。进口商请求退税，应向委员会提出申请。申请书应在主管当局正式确定征收最终反倾销税的数额之日起、或者在最终决定征收以临时反倾销税体现的保证金数额之日起的 6 个月内，通过在共同体领域内该产品自由流通的成员国提交，成员国应立即将该申请转交委员会。

在证据包括有关请求退还反倾销税数额的准确信息，以及与计算

和支付这些税款有关的所有海关文件的情况下,要求退还税款的申请才应被认为是得到了证据的正式支持。申请还应当包括被征收反倾销税的出口商或者生产商在一个有代表性的时期内,其商品的正常价值和向共同体的出口价格。如果进口商与有关的出口商或者生产商没有关联关系,并且不能立即获得这种信息,或者出口商或生产商不愿将此提供给进口商时,申请书中应包括出口商或者生产商的有关倾销幅度已经降低或者消除以及相关的支持性证据将提交给委员会的说明。如果在合理期限内未能从出口商或者生产商处得到这样的证据,申请应该被驳回。

经咨询委员会商议后,委员会应决定是否和在什么程度同意退税申请,或它可以决定在任何时候开始期中复审,从依照复审规定进行的期中复审中得到的那些信息和调查结论,将被用来确定是否退税以及退税多少将是正当的。退税通常是在其产品被征收反倾销税的进口商提出有适当证据支持的退税申请之日后的 12 个月内完成,在任何情况下不得超过 18 个月。通常成员国应该在委员会决定退税后的 90 天内支付经核准的退税款。

9. 在所有根据本条规定进行的复审或者退税调查中,如果情况未发生变化,委员会应当使用与导致征收反倾销税的调查中所使用的同样方法,并且适当考虑本条例的第 2 条特别是其第 11 款及第 12 款和第 17 条的规定。

10. 在根据本条所进行的任何调查中,委员会应根据第 2 条规定审查出口价格的可靠性。然而,在决定根据第 2 条第 9 款的规定推算出口价格时,如果有确凿的证据表明,反倾销税已经适当反映在向共同体的转售价格中以及后来在共同体的销售价格中时,则委员会推算出口价格时应不扣除已支付的反倾销税额。

第 12 条　二次调查

1. 如果共同体产业或其他任何利害当事人在反倾销措施生效后的 2 年内提供的充分信息表明,在原调查期过后及征收反倾销税前后,出口价格已经降低或进口产品的转售价格或随后的销售价格没有发生变化或者没有发生充分变化,经商议后,可重新进行调查,以审查该反倾销措施是否对上述价格产生了影响。依照前述条件,重新调查也可由委员会自动或依成员国的请求而发起。

2. 在根据本条进行的再调查期间，应给予出口商、进口商以及共同体的生产商机会去阐明与转售价格及后来的销售价格有关的各种情况，若调查得出的结论是反倾销措施本应而未导致这些价格的变化，那么，为抵销根据第3条先前确定的损害，应当根据第2条重新估算出口价格，在考虑重新估算的出口价格后，重新计算倾销幅度。在初次调查期过后及征收反倾销税前后，出口价格下降致使第12(1)条所规定的条件成熟时，则应依照该更低的出口价格来重新计算倾销幅度。

3. 如果依本条规定所进行的再调查表明倾销增加，理事会应在委员会对出口价格的新调查结果提出建议的基础上，经商议后，修改现行的反倾销措施。在委员会提交该建议的一个月内，如理事会未通过简单多数反对该建议，则应采纳该建议。依照本条所征收的反倾销税税率不应超过理事会原征收的反倾销税税率的2倍。

4. 除再调查应迅速进行和一般应在发起再调查之日起6个月内结束外，依据本条所进行的任何再调查，均应适用第5条和第6条的有关规定。在任何情况下及任何案件中，再调查应在发起再调查之日起9个月内结束。至少在前项明确的最后日期截止前一个月，委员会应向理事会提交有关下步行动的建议。

如果再调查在本款第1项所明确的截止日期前未完成，则反倾销措施应继续实施。在本款规定下的反倾销措施的继续实施通告应公布在欧共体官方公报上。

5. 如果委员会在发起调查的通告所规定的期限内，得到被证据合理证实的有关正常价值已变化的完整信息，才应当按照本条规定考虑正常价值上被指控的变化。如果调查涉及重新审查正常价值，在作出再调查结论前可根据第14条第5款的规定对进口产品进行登记。

第13条　规避

1. 当规避现行反倾销措施时，依照本条例征收的反倾销税应扩大适用于来自第三国可能存在轻微改动的相似产品，或来自被征收反倾销税国存在轻微改动的相似产品或其构成零部件。当规避现行反倾销措施时，未超过依第9(5)条所征收的非合作企业的反倾销税税率的反倾销税，可延伸适用于被征收反倾销税国国内因单独税率而获益企业的进口产品。规避是指第三国与共同体或被调查国国内单个企业与共同体之间一种发生于贸易实践、贸易过程或者贸易行为中的贸易方式的变化,对此除了征收反倾销税外没有充分正当的原因或经济理由,并且有证据表明存在损害,或反倾销税在相似产品的价格和/或数量方面的补救效果正在受到破坏,并且,相对于依据第2条原审确定的相似产品的正常价值而言存在倾销的证据。

前项所述的贸易实践、贸易过程或贸易行为,其中就包括:对涉案产品的轻微改动使之为不受反倾销措施的海关税则号下,且这种改动并未改变产品的本质;通过第三国对涉案产品的转售;涉案国国内的生产商或出口商改变其销售方式和销售渠道,从而通过因拥有较低单独税率而获益的生产商向共同体出口产品;以及在本条第2款所述的情况下,在共同体或某一第三国国内通过组装加工实施的产品零件组装。

2. 在共同体或第三国进行的某种组装加工应被视为为规避现行反倾销措施,如果:

(a)这一组装加工是在发起反倾销调查之后或是在此之前开始的或迅速增长的,并且相关产品零件来自被实施反倾销措施的国家;及

(b)这些零件构成组装产品的零件总价值的60%或60%以上,然而,如果这些零件在组装或加工过程中的增值率超过制造成本的25%,则决不认定为存在规避;且

(c)反倾销税在组装的相似产品的价格和/或数量方面的补救效果正在受到破坏,以及相对于原审确定的相似或类似产品的正常价值而言存在倾销的证据。

3. 在委员会提议或成员国请求或就本条第1款所述各因素拥有充分证据的任何利害当事人请求的情况下,则应依本条发起反规避调查。发起调查在经咨询委员会商议后,应以委员会条例形式而作出,该委员会条例可指示海关当局按照第14(5)条对进口产品进行登记,或要求其提供担保。调查应由委员会来实施,但可获得海关当局的支持,且应在9个月内结束。当最终确认的事实证明应当延伸反倾销措施时,理事会应依委员会经咨询委员会商议后所提建议而作出延伸决定。委员会提交建议后的1个月内,理事会除经简单多数否决该建议外应采纳该建议。应从依第14(5)条对进口货物进行登记或要求其提供担保之

日起延伸反倾销措施，本条例中有关发起和实施调查的相关程序规定应适用于本条。

4. 因豁免而获益企业间贸易下的进口产品应不依第14(5)条规定进行登记或被实施反倾销措施。在委员会条例决议发起调查所规定的有限时期内，有证据支撑的要求豁免的请求应被提交。当在共同体外发生规避实践、过程或行为时，涉案产品生产商(们)如能证明其与被实施反倾销措施的生产商(们)无关，且未从事本条第1、2款所规定的规避行为则可获豁免。当在共同体内发生规避实践、过程或行为时，能证明其与被实施反倾销措施的生产商(们)无关的进口商(们)可获豁免。

豁免应根据经咨询委员会商议后的委员会决议或征收反倾销税的理事会决议来授予，且应在决议规定的期间和条件下保持有效。

若第11(4)条所规定情形被满足，在导致延伸反倾销措施的调查结束后，也可授予新出口商豁免。

若在延伸反倾销措施至少一年后，且大量当事人要求或可能要求被授予豁免时，委员会可决定对延长的反倾销措施进行复审。该复审应根据第11(5)条的规定来执行，第11(5)条的规定也适用于根据第11(3)条进行的复审。

5. 本条的任何规定不应妨碍现行关税规则的正常实施。

第14条　一般规定

1. 临时反倾销税或最终反倾销税应根据条例加征，并且由成员国根据规定的税率和加征条例中所制订的其他标准征收。反倾销税应当独立于通常对进口商品所征收的关税、税收以及其他进口费用之外而征收。为处理因倾销或出口补贴而导致的一个或一相同问题，任何商品都不应被同时征收反倾销税和反补贴税。

2. 征收临时反倾销税或最终反倾销税的条例，接受承诺，或者终止调查或调查程序的条例或决议，都应当在欧共体官方公报上公布。这些条例或决议在适当考虑保密的条件下，应特别包括出口商名称或可能情况下所涉国家名称，产品说明，以及对与确认倾销和损害有关的重要事实和审议的概述。每个案件中被通知的利害当事人都应当收到该条例或者决议的一份影印件。本款规定在适用于复审时应在细节上作必要修改。

3. 制定共同体关税法的理事会第2913/92号条例(1992年10月12日通过)中的一些特别规定,特别是关于原产地概念的一般定义,应被本条例所采用。

4. 为了共同体利益,依照本条例所采取的反倾销措施,经咨询委员会商议后根据委员会的决议,可被中止9个月。若理事会在委员会提出建议的基础上,可作出进一步延长中止期的决定,但最多不得超过一年。委员会建议在其提交后的一个月之内,应被理事会采纳,除非理事会通过简单多数否决了该建议。只有当市场情况已经在一定程度上暂时发生了变化,不会因为这一中止而重新出现损害,并且共同体产业的意见已经被征求过和考虑过,方可中止反倾销措施。如果中止的理由不再适用,经商议后可以随时恢复反倾销措施。

5. 经咨询委员会商议后,委员会可以指示海关当局采取适当步骤,对进口商品进行登记,以便日后可从登记之日起对这些进口商品实施反倾销措施。共同体产业的请求中含有证明登记行动的正当性的充分证据时,进口商品应进行登记。委员会条例应对登记进行介绍,应载明登记的目的,在适当时载明未来可能产生的应征收数额。对进口产品的登记不应超过9个月。

6. 成员国应逐月向委员会报告被调查的和被采取反倾销措施的产品的进口贸易,以及依照本条例所征收的反倾销税的数额情况。

7. 在公平对待第6款规定的情况下,委员会可要求成员国针对不同案件提供必要信息以有效监督反倾销措施的执行情况,在此情形下,第6(3)(4)条的规定应该适用。任何依本条由成员国提交的资料数据应适用第19(6)条的规定。

第15条　商议

1. 本条例规定的任何商议均在咨询委员会中进行,咨询委员会由各成员国的代表组成,由委员会一名代表任主席。应成员国的请求或者委员会的提议,以及在任何本条例所规定的时间期限内商议应当立即举行。

2. 咨询委员会应在其主席召集时举行会议,主席应至少在会议前10个工作日尽早地向成员国提供所有相关信息。

3. 必要时商议可仅以书面形式进行,在此情况下,委员会应通知成员国,并应规定成员国有权发表意见或请求主席安排口头商议的期限,如果口头商议能在本条例所规定的时间期限内举行的话。

4. 商议的内容应特别包括:

(a)倾销的存在以及确定倾销幅度的方法;

(b)损害的存在和程度;

(c)在倾销进口与损害之间的因果关系;

(d)在这些情况下适合于预防或者纠正因倾销引起的损害的措施,以及这些措施付诸实施的途径和方法。

第16条　实地核查

1. 委员会在其认为适当时应进行核查,以检查进口商、出口商、贸易商、代理商、生产商、贸易协会和组织的记录,并核实提供的有关倾销和损害的信息。在没有得到适当和及时的答复时,不得进行实地核查。

2. 若委员会获得相关企业同意,并在告知相关国家政府代表,且该国未反对时,则委员会可按要求在该第三国进行调查。委员会一旦取得相关企业同意,应当向该出口国当局通告即将接受核查的企业的名称和地址及所确定的日期。

3. 应告知有关企业在实地核查期间将要被核查的信息的性质,以及任何需要提供的进一步信息,然而这应不妨碍在核查期间根据所获得的信息,要求企业提供进一步信息的请求。

4. 在根据第1款、第2款、第3款进行的核查中,委员会应得到提出核查要求的成员国官员的支持。

第17条　抽样

1. 在申诉人、出口商或者进口商、产品类型或交易方式数目众多的情况下,可在选择时得到的信息基础上,使用在统计学上有效的抽样法,将调查限制在数目合理的当事人、产品或者交易中,或者限于可在有效时间内合理接受调查的最有代表性的生产量、销售量或者出口量。

2. 根据抽样调查规定,当事人、产品或交易类型最后由委员会选定,不过,应当优先抽样那些经协商并获其同意的当事人,如果这些当事人参加应诉,并在开始调查的3周之内提供了充分有用信息,从而能产生有代表性的抽样的话。

3. 根据本条规定当调查局限在一定范围时,应为在本条例规定的期限内提供了必要信息但在开始时未被抽样选中的任何出口商或生产商单独计算倾销幅度，除非这些出口商或生产商数目过大，单独审查会不合理地带来过重的负担并妨碍调查的按期完成。

4. 如已确定抽样调查，且所抽样的部分或者全部当事人在某种程度上不予合作，以至可能严重影响调查结果的情况下，应开始新的抽样调查。然而，如果仍存在实质程度的不合作，或者没有充分时间去开始新的抽样调查时，应适用第 18 条的有关规定。

第 18 条　不合作

1. 如果在本条例规定的期限内，任何利害当事人不获取或不提供必要的信息或者严重妨碍调查时，可根据所掌握的事实作出肯定的、否定的临时调查裁决或者最终调查裁决。如果发现利害当事人提供了虚假的或误导性的信息，则不考虑这些信息，而应使用已掌握的事实，并告知利害当事人不予合作的后果。

2. 如果利害当事人表示，按要求提供计算机化的回复会导致一个不合理的额外负担或不合理额外成本，则其未提供计算机化的回复，不应视为构成不合作。

3. 虽然一个利害当事人提供的信息在各个方面都不理想，但是，如果任何欠缺不会在作出合理准确调查裁决时引起过分的困难，并且，该信息是及时恰当地提交且是可以核实的，以及当事人这样做已经尽了最大努力，那么，这些信息就不应被忽视。

4. 如果提供的证据或者信息不被接受，应立即告知提供者不接受的原因，并应给予其在规定的期限内进一步解释的机会。如果认为该解释不令人满意，拒绝这些证据或信息的理由就应在公布的调查中透露和提供。

5. 如果包括有关正常价值裁定在内的各种裁定，是依据本条第 1 款的规定包括在调查申请中提供的信息作出的，那么，在可行并适当考虑调查的时间期限的情况下，应当参考来自其他独立来源的可得信息，诸如出版的价格表，官方进口统计，关税返还或者调查期间从其他利害当事人处获得的信息，从而对该些裁定进行检验。应参考的信息在适当时可包括与全球市场或有代表性的市场相关的数据资料。

6. 如果一利害当事人不予合作或者仅是部分地合作，从而妨碍获得有关信息，则该当事人将承受一个与其合作相比而言较为不利的后果。

第19条　保密

1. 任何机密性质的信息（例如，因其披露会对竞争者带来重大竞争优势，或对信息提供者，或对信息提供者提供信息的人有着非常不利的后果），或某一调查中当事人在保密基础上提交的信息，如表明有正当理由，当局应将其作为机密信息对待。

2. 应该要求提供机密信息的利害当事人提供该信息的非机密性概述。这些概述应足够详细，使人们能够合理领会作为机密所提交的该信息的实质。在例外情况下，当事人可以指出，这种信息不可进行概述，在这种例外情况下，必须说明为什么不能进行概述的理由。

3. 如果认为机密信息申请没有正当理由，并且该信息的提供者既不愿意使信息被知悉，又不同意以概述或摘要的方式披露信息，那么，应不考虑这些信息，除非从适当的信息来源可以充分证明该信息是正确的。对要求作为机密信息的请求，不应随意拒绝。

4. 本条规定不应妨碍共同体当局披露一般的信息，特别是根据本条例以其为基础作出决议的那些理由，不应妨碍披露共同体当局作出决议所依赖的证据，这些证据有必要在法院审理时解释共同体作出决议的理由。这些披露必须考虑有关当事人的合法利益，他们的商业秘密不得被泄露。

5. 理事会、委员会及成员国或其官员，未经提供者特别允许，不得泄露依据本条例得到的而且提供者要求作为机密信息对待的任何信息。除本条例特别规定外，委员会与成员国之间的信息交换，或与根据第15条进行商议的相关信息，或由共同体当局或其成员国所做的任何内部文件，均不得泄露。

6. 依本条例所得信息，仅可用于提供信息时所声明的目的。但该规定不得阻止利用在某一调查中所得信息针对同一调查程序中的涉案产品去发起另一调查。

第20条　披露

1. 申诉人、进口商、出口商和他们的代表协会以及出口国代表，可以要求披露作为征收临时反倾销税基础的基本事实和审议的细节情况。要求披露的请求应当在征收临时反倾销税之后立即以书面形式提出，披露也应随后以书面形式尽早作出。

2. 第 1 款中所指的当事人可以请求最终披露那些打算建议征收最终反倾销税、或者不征收最终反倾销税而终止调查或调查程序的基本事实和审议，特别注意披露那些与在征收任何临时反倾销税时所使用的不同的事实或者审议。

3. 若已实施临时反倾销措施，则第 2 款规定的最终披露的请求应以书面形式向委员会提出，且应在临时措施公告后的 1 个月内由委员会接受。若未实施临时反倾销措施，则在委员会规定的期限内给予当事人要求最终披露的机会。

4. 最终披露应当以书面形式递交。在适当注意保护机密信息情况下，披露应该尽快进行，通常不迟于作出征收最终反倾销税决定前 1 个月或者委员会根据第 9 条规定征收最终反倾销税建议前 1 个月。如果委员会不能够在那个时间内披露某些事实或者审议，应该在此后尽早披露、披露不应影响以后委员会或理事会可能作出的任何决议，但如果这些决议是基于不同的事实和审议而作出，应尽快将其披露。

5. 在最终披露后所作的陈述，仅在委员会就每个案件所规定的期限内收到后，方应予以考虑。这个期限至少应为 10 天时间，还应适当考虑紧急情况。

第 21 条　共同体利益

1. 对于是否应为共同体利益而进行干预的裁定应当建立在对所有的不同利益，包括国内产业的、用户的和消费者的利益，作为一个整体进行评估的基础上。只有当所有当事人根据本条第 2 款都有机会发表过意见，才应根据本条作出裁定。

在这样的审查中，应当特别考虑消除有害倾销造成的贸易扭曲的影响以及恢复有效竞争的必要性。如果当局根据所有提交的信息可以明确推断出，采取这种反倾销措施不利于共同体利益，就不得实施这些基于倾销和损害而决定的反倾销措施。

2. 为了给当局提供一个在决定征收反倾销税是否有利于共同体利益时能够考虑各方面的意见和信息的良好基础，在立案通告所规定的时间期限内，申诉人、进口商以及其代表协会、用户代表和消费者组织代表应参加应诉,并向委员会提供信息资料。这些信息或其适当概述,应当能为本条所指的其他当事人所获得,并且,他们有权对这些信息发表意见。

3. 已按第 2 款行事的当事人可以请求召开听证会。当请求在第 2 款规定的时间期限内提出,且表明了就共同体利益而言当事人应当召开听证会的理由时,应同意这些请求。

4. 已按第 2 款行事的当事人,可以对任何实施临时反倾销措施进行评论。若评论将被考虑或评论或其概述将被其他当事人所获得,且其他当事人有权对这些评论发表意见的话,则评论应在实施措施后的 1 个月内被委员会所接受。

5. 以适当方式提交的信息、该信息的代表性范围以及提交给咨询委员会附有有利观点的信息分析结果应被委员会审查。委员会在根据第 9 条所作的任何建议中均应考虑咨询委员会中反映出的利益权衡。

6. 已按第 2 款行事的当事人,可以要求获得作为最终裁定依据的事实和审议。这些信息在尽可能的范围内应被获取,且不影响委员会或理事会以后所作的任何决议。

7. 信息只有在得到有效的事实证据支持下才被考虑。

第 22 条　最后条款

本条例不应妨碍适用:

(a)在共同体与第三国的协定中规定的任何特殊规则;

(b)有关农业领域的欧共体条例;有关为一定源自农产品加工的产品规定贸易安排的欧共体第 3448/93 号条例(1993 年 12 月 6 日通过);有关葡萄糖和乳糖的欧共体第 1667/2006 号条例(2006 年 11 月 7 日通过);有关为 ovalbumin(卵白蛋白)和 lactalbumin(乳清蛋白)建立共同贸易机制的欧共体第 2783/75 号条例(1975 年 10 月 29 日通过)。本条例应以补充某些条例和废除某些规则(那些规则规定排除适用反倾销税)的方式予以实施。

(c)其行为与关贸总协定规定的义务不相抵触的特别措施。

第 23 条　现行立法的废除

欧共同体(EC)第 384/96 号条例由此被废除。

但欧共同体(EC)第 384/96 号条例的废除不应损害先前根据此条

例发起的调查程序的效力。

援引欧共同体(EC)第384/96号条例应解释为援引本条例,且应依附件二中的关联表对其进行熟知。

第24条　生效

本条例从其在欧共体官方公报上公布之日后的第20日开始生效。

本条例所有条款均具约束力并直接适用于所有成员国。

2009年11月30日签署于布鲁塞尔

致欧盟理事会主席 S. O. Littorin

后　记

我历来不敢冒昧撰写导言,却十分偏爱后记。导言应是学术界泰斗和前辈们的一项辉煌工程,其字字珠玑,金石之言,乃具掷地有声、激荡心扉之功效。然而,后记则是笔者言为心声的写实。昔日挑灯夜读,伏案奋笔,奔波求知,友人析疑的情景宛如今日。拙作的封笔杀青,无不凝聚着众多友人和同仁的真诚关心、帮助和扶持,内心感激之情油然流入笔端,跃然纸上:感谢重庆国际经济技术合作公司赵健总经理为本书面市所给予的大力支持,感谢西南政法学院李昌麒教授的热心帮助,感谢西南政法学院经济法研究生王薇、陈勇等同学为本书的英文翻译及核校所付出的艰辛。

萌发撰写本书的意念,应追溯到前几年不时见诸报端的国外对华反倾销案。反倾销措施的滥用日渐成为我国扩大对外贸易的严重障碍。研究国际反倾销法及采取相应的对策,尽快建立我国的反倾销法律机制,加速与关贸总协定反倾销规则接轨的步伐,乃是笔者撰写本书的出发点及归宿。

"行成于思,毁于随。"古今成大事业者,贵在一个"悟"字。凡在事业和学术上有所建树的人,莫不是从浩瀚书海,广博社会里"悟"出知识和人生的真谛。我不敢奢望自己在事业和学术上会有多大成就,然而却要求自己老老实实做人,一步一个脚印地走完自己的一生。这就需要不断矫正洞察问题的视角,校正人生价值的坐标,拨正笔耕的犁头!

“路漫漫其修远兮,吾将上下而求索。”古人之训,始终激励着我去探索,掘发生活的真知。

留下美好的过去,迈向灿烂的未来!

赵学清

1994 年 12 月 31 日于歌乐山下

图书在版编目(CIP)数据

国际反倾销法理论与实务 / 赵学清著. —— 北京：法律出版社, 2020
（西南政法大学荣休教授文库）
ISBN 978-7-5197-4799-2

Ⅰ. ①国… Ⅱ. ①赵… Ⅲ. ①反倾销法—研究—世界
Ⅳ. ①D912.290.4

中国版本图书馆CIP数据核字(2020)第139557号

国际反倾销法理论与实务
GUOJI FANQINGXIAOFA LILUN YU SHIWU
赵学清 著

责任编辑 孙东育 王 珊
装帧设计 汪奇峰

开本 710毫米×1000毫米 1/16
版本 2020年10月第1版
出版 法律出版社
总发行 中国法律图书有限公司
印刷 中煤（北京）印务有限公司

印张 20.75 **字数** 302千
印次 2020年10月第1次印刷
编辑统筹 学术·对外出版分社
经销 新华书店
责任印制 陶 松

法律出版社/北京市丰台区莲花池西里7号(100073)
网址/www.lawpress.com.cn
投稿邮箱/info@lawpress.com.cn 销售热线/400-660-8393
举报维权邮箱/jbwq@lawpress.com.cn 咨询电话/010-63939796

中国法律图书有限公司/北京市丰台区莲花池西里7号(100073)
全国各地中法图分、子公司销售电话：
统一销售客服/400-660-8393/6393
第一法律书店/010-83938432/8433 西安分公司/029-85330678 重庆分公司/023-67453036
上海分公司/021-62071639/1636 深圳分公司/0755-83072995

书号：ISBN 978-7-5197-4799-2 **定价**：98.00元
(如有缺页或倒装，中国法律图书有限公司负责退换)